에밀의 스승 투소와
이름 없는 교사들에게 드리는 편지

초판 1쇄 인쇄 2015년 5월 18일
초판 1쇄 발행 2015년 5월 28일

지은이 성래운
펴낸이 김승희
펴낸곳 도서출판 살림터

기획 정광일
편집 조현주
북디자인 꼬리별

인쇄·제본 (주)현문
종이 월드페이퍼(주)

주소 서울시 영등포구 양평로21가길 19 선유도 우림라이온스밸리 1차 B동 512호
전화 02-3141-6553
팩스 02-3141-6555
출판등록 2008년 3월 18일 제313-1990-12호
이메일 gwang80@hanmail.net
블로그 http://blog.naver.com/dkffk1020

에밀의 스승 루소와
이름 없는 교사들에게 드리는 편지

성래운 지음

살림터

참교육의 씨앗을 뿌리고 가신 성래운 선생님

성래운(1926~1989)은 우리 현대 교육사에서 이오덕(1925~2003)과 함께 참된 교육을 연구하고 교육 혁신을 실천한 두 기둥으로, 참교육 실천과 전교조(전국교직원노동조합) 탄생에 주춧돌을 놓았다고 할 수 있다. 1968년 선포한 '국민교육헌장'이 우리 교육과 교육자들을 독재정권의 노예로 만든다고 비판하며 1978년에 '우리의 교육지표'를 초안했고, 송기숙 전남대 교수를 비롯한 11명의 이름으로 발표했다. 그는 투옥되었지만 이 일은 당시 교육자들에게 '국민교육헌장이 왜 문제가 되고, 참된 교육이 나아갈 방향이 무엇인가'에 대한 깨달음을 주는 커다란 충격이었고, 우리 교육의 흐름을 바꾸는 전환점이 되었다.

성래운은 서울대 사범대를 나왔는데, 대학 3학년 때부터 미국교육사절단 통역을 했고, 학교에서 영어 강의를 할 정도였다. 그럼에도 초등학교 교사를 하고 싶어서 문교부에 신청하여 초등학교 교장 자격증까지 받았다. 이후 시골 작은 초등학교로 발령까지 받았지만 대학에서 강의를 계속해야 하여 포기했다. 4·19 혁명 뒤에는 문교부 수석장학관을 지냈고, 연세대학교에서 교육학과 교수를 역임하며 세브란스병원 부설 소아재활원 부속초등학교장을 맡기도 했다. 문교부 장학관과 대학교수 시절, 기회가 되는 대로 초중등학교 현장을 꾸준히 방문하고 교사들과 교류했다. 1978년 감옥에 있을 때 이오덕의 책을 읽고 그와 편지를 주고받으며 한국 교육이 나아갈 길을 모색했다. 출옥한 뒤에도 민주교육실천협의회 공동의장을 맡으며 참된 교육 개혁을 위해 헌신했다.

이 책은 『인간 회복의 교육』이라는 제목으로 1982년에 한길사에서 냈던 것이다. 오랫동안 절판되어 아쉽게 생각했는데, 이렇게 부활해서 정말 반갑다. 사람을 사람답지 못하게, 사람을 한낱 자원으로, 사람을 돈만 아는 벌레로 만들고 있는 지금과 같은 사회와 교육 현실에서 꼭 필요한 책이기 때문이다. 2014년 6월 4일, 지방자치단체 선거에서 17개 시·도 교육감 가운데 13개 교육감이 전교조 지부장 출신이나 전교조에서 추진하는 교육 개혁을 지지하는 교육감을 국민들이 선출한 까닭은 우리 교육이 사람을 사람답게 키워 주기를 바라는 마음 때문이라고 본다. 곧 인간 교육의 회복을 소망하고 있기 때문이다.

이 책은 성래운이라는 우리 현대 교육사에서 가장 뛰어난 교육학자가 어떻게 태어났는지를 보여 준다. 이 책에는 두 가지 글을 모았는데, 그 하나가 루소(Rousseau, Jean Jacques, 1712~1778)가 쓴 『에밀Emile ou de l'education』(1762)을 읽고 루소한테 보내는 편지고, 또 하나는 직접 초중고등학교 현장을 다녀와서 그 학교 선생님들한테 쓴 편지다. 성래운은 『에밀』을 여러 차례 읽었다고 한다. 그리고 온전히 내 것으로 받아들이고, 우리 교육 현장과 견주어 본 생각을 루소에게 보내는 편지로 썼다. 루소가 에밀을 위한 젖엄마를 구하는 조건과 우리 겨레가 옛날부터 해 오던 태교와 임신한 여성을 소중하게 여기던 문화를 자세히 살펴서 그

장단점을 밝혀 놓았다. 그리고 성장 시기에 따른 루소의 교육철학과 방법을 살펴서 우리 교육 현실에서 무엇을 어떻게 바꿔 나가야 하는지에 대한 생각을 밝혀 놓았다. 그 방향과 방법이 지금 각 시·도 교육감이 추진하고 있는 혁신 교육이나 행복 교육과 다를 바가 없다. 성래운이 꿈꾸던 교육이 수십 년이 지난 지금 다시 살아나고 있는 것이다.

성래운은 자신이 꿈꾸던 참된 교육의 씨앗을 현장에서 실천하는 수많은 이름 없는 교사들에게서 발견하고 싶어 했다. 그런 마음으로 현장을 살펴보고, 그 본보기가 되는 사례들을 찾아서 글로 썼다. 성래운은 교육 현장에서 아이들을 직접 가르치는 이름 없는 교사들이 우리 교육의 희망이기 때문에 그런 교사를 찾아 드높여야 한다고 하였다. 무명 교사에 대한 찬양은 성래운이 끊임없이 지향했던 독특한 글쓰기 방식이라고 할 수 있다.

나는 1977년 교단에 섰고, 2011년 퇴임을 하기까지 교육 현장에서 아이들을 가르쳤다. 그리고 동시에 수많은 교사와 학부모들을 대상으로 강연을 해 왔다. 그동안 성래운 선생님이 찬양하신 이름 없는 교사들을 닮은 교육자들을 수없이 만나왔다. 그럼에도 우리 교육이 이렇게 점점 더 반인간 교육으로 치닫고 있는 까닭은 우리 겨레의 분단을 악용하는 세력과 그런 국내외 세력이 장악해서 휘두르고 있는 우리 사회의 정치·경제 구조가 잘못되었기 때문이라고 본다. 그런 잘못된 현실에 저항하고 바로잡으려는 교육자들보다 그런 현실에 노예로 종속된 교육자들이 훨씬 더 많기 때문이라고 본다. 우리 땅에서 성래운·이오덕·송기숙·문병란·윤영규·임길택…… 같은 교육자들한테서 참된 사람을 살아가는 길을 배운 사람들보다 반평화, 반통일, 반인간 교육을 지지하는 노예 교사들한테 교육을 받은 사람들이 훨씬 더 많기 때문이라고 본다. 그리고 그런 자들이 이 세상을 갖고 놀기 때문이다.

나는 이 책이 인간 교육 회복을 위해 떨치고 나선 많은 교육자와 학부모들께는 혁신 교육이나 행복 교육이 나아가야 하는 기본 바탕, 곧 본질을 다시 되살려 줄 것이라고 생각한다. 또 현재 반인간 교육의 노예로 매여 있는 더 많은 교육자와 학부모들께는 참된 교육이 무엇인가를 일깨워 주는 물꼬가 되기를 소망한다. 문제는 그들이 이런 책을 손에 들고 펼칠 수 있는 기회를 어떻게 가질 수 있을까에 있지만 말이다. 만일 우리 아이들이 해방되기를 바란다면, 우리 겨레가 살아날 수 있으려면, 우리 인류가 지구촌에서 평화롭게 살 수 있는 세상을 꿈꾸는 교육자와 학부모라면 누구나 이 책을 천천히 끝까지 읽어 보기를 권할 뿐이다.

2015년 5월

이주영_어린이문화연대 대표

책을 내면서

우리 겨레가 일제로부터 해방되었을 때 나는 사범대학 교육학과 3학년으로 편입되었다. 내가 『에밀』을 소개받았던 것은 그 무렵이 아니었던가 한다. 일제 말기에도 일본인 교육학 교수에게서 필시 들었을 『에밀』인데, 그 생각은 도무지 나지 않는다. 해방이 되고 우리말로 들은 『에밀』의 해설은 엊그저께 일처럼 내 머리에 생생하다. 숙제를 해내느라 『에밀』을 읽으면서도 정말 재미가 나서 흥분까지 했었다. 지은이 장 자크 루소라면 전무후무한 대사상가로만 알았던 것이 이토록 대소설가인 것을 나는 처음 안 것이었다. 그리고 이전에는 그토록 알기 어려웠던 그의 사상이 이번엔 왜 그리도 알기 쉬웠던지, 나는 그 소설에 나오는 에밀의 선생처럼 우리 아이들을 가르쳐 보고 싶기까지 했었다. 나는 대학을 나오고부터 오늘 이때까지 지금의 우리 아이들 교육을 생업으로 삼아 왔다. 이제 와서 생각해 보니 그게 바로 이 『에밀』에서 비롯된 것이 아닌가 한다.

대학 교육학과를 나오기 몇 달 전이었던가. 미국에서 20~30명의 교육 사절단이 오고 몇 달에 걸쳐서 수백 명의 우리 교육자들을 대상으로 그네들의 이른바 '새 교육' 강습이 있었다. 나는 교육학 공부 삼아 그 강습의 통역을 맡게 되었는데, 이게 웬일인가. 『에밀』이 그네들의 강습 밑바탕이었던 것이다. 그네들은 하나같이 듀이를 으뜸가는 교육사상가로 꼽았었다. 그래서 우리 교육자들이 그 듀이에 가장 큰 영향을 끼친 이를 물을라치면 그네들은 으레 루소를 꼽고는 그의 교육 소설 『에밀』을 읽어 보라 권하는 것이었다. 교육학 실력도 딸리고 영어도 변변치 못해서 통역하느라 진땀깨나 흘렸지만 이 『에밀』 얘기만 나오면 나는 신바람이 나곤 했었다. 바로 조금 전에 읽고 또 읽어서 그 속을 환하게 알고 있었기 때문이다. 나는 그때에 통역 노릇하면서 배운 미국의 '진보주의' 교육 사조를 바탕으로 「초등학교에서의 학습 단원: 그 이론과 실제」라는 졸업논문을 쓰고, 대학을 나온 것이다. 한마디로 『에밀』의 지금 우리 아이에 대한 서투른 적용이었다고나 할까.

사범대학 교육학과를 나오고 조교로 있으면서, 「교육원리」라는 강좌 하나를 맡았었는데 대상이 중등 교사가 될 학생인데도 초등 교육 얘기만으로 시간을 채우곤 했었다. 얼마 안 가서 나는 그것으로도 직성이 풀리지 않아서 시골 초등학교 선생을 지원했었다. 그것도 선생 혼자서 교장도 청소부도 겸하는 벽지로 말이다. 그때 내 나이 27세, 사실로 대한민국 문교장관 명의로 된 초등학교 교장 자격증을 소지하였다. 자의 반 타의 반으로 실지로 부임까지는 못하고, 교육학 교수로 눌러앉기를 20년이 가까워서야 학생 수 20명도 못 되는, 그러나 우리나라 교육법에 의거한 정식 초등학교의 교장으로 겨우 2년을 보냈었다. 그때의 내 어린 제자들은 에밀처럼 고아는 아니었지만 지체가 자유롭지 못한 것이 학생들 모두의 공통점이었다. 아, 그때의 나는 얼마나 루소의 교육 소설 『에밀』을 머리에 떠올렸는지 모른다. 교육학 교수를 겸한 부속초등학교 교장이었기에 내 강의는 그때에도 에밀에 견주어 본 지금의 그 아이들 얘기로 채워질 수밖에 없었다.

　지금은 초등학교 교장도 아니고, 교육학 교수도 아닌 내가 『에밀』이 담고 있는 교육사상을 새삼 책으로 소개하려는 것은, 그것이 내가 루소로부터 입은 은혜에 보답하는 길이라 생각하기 때문이다. 나는 지금도 우리 아이들이 받고 있는 반反에밀적인 부자연한 교육을 생각하면 가슴이 아프다. 어느 시의 구절처럼, 잠든 아기의 베개맡에서 나는 그저 부끄러운 것이다. 사람으로 낳아 놓았으면 어련히 사람 되게 기르려니, 우리 어른들을 믿고 잠자고 있는 저 수많은 아기들, 우리는 저들을 배신하고 있는 것이다. 교육자들과 그 후보자들이여, 그 아이들을, 사람인데 사람으로, 자연스럽게 가르치지 않으려나.

1982년 10월 16일

성래운

차례

Ⅱ· 이 땅의 이름 없는 교사들에게 감사드리는 편지

I

에밀의 스승 루소에게
감사드리는 편지

배움 ㅣ

에밀이 갓 나서부터 말을 할 때까지의 교육

고아가 아닌 고아가 너무 많아요

선생님, 이제야 에밀의 교육 얘기를 그 마지막 구절까지 제 마음속에 삭였습니다. 고아 에밀을, 그가 이 세상에 태어난 첫날부터 성년이 되기까지 기르고 가르친, 참으로 기나긴 얘기의 마지막 구절까지를 제 마음속에 고이 간직하게 되었습니다. 학생일 때 숙제해서 바치느라 건성으로 훑어보고는, 교사일 때 가르치는 준비하느라 조금씩 따서 쓰고는 이번에 처음으로 빠뜨리지 않고 모두를 읽어 삭였습니다. 선생님이 1762년에 쓰신 에밀의 교육 이야기가 이제는 제 것이 되었습니다. 제 마음에 꼭 드는 다른 말이 없어서, 그저 감사합니다 할 수밖에 없습니다.

선생님은 200여 년 전, 고아 에밀의 교육을 그가 갓 나서부터 시작하셨습니다. 어째서 하필이면 고아를 택해 교육하셨는지, 설마 그때 그곳에 고아들이 너무나 많아서는 아니었겠지요. 요즈음에는 부모는 있되 집 밖에 버려져서, 아니면 집 안에 함께 있되 교육받지 못해서 고아나 다름없는 갓난아기가 너무나 많습니다. 선생님의 제자였던 고아 에밀은 요즈음 이곳에 헤아릴 수 없을 만큼 많아졌습니다. 에밀을 교육한 이야기는 이제 우리 아이들의 교육 얘기가 되고 말았습니다. 부모가 죽고 없는 아이가 아니라 부모는 있으나 교육을 못 받는 아이라면 그가 바로 에밀이 아닌가 합니다. 선생님이 고아 에밀에게 이 세상 첫날부터 교육을 베풀어 그를 고아 아니게 하셨다면, 요즈음의 우리는 얼마나 많은 고아 아닌 아이들을 고아이게 하고 있는 것일까. 하여간 에밀은 우리 이웃 아이의 이름입니다. 선생님은 아이들의 스승이시고.

어머니 젖이 교육의 시작이지요

선생님은 갓난아기 에밀이 어머니가 없어 젖을 먹지 못함에 크게 주목하셨습니다. 그에게 유모를 대는 데도 여간 신중하지 않았습니다. 여러 가지의 조건을 붙여서 유모를 구했습니다. 첫째 조건은 에밀의 생일과 비슷한 날짜에 아기를 낳은 유모라야 한다는 것이었습니다. 아기 낳은 지 열흘 되는 어머니의 젖은 그 성분이 보름이 되는 그것과는 판이하대서였습니다. 어느 편의 아기에도 다른 편의 젖이 좋지 않음을 아셔서였습니다. 날마다, 아니 시시각각으로 달라져서 자기가 낳은 아기에게 최선의 젖이 되는 자연의 이치를 따르셨던 것입니다.

저는 에밀이 자라나던 200여 년 전이 아니라, 요즈음의 아기 어머니들을 생각해 봅니다. 많은 어머니들이 자기의 젖을 제 아기에게조차 먹이지 않고 있습니다. 어머니가 병들면 그 젖이 아이에게 해롭대서 먹이지 않는 것만도 아닙니다. 아기에게 좋기로야 친어머니의 젖이 제일이라는 것을 몰라서도 아닙니다. 오로지 어머니 자신에게 좋지 않아서 먹이지 않는 것입니다. 편하게 살고 싶은데 힘들어 좋지 않고, 돈은 벌고 싶은데 시간을 빼앗겨 좋지 않은 것입니다. 어머니의 젖이 그 아기의 젖이라는 생각이 도시 그 어머니에겐 없는 것입니다. 어머니의 젖이기만 한 것이니까, 아기에게 먹이고 안 먹이고는 어머니 마음대로라는 생각입니다. 아니, 자기 것을 아기에게 빼앗긴다는 생각까지도 없지는 않은 것 같습니다. 젖만 빼앗기는 것이 아니라 정력도 시간도 빼앗긴다고 생각하니 억울한 것입니다. 자기 젖을 자기가 안 먹이기로 작정만 하면 그밖의 것도 모두 빼앗기지 않게 되니 그것이 상책이라는 생각입니다. 한마디로, 어머니 젖을 먹을 아기의 권리 따위는 염두에도 없는 것입니다. 제 아기에 제 젖 먹이는 것을 자연의 이치로 받아들인다 해도 사람인 그 어미가 그것쯤 버리지 못하랴는 생각인가 봅니다

선생님, 요즈음의 아기 어머니라고 모두가 그리 자기의 잇속만 차리는 것은 물론 아닙니다. 찢어지게 가난한 살림 속에서도 자꾸만 태어나는 아들딸들을 원망하기는커녕 도리어 저 먹을 것 타고난 '새사람'으로 반겨서, 이해타산 없이 정성으로만 기르는 어머니들도 아직은 남아 있습니다. 그런데 선생님, 이들은 대체로 서양식 교육을 받은 적이 없는 이들이지요. 일찍이 부모가 자기를 낳아서 기른 대로, 이번에는 자기가

자녀를 낳아서 기르는 이들입니다. 부모의 것을 축내는, 다시 말하면 부모를 가난하게 만드는 존재로서 자녀를 보는 것이 아니라, 자녀라면 누구나가, 자급자족은 말할 나위 없고, 많고 적고의 차이는 있을망정, 새 것을 창조해서 인간 사회에 보태게 되리라는 믿음을 지니고 있었던 것입니다.

사람이면 누구나 '저 먹을 것을 타고난다'는 생각이 언제부터 우리 겨레의 믿음으로까지 퍼져서 후세에 전해지게 됐는지는 모릅니다. 그저 아득한 옛적부터일 거라는 것밖에, 그러나 그 믿음이 언제부터 사라지게 됐는지는 압니다. 학교라는 것이 생겨서부터입니다. 그 학교들은 조상 전래의 자녀 교육 사상이며 방식을 떠맡아 전했다기보다는 없애 버리려 했던 것입니다. 그건 물론, 우리 학교들의 본의가 아니었습니다. 학교가 이곳에 생겼을 무렵, 우리는 나라와 함께 모든 학교도 제국주의 일본에 빼앗겼던 것입니다.

그때부터입니다. 이름만 학교이고 그 속은 학교虐殺가 된 것이. 조상 전래의 문화를 말살하고 침략국 일본의 날조된 문화를 학생들에게 주입했으니 그보다 더한 학대虐待는 있을 수가 없었지요. 그 짓을 날마다 되풀이해 댔으니 그게 바로 학생들의 목조르기絞首이었고, 그건 하여간에 일제의 패전으로 우리가 해방된 지도 일제 강점기만큼이나 세월이 흘렀지만 우리의 학교들은 아직도 일제의 찌꺼기를 말끔히 씻어 버리지 못하고 있는 실정입니다. 특히 우리 조상 전래의 진짜 자녀 교육은 학교 안에 아직껏 되살려지지 못하고 있습니다. 그렇다고 가정 안에 되살리지도 못하고. 이래서 지금도 우리 아이들은 '저 먹을 것 타고난', 이다음에 자라나서는 '새것 창조해서 인간 사회에 보탤', 새사람으로서 한 몫의 대접을 받지 못하고 있는 것입니다. 해방 후에 아이들의 취학률이 급격히 높아진 건 매우 자랑스러운 일이지만, 취학률이 매우 낮았기 때문에 일제 강점기에조차 간직되었던 가정에서의 자녀 교육이 사라진 점은 크게 부끄러운 일이라 생각됩니다.

어머니부터가 사람답게 살아야지요

선생님, 우리의 옛 가정에서는 아기에 대한 온 몫의 사람대접을 어머니 배 안의 시절부터 했었습니다. 그것은 임신부를 '홀몸 아닌 이'로 이름 지어 불러 온 것만으로도 확언할 수가 있습니다. 이따금 쌍둥이인 경우가 있어서 두 몸이라 부르지 않았던 것뿐입니다. 우리의 옛 가정, 남존여비가 다른 어느 나라 못지않았지만, 아기를 배 안에 갖고부터는 남자와 동등한 지위를 누리고도 특권마저 지녔습니다. 한동네 어느 집도 가난하게 살고, 한집 어느 식구나 허기지련만 배 안에 아기 가진 이만은 넉넉히 먹고 입었습니다. 아득한 옛적부터 온 동네, 온 식구가 그를 그리 대접해 왔습니다. 사람은 태어나고부터가 아니라 어머니 배 안에 생겼을 때부터였습니다. 사람인데, 그가 교육의 대상이 되는 것은 당연한 일이었고, 배 안 시절의 교육을 태교라 이름해 왔습니다.

선생님, 우리 조상 전래의 태교란 다른 것이 아닙니다. 배 안 아기를 사람답게 키우자니 그 안에서 사람답게 살게 해야만 했고, 그러자니 그 어머니부터가 사람답게 살아야만 했던 것입니다. 태교란 어머니가 착하게 살아서 배 안의 아기를 착한 사람으로 키우는 일이었습니다. 그러기에 홀몸이 아니게 되고부터는 먹고 입는 것 못지않게, 생각하고 행동하는 것이 홀몸 때와는 판이했습니다. 그 기준은 오직 하나, '사람다움'이었습니다. 짐승들에게는 없는 '착함'이었습니다. 생각부터 착하게 하고 그것을 행동하며 열 달을 보내는 일이었습니다. 짐승들에게도 있는 눈·귀이지만 배 안에 아기가 서고부터는 짐승처럼 잔악한 짓은 눈으로 보지도, 귀로 듣지도 않는 법이었습니다. 어머니가 보고 듣는 것, 배 안의 아기도 보고 듣는대서였습니다. 어머니가 가난하고 힘없는 이웃을 돕고 섬겨야만 배 안 아기가 사람을 섬기는 사람이 되어 간대서였습니다.

요즈음에 와서야 의학도, 육체의 병이 정신에 말미암은 경우가 많음을 강조하게 되었고, 따라서 배 안 아기의 육체적 건강이 그 어머니의 정신건강에 의존하는 바 크다는 것을 역설하게 되었습니다만, 우리 조상들은 아득한 옛날부터 배 안에 아기를 가진 어머니가 착하게 마음먹고 살아야만 배 안 아기가 마음은 물론, 몸도 튼튼하게 자란다는 것을 믿고 그대로만 실천해 왔던 것입니다. 교육학도 요즈음에 와서야, 교육자가 아이를 사람다운 사람이 되게 하는 길은 그 아이가 하루하루를 사람답게 살도록 도와주는 길밖에 없음을 강조하고, 따라서 이다음에 힘없는 사람일수록 그를 섬기며 살게 하는 길은 그가 어려서 힘없는 사람인 때 남에게서 섬김을 받으며 살아가게 하는 길밖에 없음을 역설하게 되었습니다만, 우리 조상들은 아득한 옛적부터 천지신명께 빌어서 갖게 된 배 안의 아기, 그를 기르는 데 있어서도 천지신명을 섬기듯 해 왔던 것입니다. 선생님, 이렇듯 자랑스러운, 우리 조상 전래의 태교를, 시방 가정에서는 물론 학교에서도 가르치고 있지 않으니 이보다 더 기막힌 일도 없지 않나 생각합니다.

선생님은 갓 태어난 제자 에밀이 고아여서, 제 어머니 젖을 먹일 수는 없었지만, 끝내 짐승의 젖만은 아니 먹였습니다. 에밀과 비슷한 생일의 아기 어머니 젖, 사람의 젖을 구해 먹였습니다. 이 점은 우리의 옛 가정도 마찬가지였습니다. 갓난아기에게 먹여 좋은 것이라면 못 구하는 것이 없을 만큼 잘사는 집안에서조차 생일이 비슷한 아기 어머니를 구해서 그 사람의 젖을 먹였습니다. 제 젖을 두고도 남의 젖을 구해 먹인 것으로야 그것을 잘한 일이랄 순 없지만, 사람의 아기를 짐승새끼로 다루지 않은 것만은 분명합니다. 잘사는 집보다 못사는 집이 즐비했던 옛 동네의 경우, 젖이 없거나 모자라는 아기의 소문만 나도 가까이 사는, 비슷한 생일의 젖먹이 어머니가 자기 발로 찾아가곤 했었습니다. 사람 아기인데, 사람 젖을 두고 그 값을 못 받는대서, 모르는 체한다면야 그게 사람이냐는 생각이 동네 사람 모두에게 넘쳐 있었습니다. 남의 집 아기도 내 아기처럼 '저 먹을 것을 타고난', '이다음엔 새것 창조해서 인간 사회에 보탤', 그런 사람으로 섬기는 마음에서 사람 젖 먹이려고 찾아가는 것이었습니다.

사람 아기를 소젖으로 키우다니요

그러나 이 모두는 옛이야기지, 요새는 그렇지 않습니다. 바야흐로 암소가 사람 아기를 먹여 기르는 시대인가 합니다. 사람 아기에 송아지 젖을 얻어 먹이는 시대인가 봅니다. 어쩌다 이리 됐는지, 크게 뉘우칠 일입니다. 해방 직후만 해도 우유는 서양 사람들이나 먹는 것인 줄 알았던 우리들이었습니다. 동족상잔의 6·25 비극으로 온 국민이 굶주렸을 때도 무상으로 지급된 우유가루는 돼지새끼나 먹였지, 사람 아기엔 주지 않았습니다. 이 무렵이었습니다, 우리의 학교들이 굶는 허기진 아이들에게 우유죽을 점심으로 먹이기 시작한 것은. 그와 함께 우유의 영양가 높음을 애써 가르친 건 물론이었습니다. 얼마 안 가서 선진 공업국의 자본이 물밀듯 들어오고, 나라가 온통 공업화되면서 현대식 우유공장도 선을 보였습니다.

이 무렵이었습니다. 신문·방송이 밤낮없이 우유를 광고하기 시작한 것은. 학교도 때맞추어, 영양식으로 우유를 빠뜨리지 않도록 열 올려 가르쳤습니다. 이제는 라디오는 물론, 텔레비전까지 없는 집이 없다시피 되었고, 학교 또한 산간벽지에까지 없는 곳 없이 세워졌습니다. 집 안에 있건 거리에 나서건, 학교에 가건, 우유는 으뜸가게 영양 많고 값싼 것으로 선전되더니 어느새 갓난아기에까지 더없이 좋은 영양식으로 꼽히게 되었습니다. 이제는 모유 먹임을 시대에 뒤떨어진 짓처럼 여기게 된 것입니다. 우유가 소젖임을 까마득히 잊을 만큼 우리는 그것에 도취하였습니다. 사람 아기에게 소젖을 먹이면서 스스로가 현대식으로 아기를 기르는 양 뽐내기조차 하는 어머니들이 늘어 가고만 있습니다. 갓난 아기에게는 그 어머니의 젖이 제일 좋은 것인데, 이 진실이 우유의 대규모 선전에 가리어진 것입니다. 진실의 은폐 속에서 젖먹이 아기들은 수난기를 맞게 된 것입니다. 자녀가 수난이면 그 어머니들의 수난이요, 온 겨레의 수난이랄밖에요.

갓난아기를 돌볼 사람이 갖추어야 할 조건이 있어요

선생님, 서양에서이련만 유모를 구해서 어머니 없는 갓난아기 제자 에밀에게 사람 젖을 먹게 했던 선생님, 요즈음 우리들의 우유 찬미는 도리어 그곳 서양에서 흘러들어 온 풍조입니다. 우리나라의 공업화라야 서양을 쫓아가는 것이고 궁극적으로는 생활 방식의 서양화인가 봅니다. 조상 전래의 대가족제도는 핵가족제도로 급변해 가고 있습니다. 대가족제도가 조상 위주, 자손 위주였다면 핵가족제도는 부부 중심입니다. 둘이 힘껏 돈 벌어서 둘이 잘살고 보자는 데는 아기 낳아 기르는 일이 짐스러울 수밖에 없이 된 것입니다. 정력도 시간도 오직 돈벌이에만 바쳐집니다. 그러고도 남는 정력과 시간이 있다면, 그 모두는 번 돈 써서 부부 잘사는 데에 바쳐집니다. 이리하여 아기 낳아 기르는 일에는 정력도 시간도 모자라게 된 것입니다. 산모가 자기의 젖을 두고도 아기에게 우유를 먹이는 것은 돈벌이 타산이라는 이유가 있어서입니다. 아기야 낳았으니 기르지만 모유로 기를 시간과 정력일랑 돈벌이와 그 돈

써서 잘사는 데에 돌리자는 생각입니다. 그리하면 그까짓 우유 값이야 떨어지고도 남는다는 타산에서입니다. 모유 아닌 우유를 먹어야 하는 갓난아기의 처지 따위는 도시 염두에도 없이 말씀입니다.

에밀을 위해서 유모를 찾아 헤매셨던 선생님, 그렇다고 에밀과 생일이 비슷한 아기 어머니이기만 하면 무작정 그를 유모로 삼지는 않았습니다. 몸이 건강해서 젖도 넉넉해야 하지만 마음씨도 착해야만 선생님은 그를 유모로 삼았습니다. 갓난아기이지만 그는 벌써 젖만 먹지 않고 마음도 배운다는 사실을, 그리고 젖 준대서 유모이기는 하지만 젖만 주고 다른 영향은 끼치지 않을 그런 사람이란 이 세상에 없다는 사실을 중시하셨습니다. 선생님은 "식충이고 절제 없는 여자라면 이내 젖도 나빠지고 말 것"이라고까지 하셨습니다. 이 말씀은 어머니의 건강이 나빠지면 그 젖도 나빠진다는 뜻만은 아니라고 생각합니다. 어머니의 인간성이 좋지 않으면 그 젖 먹는 아기의 인간성도 일그러뜨려진다는 뜻이 됩니다. 선생님은 "칠칠하지 못하거나 극성스러운 유모라면, 자신을 지킬 수도 남에게 호소할 수도 없는 가없은 갓난아기는 유모의 변덕 바람에 무엇이 되겠는가? 유모 노릇 말고도 무슨 일에 있어서나 마음씨가 못된 인간은 아무짝에도 쓸모가 없는 법"이라고도 말씀하셨습니다.

저는 지금, 갓난아기를 병들지 않게 돌볼 사람만 있으면, 그가 아기의 마음에 끼칠 영향이야 어떻든, 아기 곁을 떠나 돈벌이에 나서고 있는 수많은 어머니들을 생각합니다. 어머니가 있으니 에밀처럼 고아는 아니지만, 자기를 짐스럽게만 여기고 다루는 사람 손에서 집짐승처럼 육체만 자라고 있는 가없은 지금의 갓난아기들, 저는 선생님의 갓난아기 에밀이 도리어 부럽기까지 합니다.

　에밀의 유모 될 자격 요건의 세 번째는 그 한 사람이 오래도록 유모 노릇을 계속해야 한다는 것이었습니다. 선생님은 "우리보다 현명한 옛날 사람들의 관습이 있다. 유모들은 아이들을 길러낸 뒤에도 그 곁을 떠나는 일이 없었다. …… 차례로 여러 사람의 손을 거치는 아기가 제대로 길러지는 것은 있을 수 없는 일이다. …… 갓난아이는 자기 부모가 없으면 유모와 교사 이외의 딴 어른들을 알아서는 못쓴다. 둘 중의 하나도 이미 군더더기이다. 그러나 둘이 있게 되는 것은 어쩔 수 없다. 그러니 이를 바로잡기 위해 할 수 있는 일의 모두는 그 둘이 하나일 정도로 완전히 협력하는 것뿐"이라고 말씀하셨습니다.

　선생님, 저는 지금 우리의 옛 가정에서의 갓난아기 기르는 관습을 생각하고 있습니다. 우리에게도 옛 서양에서의 그것과 비슷하게, 여간한 이유가 아니고는 유모를 가는 일이 없었을뿐더러, 신분이야 서로 다른 대로, 유모에게 본의는 아니게나마 반말을 했을지라도, 서로가 살아 있는 한은 언제까지나 부모와 자녀의 사이와도 같이 통사정 상태가 되었던 것입니다. 그러나 지금의 우리는 그렇지가 못합니다. 돈 덜 들여 일시킬 수만 있다면 갓난아기를 돌보는 사람쯤 갈아치우기가 일쑤입니다. 더러는 한 여인이 오래도록 한 가정에 붙어 있다 해도, 그것은 돈 더 받고 일 덜 하는 딴 가정을 찾지 못해서일 뿐인 경우가 허다히 있는 형편입니다.

　유모에 대한 네 번째 당부는 유모가 되기 이전의 생활 방식을 줄곧 바꾸지 않는 일이었습니다. 선생님은 "유모가 되면 그 이전보다 약간 더

편하게 살아야 하고 약간 더 영양 있는 음식을 먹어야 하지만 생활 방식은 이전의 것을 전혀 바꾸어서는 안 된다. 왜냐하면 생활 방식을 성급하게 모조리 바꾸는 것은 나쁜 것을 좋게 바꾸는 경우마저도 건강에조차 위험하기 마련"이라고 말씀하셨습니다. 이 점에 있어 우리네 지금의 사정을 말씀드린다면, 갓난아기를 위해서도 그를 돌보는 여인은 그 생활 조건이나 방식을 바꾸게 해야 할 만큼 밑바닥 인생들입니다.

흔히 식모로 불리는 그들의 지난날은 밤낮없이 허리가 휠 중노동 속에서도 헐벗고 배고팠습니다. 더러는 그러지 아니했던 이들도 있으나, 이들의 거개는 정신 면에서 매우 불행했던 과거를 가지고 있습니다. 그 어느 쪽도 갓난아기가 더불어 살아갈 생활 방식에는 미흡합니다. 이리된 연유가 없지는 아니합니다. 갓난아기만을 돌보게 하는 경우란 그가 아직 집안일을 처리할 능력이 없을 때뿐입니다. 물론 옛적의 종살이와는 다른 처우를 아니 받는 것은 아니지만 사회가 그를 보는 눈은 아직도 옛 하인인 경우가 허다하게 남아 있는 것입니다. 그러기에 그만 못한 보수를 받더라도 식모살이가 아니기만 하면 누구나 그 일에 기꺼이 응하게 된 것입니다. 식모살이로 생존할 수밖에 없는 이들, 이들에게 갓난아기 돌보는 일까지 맡기게 된 것입니다. 바꾸어 말하면, 지금 우리 사회엔 유모는 없고 식모가 있을 뿐인데, 그에게 갓난아기를 우유 먹여 키우는 일까지 맡기고 있는 것입니다. 갓난아기를 위해서도 식모의 생활은 그 조건이나, 방식에 있어 도리어 그 이전과는 판이하게 다른 것이 되어야 할 것입니다.

갓난아기를 돌보는 사람에 대한 선생님의 다섯 번째 당부는 육식보다는 채식을 하라는 것이었습니다. 선생님은 "농사꾼 아기 어머니들은 도시의 어머니들보다 고기는 덜 먹고 채소를 더 먹는다. 이러한 채식은 그 어머니들과 아기들에게 해롭다기보다는 좋아 보인다. 부잣집 젖먹이를 맡게 되면 젖을 많이 나게 한다는 생각에서 고깃국이 주어진다. 이런 짓에는 전혀 반대다. 그런 젖으로 자란 아이들이 딴 아이들보다 배앓이나 병에 걸리기 더 쉽다는 사실을 알려 주는 경험이 있다"고 말씀하셨습니다.

우리는 옛적부터 산모를 온 동네가 극진하게 위해 주는 관습에 젖어 왔습니다. 아무리 가난한 동네일지라도 그 동네 산모에는 이 집 저 집에서 쌀과 미역이 전해졌던 것입니다. 사람 사는 동네인데 그 동네 산모가 '미역국에 쌀밥'을 못 먹는대서야 말도 안 된다는 것이었습니다. 그리고 아무리 잘사는 집에서조차 산모에 제공되는 최상의 식사 또한 '미역국에 쌀밥'이었습니다. 요즈음 이곳에서는 서양 의학에 바탕을 둔 병원에서까지 산모에는 미역국을 제공하기에 이르렀습니다. 미역의 성분이 산모 특유의 생리적 필요를 충족해 준대서입니다. 옛날에야 아기가 먹을 젖 잘 나오라고 산모에게 미역국에 쌀밥을 제공했던 것인데, 요즈음에는 가난하게 사는 농촌에서나 어머니의 젖을 먹이고 있습니다. 일반적으로 유식하고 잘산다는 도시의 어머니들은 농촌의 어머니만도 못한 방식인 우유로 갓난아기를 키우고 있는 것입니다.

선생님이 갓난아기 기르는 이에게 붙인 여섯 번째 조건은 공기 맑은 시골에서 아기를 기르는 일이었습니다. 선생님은 갓난아기 기르는 여자를 "시골에서 끌어내어 도시의 방 안에 가두고 그 속에서 아기를 기르게 하는 데는 반대한다. 유모가 도시의 나쁜 공기를 마시기보다는 아기가 시골의 좋은 공기를 마시러 가는 편이 낫다"고 말씀하셨습니다. 선생님이 에밀에게 유모를 대실 적만 해도 도시라고는 거의 없었던 이곳입니다. 그런데 요즈음은 도리어 도시만 늘어 가고 있는 형편입니다. 모든 사람들이 돈벌이에만 눈독을 들인 채 산업화다, 도시화다 하는 바람에 공기를 포함한 환경의 오염은 나날이 심각해지고 있습니다. 게다가 병원까지 도시에 집중되어 있어서 아기 기르자고 도시로 몰려드는 판국입니다. 그런데 엎친 데 덮친다고, 학교까지 너무나 속이 비어 있는 시골이기에 아이들을 가르치기 위해서도 도시로 이사 갈 지경입니다. 요즈음 한국 어버이들은 아기를 기르되 훌륭히 기르자는 노릇이, 도리어 그것을 헛되게 하는 길에 떼 지어 가고 있는 실정입니다.

이상 여섯 가지의 조건을 갖춘 유모를 에밀에 대어 주신 선생님은 에밀의 모든 생활이 출생 때부터 자연의 이치에 맞게끔 에밀을 극진히 보살피셨습니다. 우선 첫 울음을 터뜨리면서 이 세상에 출생할 적에 그를 씻어 주는 일부터. 선생님은 "인공 액체로 씻어 주는 것이 갓난아기의 생명에 긴요하다고는 생각되지 않는다"면서 당시 프랑스에서의 관습이었던 '포도주를 탄 더운물'로 씻어 주는 것을 배격하셨습니다. 그러나 "약해진 부모 때문에 나기도 전에 나약해진 우리 갓난아기들은, 세상에 나오면서 이미 망가진 체질을 갖고 오기 때문에…… 조금씩만 거기서 벗어나게 하라. …… 그러니 갓난아기들이 튼튼해짐에 따라 차츰 물의 온도를 내려서 마침내는 여름 겨울 할 것 없이 찬물로, 나아가서는 언 물로도 씻기도록 하라"고 말씀하셨습니다.

저는 지금의 이곳 잘사는 가정의 갓난아기를 생각합니다. 무엇 하나 인공 아닌 것이 없을 만큼의 사치스러운 환경 속에서 가공 안 된 것이 없을 만큼의 음식물로 말미암아 그야말로 인형처럼 자연에 굶주리고 있습니다. 선생님도 "부자들의 불행의 하나는 재물에 속한다는 점이다. …… 그들을 부패시키는 것은 바로 그 재물"이라고 말씀하셨습니다만, 물을 쓰는 데 있어서도 자연대로의 찬물은 가난뱅이만이 어쩔 수 없이 쓰는 것으로 여기고 있으니 참으로 개탄스러운 일이라 하겠습니다.

갓난아기에게는 이런 옷을 입혀야지요

다음은 갓난아기에 입힐 옷입니다. 선생님은 "아기가 태를 나와 숨 쉬는 순간, 몸을 죌 딴 것들로 싸게 두지 말라. …… 손발을 마음대로 놀릴 수 있어, 동작을 막을 만큼 둔하지도 않고, 공기의 영향을 느끼는 것을 막을 만큼 덥지도 않은 풍성한 옷이라야 한다. …… 잔뜩 졸라맨 아기가 노상 지켜봐야 하는 아기보다는 어른에게 고생을 덜 시키는 만큼 유모들의 강한 반대를 각오해야 한다. 더구나 헤벌어진 옷을 입히면 때가 더욱 눈에 띈다. …… 유모들과 따지지 말라. 명령하고 그대로 하는가를 보고 있으라. 그리고 시킨 대로 뒷바라지가 행해지도록 하기 위해서는 아무것도 아끼지 말라"고 하셨습니다. 부잣집은 더 말할 나위도 없고 가난한 집에서조차 배 안 아기가 열 달이 차기 전에 최소한 몇 벌씩의 하얀 배내옷을 마련해 두곤 하는 우리네였습니다. 무색옷이 흔하지 않았고, 무명옷이 구하기 쉬웠던 탓도 있었겠지만 첫돌을 맞기까지는 선생님이 에밀에게 바라시던 옷 그대로가 우리의 배내옷이었습니다. 그리고 이 점에 있어서만은 하얀 무명옷 아닌 것으로 도리어 옷가게가 가득 차 있는 요즈음에조차 별로 다를 바가 없나 봅니다.

가능한 한 많은 것을 체험하게 해야지요

갓난아기 에밀의 교육에 있어 선생님이 그다음으로 강조하신 것은 경험을 쌓는 기회를 되도록 많이 주는 일이었습니다. 선생님은 "인간의 교육은 나면서 시작된다. 지껄이기 전에, 알아듣기 전에 인간은 이미 배운다. 경험이 공부에 앞선다. 제 유모를 알아보는 순간은 이미 많은 것을 배운 뒤"라고 말씀하셨습니다. 에밀은 고아였기에 그 곁에는 유모가 있었습니다. 우선은 젖을 먹이라는, 그래서 그 이름도 유모였지만 선생님은 그에게 교육까지 맡아 하게 하셨습니다. 갓난아기에게 공부를 가르치라는 것이 아니라 많은 경험을 쌓게 하라는 것이었습니다. 아니, 그 아기가 이다음에 때가 되어 공부를 잘하게 되기 위해서도, 지금 그 갓난아기에게는 보고 듣고 만져 보고 할 오만 가지 기회를 주라는 것이었습니다. 보되 겉과 함께 속까지, 듣되 소리만이 아니라 뜻까지도, 만지되 그것을 이리저리 써 보고……. 바로 그것이 갓난아기에게 알맞은 공부라 하셨습니다.

갓난아기로야, 같은 방에 늘 함께 있는 사람이기에 새 경험은 없이 만날 똑같은 나날일 것 같지만, 아기 돌보는 어른이 하기에 따라서는 하루하루가 새날임은 물론, 반나절조차 오만 가지 새 경험으로 채워지기 마련입니다. 새로운 경험은 그 사람을 온통 새롭게 합니다. 배가 고프고 목이 마를 때 울면 누군가가 젖을 먹여 준다는 것을 알게 된 아기는 그 이전의 아기가 아닙니다. 이제 오줌을 쌌을 적에도, 울어서 기저귀를 갈아 달라 호소할 것입니다. 그러다가 울음 아닌 손짓으로, 또는 말 아닌 소리로 자기 뜻을 전하게 되는 것도 함께 사는 어른과의 사이에 그러한 경험이 쌓여져서입니다.

필요한 것은 어떤 습관도 갖지 않는 습관이지요

그러나 선생님은, 그 아기의 바른 성장에 필요한 욕구가 아닌, 단순한 습관에서 생겨난 욕구의 충족은 이를 경계하셨습니다. 그러기에 당초부터 그런 습관 자체가 생겨나지 않도록 할 것을 강조하셨습니다. "아기들에게 갖게 할 유일한 습관은 어떤 습관도 갖지 않는 것이다. 한쪽 팔로만 안아 주지 말아야 한다. 한쪽 손만 내밀거나 한쪽 손을 더 자주 쓰는 버릇, 일정한 시간에 먹거나 자거나 행동하고 싶어지는 버릇, 낮에도 밤에도 혼자는 못 있는 버릇이 들게 해서는 안 된다. …… 자신을 지배할 의지만 갖게 되면 언제나 만사를 제 뜻대로 할 수 있는 상태에 아기를 둠으로써 일찍부터 자기 자신의 다스림과 힘의 사용을 준비하도록 하라"고 하셨습니다.

인간답게 자라남에 있어 없어서는 안 될 필요를 충족시켜 주는 일들까지 배격한 것이 아닙니다. 없어도 그만인, 아니 있어서는 해롭기까지 한 것들을 욕구하게 만드는 습관만을 경계하신 것으로 생각합니다. 일정한 시간에 먹는 습관이, 불필요한 것을 해로울 정도로 먹고 싶어 하게 만드는 것을 배격하신 것입니다. 일정한 시간이 아닐지라도 먹어야 할 때에는 먹어야 할 만큼만 먹을 기회를 주라, 그리하여 들었던 습관에서도 벗어날 수 있게 하라는 뜻으로 생각합니다. 바꾸어 말하면, 필요한 것을 욕구하는 성향性向이 아기에게 주어져 있음을 믿고 그것의 충족을 위한 기회 제공을 강조하셨습니다.

저는 지금 이 면에 걸쳐서 우리 부모들을 생각해 봅니다. 도리어, 필요치 않은 것을 욕구하는 성향도 아기에게 있으므로, 어른들은 그에 구애받음이 없이 아기에게 필요한 것들을 직접 충족시켜 주어야 한다는 생각이 지배적이 아닌가 합니다. 그래서 우리의 아기들은 어른에 의해서 길들여져야 할 대상으로 여겨지고 있습니다. 선생님의 생각과는 정반대로, 습관은 제2의 천성임을 믿고 습관 들이기를 힘쓰고 있는 우리네 부모들입니다.

아기에게 보여 줄 것들이 있지요

선생님은 갓난아기 에밀에게 보여 줄 새로운 것들을 신중히 생각해서 고르셨습니다. 새로운 것을 예사로 보게 될 때까지 세심한 주의를 기울이며 단계를 밟으셨습니다. "아기들은 다 탈바가지를 무서워한다. 나는 우선 에밀에게 기분 좋은 얼굴의 탈부터 보여 준다. 그러고 나서 에밀 앞에서 누구든 그 탈을 쓴다. 나는 웃기 시작하고, 모두가 웃고, 아이도 같이 웃는다. 차츰차츰 덜 기분 좋은 탈에도, 마침내는 보기 흉한 탈에도 낯익게 해 나간다. 내가 차례만 잘 안배했으면, 에밀은 마지막 것에 겁먹기는커녕 첫째 것과 마찬가지로 웃을 것이다. 그러고 나면 탈바가지 때문에 겁을 염려는 이미 없어진다"고 하셨습니다. 그러고는 흔히들 어른이 되어서도 무서움이 가시지 않는, 뱀이나 두꺼비나 거미 등을 예사로 보게 될 때까지 차례를 밟아 갓난아기에 보여 줄 것을 강조하셨습니다.

저는 지금 '에비'라는 한국말을 생각하고 있습니다. 아기들에게 '무서운 것'이라는 뜻으로 놀라게 하는 낱말입니다. 새로운 것에 대한 아기들의 호기심을 억누르는 방편으로 공포심을 불러일으키고 있는 것입니다. '에비'가 온다고만 하면 아기들은 제 손으로 눈을 가리거나 엄마의 품에 얼굴을 파묻습니다. 새로운 것을 무서운 것으로 여기어 안 보려는 행동입니다.

아기에게 들려줄 소리가 있지요

에밀은 갓난아기 시절부터 여러 가지 소리에 접하고 있었습니다. 폭

음까지도, 그것이 귀를 해치게만 하지 않는다면 선생님은 서서히 차례를 밟아 에밀로 하여금 두려움 없이 듣게 하셨습니다. "에밀을 총소리에 익게 하는 것이 문제인가? 나는 우선 총의 점화약을 태운다. 그 급작스레 타오르는 불꽃이, 그 번갯불과도 같은 것이 아기를 기쁘게 해 준다. 더 많은 화약으로 같은 짓을 되풀이한다. 총에 탄약을 장전하지는 않고 차츰 점화약의 양을 늘린다. 마침내는 총소리, 대포소리, 가장 무서운 폭발소리에도 익게 만든다. …… 서서히 차례만 밟아 나간다면 어른이건 아이이건 모든 것에 대담해지게 만들 수 있다"고 하셨습니다. 지금은 시골에까지 라디오가 보급되어 있는 우리입니다. 그 소리를 선택해서 차례를 밟아 들려주지 않으면 도리어 그 소음으로 아기가 해를 입을 지경입니다. 인공적인 라디오 소리는 제한을 하고, 선생님의 경우처럼 실물과 함께 그 소리를 들려줄 필요가 절실한 우리의 처지가 아닌가 생각합니다.

아기에게 만지게 할 것들이 있지요

에밀은 모든 것에 손대어 만지작거려 보고 싶어 했습니다. 선생님은 되도록 많은 사물을 고루 만져 보게 하셨습니다. 에밀은 "시각을 촉각과 비교해 봄으로써, 손가락으로 느끼는 감각을 눈으로 재어 봄으로써, 물체의 뜨거움, 단단함·물렁함, 무거움·가벼움을 깨닫고 그 크기와 모양과 감각적인 모든 성질을 가리는 법"을 배웠습니다. 배내옷의 소맷자

락이 길어서 손이 숨겨진 채 아무것도 만져 보지 못하고 갓난이 시절을 보내야만 하는 우리 아기들의 처지를 못내 안타깝게 생각합니다. 무엇인가 만지고 싶어서 몸부림치는 것을 보고서야 쥐어 주는 것마저도 위생과 안전만을 생각하는 나머지 극히 제한된 몇 가지에 불과합니다. "아기의 감각은 지식의 첫 밑천인 만큼 아기의 감각들을 적당한 순서로 대어 주는 일은, 장차 같은 순서로 아이의 기억력을 마련해 주는 일이 된다"고 하셨습니다만 지금의 우리 어린이들은 그만큼 소중한 학습의 기회를 놓치고 있는 셈이기도 합니다.

선생님은 에밀에게 거리를 판단하는 법을 가르쳐 주기 위해 한 곳에서 딴 곳으로 그를 자주 옮겨 주셨습니다. 거리를 알아내기 시작한 후로는 에밀의 뜻대로가 아니라 선생님의 뜻대로만 옮겨 놓았습니다. 그리하여 눈으로만 보던 물건들을 손끝으로 보게 된 에밀이 이제는 제 손이 닿지 않는 공간을 알게 되었습니다. 저는 지금 재래식 온돌방의 아랫목에 종일토록 뉘어지다시피 한 우리의 갓난아기를 생각하고 있습니다. 집 안의 다른 곳으로 옮기려면 그에 따르는 보온保溫을 위한 가욋일이 필요합니다. 이래서 이 시기에 있어서 공간지각의 발달은 그만큼 늦어지고 있노라 생각합니다.

아기의 말을 연구해야지요

선생님은 유모로 하여금 에밀의 말을 연구하게 하셨습니다. 에밀이 인공人工의 말을 할 줄 알게 되기 이전의 자연의 말을 이해하도록 힘쓰게 하셨습니다. 그래서 유모는 젖먹이가 하는 말 모두를 알아듣게 되었습니다. 에밀에게 대답도 하고, 아주 잘 연속된 대화도 그와 주고받았습니다. 유모는 낱말을 섞어서 말하였지만 에밀이 알아듣는 것은 낱말의 뜻이 아니고 그에 따르는 억양이었습니다. 유모는 에밀의 목소리의 말뿐이 아니라 몸짓의 말도 연구하였습니다. 제대로 틀 잡히지도 않은 에밀의 얼굴에 나타나는 수많은 표정을 이해하게 되었습니다. 미소·욕망·불안이 번개처럼 나타났다가는 사라지는 것을, 그럴 때마다 딴 아기의 얼굴을 보는 기분으로 보았습니다. 그리하여 유모는, 에밀의 스스로 채울 수 없는 욕구를 찾아내어 채워 주었습니다. 선생님이 유모에게 시킨 갓난아기의 연구라야 특별히 어려운 것이 아니었습니다. 애정을 가지고 살피면 되는 연구였습니다. 저는 생각해 봅니다. 얼마간의 보수를 받고 애정도 없이 주인의 아기를 단지 보호만 하고 있는 우리네 가정의 식모들은, 맡겨진 갓난아기의 타고난 말들을 이해할 리 없고, 따라서 아기 스스로가 채울 수 없는 욕구들을 찾아내어 채워 줄 수도 없는 형편입니다.

선생님은 에밀에 대한 손찌검을 극도로 조심하게끔 유모에게 타이르셨습니다. "아기들을 흥분·분통·노여움 등으로 내닫게 하는 이러한 손찌검은 극도로 조심해야 한다. 아기들은 어른보다 머리가 비례적으로 커서…… 신경이 더욱 자극받기 쉽기 때문에 아이들의 병은 대부분이 경련성이라고 뵈르하베(네덜란드의 의학교수)는 생각하고 있다. 아기를 약 올리고 화나게 하고, 안달하게 만드는 사람들은 한껏 주의해서 아기에게서 멀리 떼어 놓아라. 그들이 아기에게 주는 해는 공기나 계절이 주는 해보다 백배나 더 위험하고 불길하다. …… 더욱 자유로워 덜 얽매인 민중의 아기들이, 더욱 잘 기를 양으로 노상 얽매이기만 하는 아기들보다 대체로 어째서 덜 허약한가 하는 이유의 하나가 바로 이것"이라고 하셨습니다. 뵈르하베의 경련성 질병에 대한 주장이 지금도 의학계의 지지를 받고 있는지는 모르겠습니다만 우리의 옛 가정에서는 갓난아기가 있는 집이라면 경기驚氣 또는 경풍驚風에 물심양면의 대비를 해 왔습니다. 유교에 따르는 엄격한 교육 방식이 방방곡곡 각계각층의 가정에까지 스며들었지만 갓난아기의 양육에만은 절연絶緣되어 있었습니다. 아기에 대한 폭력 행위란 부모에 대한 그것만큼이나 우리 문화가 용서하지 않았습니다. 그러나 일본을 통해서 서양의 학교제도가 밀려들어 오자 자녀들에 대한 가정의 교육 문화까지 사라지고 말았습니다.

제 힘으로 더 많이 하고 남에게 덜 요구하도록 해야지요

선생님은 에밀의 울음이, 부탁하는 소리에서 명령으로 바뀌지 않게끔 세심한 주의를 기울이셨습니다. 에밀이 "손을 내밀면서 울부짖을 때는 거리를 잘못 생각한 것이 아니라, 그 물건더러 다가오라고, 아니면 남더러 그것을 가져오라고 명령하고 있는 것이다. 처음에는 아이를 천천히 한 걸음씩 그 물건 쪽으로 데려가라. 나중에는 알아들은 체도 하지 말라. 울부짖을수록 더 듣지 말아야 한다. 아기는 사람들의 상전이 아닌 만큼, 남들에 명령해서는 안 된다는 것을 일찌감치 배우는 일이 중요하다. 물건은 알아듣지 못하는 것인 만큼 물건에 대해서도 마찬가지이다. …… 이런 경험에서 아기는 제 나름의 결론을 끌어내는 것이며, 이 결론을 암시해 줄 다른 방도라곤 없다"고 하셨습니다.

갓난아기의 울음소리를 그 집안이 복될 징조로까지 여겼을 만큼, 자연스러운 것으로 받아들여 따뜻한 보살핌을 아끼지 않았던 우리 조상입니다. 그러나 "사람 둘레의 모든 것과의 첫 관계가 바로 이 울음에서 생겨난다"는 것, "사회 질서를 이루는 그 긴 사슬의 첫 고리가 여기서 만들어진다"는 것까지는 미처 모르는 우리였나 봅니다. 손 내밀어 울부짖는데 에밀에게처럼 대하고 있는 우리네 가정이 있을까, 상상하기조차 어려운 형편입니다. 자기를 돕게 하는 데서 시작된 이 아기 울음을 잘못 다룬 나머지, 자기를 섬기도록 명령하는 울음으로 바뀌어, 마침내는 "까다롭고 폭군적이고 건방지고 심술궂고 손댈 수 없는 존재"가 되어 버리는 경우를 우리도 허다히 보고 있는 실정입니다.

선생님은 에밀로 하여금 "제 힘으로 더 많이 하고 남에게 덜 요구하도록" 가르치셨습니다. 신체적 자유는 최대한으로 보장하면서 남을 지배하려는 욕망은 최소한으로 제한하셨습니다. 어려서부터 자기의 욕심을 자기 능력 안에 국한시킴으로써 제 힘으로 얻지 못할 것을 욕심내지 않게 하셨습니다. 한마디로 자연의 길에서 벗어나지 못하게 하셨습니다. "동작에 방해를 덜 받을수록 아기는 덜 울 것이다. 아기의 울음에 덜 시달릴수록 울음을 그치게 하기 위한 애도 덜 태울 것이다. 아기는 어른으로부터 협박이나 아첨을 덜 받을수록 겁이나 고집이 덜해서 자연의 상태에 더욱 잘 머무르게 될 것이다. …… 그렇다고 해서 아기가 우는데도 내버려 두라는 말은 전혀 아니다. 오히려 아기를 앞지르는 것이 중요하며 울음소리를 듣고서야 아기의 욕구를 알게 되는 일이 없도록 해야 한다. 그러나 아기에게 드는 시중이 잘못 받아들여지는 것도 좋지는 않다. 울면 좋은 일이 많다는 것을 알고 나면 어떻게 울지 않고 배기겠는가? …… 나중에는 울음을 그치게 만드는 데 하도 비싼 값을 매기는 바람에 어른들이 치를 수도 없게 된다. 이런 버릇을 고치거나 예방하는 단 하나의 방법은 전혀 신경을 쓰지 않는 일이다. 아무도 소용없는 고생은 하지 않으며 아기도 마찬가지이다. 아기가 하는 일은 끈질기다. 그러나 어른이 아기보다 더 끈기가 있으면 아기는 지겨워서라도 다시는 그러지 않게 된다"고 하셨습니다.

언제나 자연을 본보기로 삼아야지요

저는 다시 우리 갓난아기의 처기를 생각해 봅니다. 잠자는 시간을 빼고는 한 순간도 가만히 있지 않을 만큼 활력을 보여 주건만 옷에 감기고 포대기에 눌린 채 허공만 바라보고 있거나 이따금 자기를 들여다보며 예뻐하는 어른들을 쳐다보는 것이 고작입니다. 최소한의 신체적 자유 속에서 남의 이용을 최대한으로 암시받고 있습니다. 말하자면 제 힘은 되도록 쓰지 않고 남에게 더욱 요구하게끔 이끌리고 있는 셈입니다. 무제한으로 타고난 활력은 쓰지 않으니 늘지 않거나 도리어 줄어들고 있으며, 남의 손을 빌려 욕망을 채우는 법만 배워 가고 있습니다. 자연의 이치를 어겼으니 부자연한 아기로 바뀔 수밖에 없는 것이라 생각합니다.

선생님은 에밀에게 이가 돋아나자 젖을 떼고는, 물러서 깨물리고 잇자국이 나는 것들을 에밀에게 대어 주어 씹도록 하셨습니다. 이것 또한 자연의 이치를 따르도록 한 것입니다. 그리고 상아 같은 단단한 것으로 만들어진 장난감을 주어 돋아나는 이에 갖다 대게 하는 것을 나무라셨습니다. "언제나 자연을 본보기로 삼자. 강아지는 돋아나는 이로 나무토막이나 가죽 누더기 같은 무른 것들을 깨물지, 이를 돌멩이나 쇠붙이에 갖다 대지는 않는다"고 하셨습니다. 저는 다시 지금의 우리 아기들을 생각합니다. 이가 돋아나서 웬만한 것은 씹어 먹을 수가 있게 되었는데도 젖을 물리는 부모가 줄어든 것은 다행한 일입니다. 그러나 이가 돋기도 전에 모유를 떼는 가정이 급격히 늘어나고 있는 것은 불행한 일입니다. 더욱 불행한 일은 이가 돋고 있는데 씹어 볼 아무것도 대어주지 않거나, 준다 하더라도 플라스틱제 장난감과 같은 딱딱한 것들을 준다는 사실입니다. 아기가 "빨거나 깨물 수 있는 감초 줄기는 저 으리으리한 금속성 장신구들 못지않게 아기를 기쁘게 해 줄 것이며, 나면서부터 사치에 물드는 폐단도 없애 줄 것"입니다.

선생님은 이가 돋고 있는 에밀에게 말린 과일이나 딱딱한 빵 껍질을 씹게 함으로써 자기도 모르는 새에 이가 모두 나게 되고 젖도 떨어지게 하셨습니다. "밀가루 우유죽이 아기의 건강에 그다지 좋은 음식이 아님은 알려진 사실이다. ……고기 수프도 되도록 적게 먹여야 할 변변찮은 음식이다. 아기들을 우선 씹는 데에 익숙해지게 하는 일이 중요하다. 이것이 이를 쉽게 나게 하는 진짜 방법이다. 그리고 아기들이 씹어서 삼키기 시작하면 음식에 섞인 침이 소화를 돕는다"고 하셨습니다. 준비된 힘은 모두 쓰게 하는 것이 더욱 큰 힘을 지니게 하는 길임을 밝히셨습니다. 이가 한두 개 돋고 있기로, 아직 약함을 딱하게 여기고는 씹을 필요가 없는 음식을 골라 주는 요즈음의 우리 가정입니다. 안 씹으니 이가 덜 돋고 덜 튼튼해지고, 침도 덜 섞여서 소화도 덜 되는 참으로 딱하기 그지없는 우리의 아기들입니다. 씹어 먹는 음식을 즐기다 보니 젖을 잊게 되고, 그래서 젖이 떨어지게 되는 것이 아니라, 돋은 이가 약한 대로 남아 있고 새로운 이가 덜 돋는 데다가 침마저 덜 섞이어 소화도 잘 안 되는 형편이 되고 그런데도 젖을 떼는 형편입니다.

선생님은 갓난아기 에밀에게 들려주는 말들이, 쉽고 또렷하고 되풀이되게 하셨고, 당장 보여 줄 수 있는 감각적인 대상에 되도록 한정되게 하셨습니다. "유모가 아주 즐겁고 변화 있는 말씨나 노래로 아기를 어르는 데는 반대하지 않는다. 그러나…… 소용없는 수다를 떨어 아기를 노상 어리둥절하게 만드는 데는 반대한다. …… 전혀 알아듣지 못하는 말들에 아기가 쉽사리 만족해 버리는 딱한 버릇은 의외로 일찍 시작된다. 갓난아기가 배내옷에 싸여 유모의 수다를 듣던 식으로 다음에는 학교에 가서 담임교사의 객설에 귀를 기울인다"고 하셨습니다.

지금의 갓난아기들을 생각해 봅니다. 식사 준비와 빨래와 청소와 병행해서 아기를 돌봄으로써 도대체가 어른들과 아기가 함께 있을 시간이 모자라는 판국입니다. 수다를 조금은 떨어도 좋으니 노상 함께 있어 줄 어른이 꼭 있었으면 합니다. 노래까지 불러 주면 더욱 좋겠습니다. 그래서 아기들이 최소한 냉대 아닌 환대를 받고 있음을 느끼게나마 되었으면 합니다. 그러고도 알기 쉬운 말을 똑똑히 자주 들려주면 그 이상 바랄 것이 없겠습니다만, 갓난아기를 옆에 둔 채로 라디오나 텔레비전의 잡다한 방송 소리나 들려주지 않았으면 합니다.

선생님은 아기 에밀로 하여금 어느 누구보다도 당신과 함께 있기를 좋아하도록 만들었습니다. 그래서 에밀의 말도, 선생님의 말을 본받아 저도 모르는 사이에 정확하게 말하게끔 지도하셨습니다. "아기들은 제 나름의 문법을 갖고 있으며…… 아기들의 생각은 퍽 엉성하다고 말할지 모르나 매우 규칙적이어서…… 다만 우리의 귀에 익지 않아서 거슬릴 따름이다. …… 때가 되면 아기 스스로가 영락없이 고치게 될 잔다란 잘못들을 일일이 기를 쓰고 고쳐 주려 드는 것은 많이 아는 체하는 성가신 취미이고 가장 쓸데없는 참견"이라고 하셨습니다.

가족계획이 한창인 요즈음 가정을 생각해 봅니다. "둘만 낳아 잘 기르자"고 말만은 번드르르하지만, 자녀 두기를 집안 살림의 가난과 고달픔의 원인으로 생각하는 경향이 농후해진 요즈음입니다. 경제적인 타산 끝에 이득 보자고 둔 자녀인데 그 자녀가 부모를 좋아할 리는 없습니다. 서로 좋아하지 않는데 부모가 서둘러 가르친다고 자녀가 배울 리는 없습니다. 부모의 밑천 뽑기 꾸지람만 늘어날 뿐인 요즈음의 우리네 가정입니다. 한마디로, 자연의 순리順理를 거스르고 있는 셈이라 하겠습니다.

생각할 수 있는 것보다 더 많은 말을 해서는 안 되지요

선생님은 아기 에밀에게 말을 시키려고 너무 서둘지는 않으셨습니다. 에밀이 하는 말 모두에 지나치게 신경을 쓴 나머지, 에밀이 하고자 한 말을 알아차림으로써 분명하게 발음하지 않아도 되게 하는 일 따위를 매우 조심하셨습니다. "조심성 없는 이러한 서두름은, 구하는 결과와는 달리, 아기들로 하여금 더욱 더디게 더욱 엉성하게 말하게 만든다"고 하셨습니다. 똑똑히 발음하지 않으면 제 뜻이 통하지 않음을 경험하게 해야만, 아기는 똑똑한 발음을 하고자 힘쓸 것이라고 하셨습니다. 분명히 무를 달라고 한 아기에게 지체 없이 물을 갖다 주는 우리의 어머니들을 숱하게 보았습니다. 물을 달라고 똑똑히 발음할 때까지, 알고도 기다리는 어머니의 현명함이 아쉽다 하겠습니다.

선생님은 에밀의 어휘를 되도록 한정시켜서 그로 하여금 어휘마다에 어른들이 주는 뜻과 같은 뜻을 정확히 알게끔 힘쓰셨습니다. 아기의 어휘를 늘리려고 서두르는 "가장 큰 폐단은…… 아기들이 우리가 아는 뜻과는 다른 뜻을 갖게 된다는 사실이며, 따라서 우리에게 아주 정확하게 답하는 것같이 보이면서도, 서로가 알아듣지 못하게 말하고 있는 것이다. 단어가 아기들에게 주는 진짜 뜻에 대한 우리의 부주의가 아기들이 저지르는 잘못의 원인인 것이다. 또 그 잘못은 평생 그들의 말투에 영향을 미친다. …… 자기가 생각할 수 있는 것보다 더 많은 말을 할 줄 안다는 것은 아주 딱한 일이다. 대체로 왜 농민들이 도시인들보다 더 올바른 정신을 갖고 있는가, 그 이유의 하나는 그들의 어휘가 덜 버려져 있는 점으로 생각한다"고 하셨습니다.

저는 다시 요새의 우리 가정을 생각합니다. 새로운 어휘가 아기의 입에서 튀어나올 때마다 온 집안이 기뻐하며, 그 수효가 많기만 하면, 그리고 늘어나는 속도가 빠르기만 하면 그것만으로 아기의 전도가 양양한 증거나 되는 것처럼 자축하는 우리의 가정입니다. 먼저 아기의 생활권을 넓혀 주는 일을 잊고 있는 우리 가정입니다. 그 속에서의 경험이, 아기의 성숙 정도에 맞고 알찬 것이 되게 하는 일에 무관심한 우리입니다. 어휘의 수효가 그 범위 안에 멈춰야 하고 그 증가의 속도가 생활 경험의 확충과 일치해야 한다는 것을 잊지 않는 우리의 가정이었으면 합니다.

배움 2

말을 하면서부터 열두서너 살까지의 교육

고통을 말로 하게 해야

선생님은 에밀이 말을 하게 되면서부터는 울음으로 괴로움을 표현하려는 그의 생각을 뿌리째 없애 버렸습니다. "말로 표현할 수 없을 만큼 고통이 심하지 않은데도 여전히 운다면 이는 주위 사람들의 잘못이다. …… 나는 그 울음소리를 소용없는 것으로 만듦으로써 곧 그 뿌리를 없애고 만다. 에밀이 우는 한, 나는 그 옆에 가지 않는다. 그치자마자 달려가 준다. 그가 나를 부르는 방법은 이내 바뀔 것이다. 울음을 그치든가 아니면 기껏해야 단 한 번 소리 지르는 것으로. 아기가 혼자 있을 적에는, 누가 들어주리라는 기대가 없고서는 웬만큼 아파서 우는 일이 썩 드물다"고 하셨습니다.

저는 요새의 한국 아기들을 생각해 봅니다. 즐거운 일이나 있어야만 곧잘 말로 표현하는 우리 아기들이 아닌가 생각됩니다. 괴로운 일은 그

것이 아무리 사소한 것일지라도 칭얼대기로 시작하여 울음으로 터지는 경우를 허다하게 봅니다. 말을 잘하게 되는 데도 해로움이 적지 않지만, 성질이 못돼 가는 일이 더욱 걱정입니다.

두려움을 넘어서게 해야

에밀이 머리를 부딪쳐서 혹이 생겨도, 잘못 놀다가 코피가 나고 손가락이 베이더라도, 선생님은 기겁을 해서 달려들지 않고 적어도 잠시 동안은 태연하게 있었습니다. 뿐만 아니라 에밀이 조금도 다치지 않도록 감싸 주기는커녕, 한 번도 다쳐 보지 않아서 고통을 모르고 자랄까 도리어 염려하셨습니다. "다친 것은 지나간 사실인데, 아기는 그 필연을 견뎌내야 한다. 내가 아무리 서둘러 본들 아기가 더욱 겁먹을 따름인 것이다. 다쳤을 때 고통을 주는 것은 상처보다는 마음의 두려움이다. 나는 이 나중의 두려움이나마 덜어 주겠다. …… 내가 침착을 잃지 않는 것을 보게 되면, 아기도 이내 침착을 되찾을 것이다. …… 에밀은 이 시기에 가벼운 고통을 겁 없이 참는 속에서 처음으로 용기를 배우게 된다. …… 이런 중요한 공부를 위험 없이 하기 위해서 에밀은 작고 약한 것만 같다. 넘어져도 살짝 넘어져서는 다리가 부러지지 않으며, 칼에 베어도 살짝 베어서는 상처가 깊지가 않다"고 말씀하셨습니다. 이제 막 말을 하기 시작한 우리의 아기들, 조금만 다쳐도 기겁을 하는 어른들에 둘러싸이는 경우가 적지 않은 줄 생각합니다. 사소한 고통마저도 방지하느라 손에 드는 것, 나가 노는 곳 등을 제한하는 데만 신경을 쓰는 어른들이 많습니다. 그 아기들이 이다음에 커서도 사람다운 용기 는커녕 겁쟁이가 되어 버릴 것은 까맣게 잊고 있는 우리 어른들이 아닌 가 생각됩니다.

선생님은 에밀이 걸어 다닐 수 있게 되면서부터는 그를 자아의식을 지닌 정신적 존재로 보기 시작했습니다. "어른들은 아기의 불확실한 미래를 위한답시고 그의 현재를 희생시키고, 온갖 속박을 가한다. …… 즐거운 나이가 눈물과 처벌과 종노릇 속에 지나간다. …… 아버지나 교사의 엉뚱한 지혜의 희생이 되어 불행해진 아이들이 얼마나 되는지 누가 알랴. …… 사람들이여, 인간다워지라, 이것이 당신들의 첫 의무"라고 하셨습니다. "어린이를 사랑하라. 어린이의 놀이와 기쁨과 귀여운 본능을 두둔해 주라. …… 왜 여러분은 이 죄 없는 꼬마들이 누리려는 짧은 시간을 앗으려 드는가. 여러분에게도 돌아올 수 없듯이 아이들에게도 돌아오지 않을 이 첫해를 왜 쓰라림과 괴로움으로 채우려 드는가. 아버지들이여, 죽음이 당신네 아이들을 기다리는 순간을 알고 있는가? 자연이 아이들에게 준 얼마 안 되는 시간을 빼앗음으로써 후회거리를 마련하지 말라. 아이들이 살고 있는 기쁨을 깨달을 수 있게 되거든 그것을 즐기게 해 주라. 하느님이 아이들을 언제 부르건, 삶을 맛보지도 못하고 죽는 일이 없도록 해 주라." 하셨습니다.

저는 지금 에밀의 시절로부터 200여 년의 세월이 흐른 오늘날의 돌배기 아이들의 처지를 생각해 봅니다. 항생제 등 구급약의 사용으로 유아의 사망률은 크게 낮아지고 있다지만 그와 동시에 도리어 병 주는 결과가 되어 그 몸을 해치고 있대서 아우성입니다. 뿐만 아니라 경제 성장이 인구 증가를 따르지 못한대서, 태어나는 아이들이 사회의 원망까지 받고 있는 형편입니다. 아직도 사회제도는 어른들 본위로 되어 있어서 아기들은 사람 될 후보자로서만 다루어지고 있습니다. 온 몫의 사람대접을 받지 못하고 있는 실정입니다.

자연에 따라 살게 해야

에밀을 속박하지 않고 오늘을 즐겁게 살게 하신 선생님이지만 그렇다고 제멋대로 버릇없이 키우지는 않으셨습니다. "어른들은 만물의 질서 속에, 아이들은 인간생활의 질서 속에 자리 잡고 있다. …… 사람의 욕심 모두는 모자람을 전제로 삼고, 느껴지는 모든 모자람은 고통스럽다. 따라서 사람의 불행은 바로 이 욕심과 능력의 불균형에 있다"고 하시면서 능력만큼만 욕심내게끔 가르치셨습니다. 한마디로, 자연에 따라 살게 함으로써 삶의 기쁨을 맛보게 하셨습니다. 저는 다시 지금 우리의 처지를 생각해 봅니다. 아기가 제 능력 이상의 욕심을 표시할 때 크게 기뻐하며 그것의 달성을 위해서 가세하는 부모들입니다. 아기의 욕심이 제 능력에 알맞을 경우 크게 우려하며 그 확대를 위해 채찍질하는 우리입니다. 그리하여 아기로 하여금 일찍부터 자연이 준 조건을 거역토록 하고 있는 것입니다. 제 능력을 최대한으로 신장시키지도 못하면서 욕구불만에 허덕인 채 오늘과 내일을 다 함께 불행하게 지내게끔 몰아대고 있는 셈이기도 합니다.

선생님은 에밀로부터 의사를 멀리하셨습니다. "병을 견디려는 것보다 병을 고치는 데 더 많은 고생을 사서 한다. ……의사들을 몰아내라. …… 그들의 헛된 기술은 당신의 생명을 늘려 주기는커녕 그 생명을 즐기는 것마저 앗아 간다. 의술이 고쳐 준 사람들 중에 더러는 그냥 두었으면 죽었을지도 모른다는 것은 사실이다. 그러나 의술이 죽인 수백만 명은 가만두면 살았을 것이다. …… 견뎌내라, 죽거나 낫거나이다. 한데 무엇보다도 마지막 순간까지는 살도록 하라"고 말씀하셨습니다. 선생님은 의학을 정신 면에서 고찰한 것이었습니다. "병을 고쳐 주기보다는 병에 대한 공포를 더 품게 한다. 죽음을 물러가게 하기보다는 죽음을 지레 더 느끼게 한다. 생명을 늘리기는커녕 애써서 줄인다. …… 몸조심을 강요함으로써 우리를 사회에서 따돌리고 공포를 줌으로써 우리를 의무에서 따돌리게 된다. …… 진짜 용기를 지닌 사람들을 보고 싶은가? 의사가 없는 곳에서, 병의 결과가 알려지지 않은 곳에서, 사람들이 죽음을 통 생각하지 않는 곳에서 찾으라. 사람이란 절로 꾸준히 참을 줄을 알며, 고이 죽어 가게 되어 있다. 인간의 마음을 타락시켜 제대로 죽는 법을 잊어 먹게 하는 것은 바로 처방을 내리는 의사이다. …… 나를 위해 의사를 부르는 일이 결코 없는 나는, 에밀을 위해서도 결코 의사를 부르지 않겠다. 그의 생명이 분명 위독하지 않은 한은. 어쨌든 에밀에게는 막바지에밖엔 의사를 불러와서는 안 된다"고 하셨습니다.

저는 지금 우리 아기들의 처지를 생각해 봅니다. 특히 환경오염이 극심한 대도시에 태어나서 자연을 등진 생활로 병들지 않을 수 없는 딱한 사정 아래 있는 우리 아기들입니다. 환자가 많은 곳을 찾아 개업하기 마련인 의사들은 도시에만 몰려들어 돈벌이의 수단으로 치료 못지않게 병을 주고 있습니다. 제약회사들에 의한 과장된 약품 선전은 대중들을 현혹시키고 남을 만큼입니다. 그리하여 조금만 아파도 약을 사다 먹거나 의사를 찾는 도시의 아기들이 되었습니다. 그래서 아기의 사망률이야 낮아졌다 할지라도 더욱 약을 먹이지 않고는 더욱 병들게 되어 가고 있는 형편입니다. 그런 의미에서는 지금의 의사도 병에 대한 공포심을 조작하고 있으며 생명을 줄여 가고 있다 하겠습니다. 더군다나 대개의 병은 꾸준히 참고 견디는 중에 절로 낫게 되어 있다는 사실을 까맣게 잊게 된 요즈음의 우리입니다. 자연을 등지고 사는 데서 치르게 된 대가인가 합니다.

어린이를 참 자유인으로 살게 해야

선생님은 "자기가 할 수 있는 것밖에는 바라지 않고 자기의 마음에 드는 일밖에는 하지 않는 사람"을 자유인이라 생각하시고 에밀을 교육하는 모든 지침의 근거를 여기에 두셨습니다. "어린이를 자유인이 되게 하는 것은 그를 지도하는 이들의 할 일이나, 이 일은 쉽지가 않다. 어린이는 짐승이어서도 어른이어서도 안 되고 어린이여야만 한다. 제 약함을 깨달아야 하지만 그 때문에 괴로워해서는 안 된다. 의존은 해야 하지만 복종해서는 안 된다. 요구는 해야 하지만 명령해서는 안 된다"고 말씀하셨습니다. 저는 지금의 우리 어린이들에 대한 부모들의 교육 지침을 생각해 봅니다. 에밀의 경우와는 그야말로 정반대가 아닌가 싶습니다. 자기가 할 수 없는 큰일을 바라도록 제 마음에 들지 않는 일이라도 하도록 강요당하고 있는 우리 어린이들이 아닌가 생각됩니다. 어른이 아니고는 할 수 없는 일을 욕심내게끔 강요당함으로써 무척이나 괴로워하고 있는 어린이들입니다. 제 마음에 들지 않는 일을 하도록 강요당함으로써 고통스럽게 아이 시절을 보내고 있습니다. 만약 어른들로부터 이러한 속박을 받지 않고 있는 어린이들이 있다면, 그들은 자기가 할 수 있는 일까지를 자기의 마음에 드는 일까지를, 자기가 하지 않고 남에게 명령함으로써 참자유와는 동떨어진 생활을 하고 있는 경우라 생각됩니다.

선생님은 에밀의 생활을 사람들보다는 사물들에 더 의존하게 하셨습니다. "사물들에 대한 의존은 자연에, 사람들에 대한 의존은 사회에 말미암는다. 사물들에 대한 의존은 아무런 도덕성도 없고, 자유를 해치지도 않고 악을 낳지도 않는다. 사람들에 대한 의존은 무질서한 것이어서 온갖 악을 낳으며 주인과 종을 다 함께 타락시킨다"고 하셨습니다. 그리고 "어린이의 철없는 짓에 대해서는 물리적인 장애만을, 또는 그 행동 자체에서 생겨나는 벌만을 받게 하라"고 말씀하셨습니다. 한 걸음 더 나아가서 "어린이가 물건을 요구한대서 응해 줄 것이 아니라, 그것이 필요할 때 응해 주라. 어린이에게 무엇을 해 줄 적에는 사람의 지배가 무엇인지 알지 못하게 하라. 어린이가 행동하건, 여러분이 해 주건, 어린이는 언제나 똑같이 제 자유를 깨닫게 하라. 어린이의 모자라는 힘에 대해서는 어린이가 오만해지기 위해서가 아니라 자유로워지는 데 꼭 필요한 만큼만 힘을 보태 주라. 여러분의 시중을 일종의 굴욕감을 가지고 받아들임으로써, 남의 시중 없이도 생활할 때를, 그리고 스스로 자급자족하는 자랑을 갖게 될 때를 고대하게 만들라"고 하셨습니다.

그런데 지금 우리 어린이들의 처지는 그렇지가 못합니다. 특히 에밀의 경우처럼, 이제야 말하게 되고 걷게 된 아기를 두고는 굴욕감을 가지고 어른들의 시중을 받아들이게 하고 있다기보다는 정복감마저 느끼게 하고 있는 우리들입니다. 우리의 시중으로 어린이가 자유로워질 힘을 늘리게 되는 것이 아니라, 도리어 오만해지고 있는 형편입니다. 그뿐 아니라 아기의 실수나 잘못에 대해서도 이미 자연으로부터 받은 벌을 무의미하게 만들 만큼 사람이 그 잘못을 감싸 주고 있습니다. 아니면 자연의 벌을 무색하게 만들 지경의 처벌을 가중시키고 있습니다. 어느 경우에도, 아기의 생활을 자연에 말미암은 사물에 의존시키고 있다기보다는 사회에 말미암은 사람에 의존시키고 있는 형편입니다. 그리하여 아기들을 일찌감치 자연의 자유보다는 사회의 악에 물들게 하고 있다 하겠습니다.

선생님은 에밀이 튼튼하게 자라도록 하기 위해서 에밀 스스로가 택해서 실천한 '자연의 방법'을 방해하지 않으셨습니다. "아기가 가고 싶어 할 때 가만히 있도록 강제하거나, 가만히 있고 싶어 할 때 가도록 강제해서는 안 된다. 아기들의 마음이 우리의 잘못으로 멍들어 있지만 않으면, 아기들은 아무것도 쓸데없는 것을 하고 싶어 하지는 않는다. 아기들이 뛰고 달리고 소리 지르고 싶어 한다면 강건한 몸을 위해서 그럴 필요가 있어서이다. 그러나 스스로 할 힘도 없이 바라는, 그래서 남들이 대신 해 주어야 할 것에 대해서는 조심해야 한다. 그럴 때는 진짜 필요인 자연의 필요와 가짜 필요인 사람들의 잘못으로 만들어진 변덕스러운 욕구를 조심스럽게 구별해야 한다"고 말씀하셨습니다.

아기 가진 부모치고 그 아기가 튼튼해지기를 바라지 않는 이들이야 없겠지만 그 방법을 아기에 대한 애정 어린 관찰로 배우려 하지 않고, 다른 전문가 특히 소아과 의사에게 배우려는 경향이 짙은 우리입니다. 그리하여 얻은 것이라곤, 고작해서 병의 조기 치료입니다. 몸은 허약해지는 일방이라서 훗날에는 도리어 자주 병에 시달리는 어린이가 되고 마는 경우가 허다합니다. 지식인의 가정인데 도리어 인간 성장에 관한 기본적 원리를 외면한 아기 교육을 하고 있는 경향이 많습니다. 부유한 가정일수록 선생님이 말씀하시는 '변덕스러운 욕구'에만 응함으로써 가짜 필요의 충족에 허덕이고 있는 실정입니다.

선생님은 말을 하게 된 에밀에게 속으로는 거만스럽게 명령하면서도 겉으로만 인사치레하는 말투를 배우지 않도록 각별히 조심하셨습니다. "제 주위의 모두를 자기 뜻에 따르게 하기 위한 또 마음에 드는 것을 당장에 얻기 위한 꼬임수로 쓰이게 되는 헛된 인사치레 말투를 어린이에게 가르쳐 주지 않도록 특히 조심하라. 부자들의 점잔 빼는 집안에서는 아무도 감히 거역하지 못하게 만드는 데 쓰는 말을 어린이들에게 과함으로써, 아이들을 영락없이 공손하면서 거만하게 만들고 만다. …… 제 말을 더욱 잘 들어줄 것이라는 자신이 있기 때문에 부탁할 때도 명령할 때만큼, 아니 그 이상으로 거만하다. …… 에밀이 거칠어지는 것보다는 거만해질까 봐 더 염려하는 나로서는 에밀이 명령하면서 '부탁합니다'라고 말하기보다는 부탁하면서 '이렇게 하시오'라고 말하는 편이 훨씬 낫겠다. 내게 중요한 것은 그가 쓰는 말투가 아니고 그가 말에 주는 의미"라고 하셨습니다.

조선왕조의 양반 신분이 없어진 지금의 우리입니다. 그러나 권력이든 돈이든, 있는 이와 없는 이의 차이는 도리어 커진 우리입니다. 자기 집 일꾼들에게 속으로는 예 그대로 종 대하듯 명령하면서도, 말로만은 그럴싸하게 공손을 가장하는 있는 집 가정이 아직도 적지 않은 우리 사회입니다. 어른들을 본받아 어린 아기가 남들을 자기 뜻에 복종시키려 마음먹고도 겉으로만 어른스러운 공손한 말투로 부탁하는 체하노라면 박수에 갈채까지 아끼지 않는 가정이 없지 않다고 생각합니다.

자연이 주는 고통은 감내하게 해야

선생님은 어린 아기 에밀에게 자연이 주는 어느 정도의 불행은 이를 당하도록 내맡기셨습니다. "자연이 주는 어떤 불행에 어린이를 내맡기지 않으려다가, 여러분은 자연이 주지도 않은 불행을 만드는 사람이 된다. …… 시퍼렇게 얼어서 손가락도 제대로 놀리지 못하는 개구쟁이들이 눈 위에서 놀고 있는 것을 나는 본다. 생각만 있으면 불을 쬐러 갈 수 있는데도 통 그럴 기색이 없다. 그러도록 억지로 시키면 심한 추위보다 백배나 더 심한 속박을 느낄 것이다. …… 한데, 여러분의 어린이가 당하고 싶어 하는 고생을 당하게 둔 것뿐인 내가, 그 어린이를 비참하게 만드는 것이 되겠는가? 나는 그 어린이를 자유롭게 둠으로써 현재 그를 행복하게 해 주고 있는 것이다. 어린이가 앞으로 겪어야 할 고생에 대비해 무장시킴으로써 앞날의 행복도 마련해 주고 있는 것"이라고 하셨습니다. 그리고 또 선생님은 "제 본성에서 벗어난 어느 인간에게 진짜 행복이 가능하다고 생각하는가? 또 인간을 인간의 모든 고생에서 면하게 해 주고자 하는 것은 그 인간을 제 본성에서 벗어나게 하는 것이 아니겠는가? 그렇다. 나는 그렇다고 주장한다. 큰 행복을 깨달으려면 작은 고생들을 알아야 한다. 이것이 사람의 본성이다. 고통을 알지 못하는 사람은 인간성에 대한 감동도 연민의 쾌감도 알지 못한다"고 말씀하셨습니다.

저는 지금 극심한 가난 속에서 이제 겨우 말하고 걸어 다니는 아기를 두고도 끼니를 때우기 위한 품팔이에 허덕이는 나머지, 본의는 아니나마 아기를 자연이 주는 고통에 내맡기고 있는 부모들을 생각합니다. 그리고 궁전과도 같은 호화 저택 속에서 아기 전담의 가정부에 의사까지 지정해 줌으로써 자연과는 무관한 고통 속에 아기를 몰아넣고 있는 부모들도 생각합니다. 전자에 가난이 사라짐으로써 버리다시피 한 아기를 되찾게 되기를 바라고, 후자에 허영이 사라짐으로써 얽매인 아기가 풀려나게 되기를 비는 마음 간절합니다. 그리하여 어느 집의 아기도 부모의 참사랑 속에서 자연이 주는 어느 정도의 고생을 당해 볼 수 있게 되기를 바랍니다.

환경을 통해 나이에 적합한 것들을 배우게 해야

선생님은 에밀이 아직 어린 동안은 도덕이나 사회적 관계에 관련된 낱말의 사용을 되도록 피하셨습니다. "어린이가 감각적인 사물의 자극 밖에는 받지 않는 동안은 어린이의 모든 관념이 감각에 멈추어 있게 하라. …… 그러지 않고는 여러분이 말하는 도덕의 세계에 대해 여러분이 평생 없애지 못할 엉뚱한 관념을 품게 될 것이다. …… 어린이 머리에 들어간 틀린 첫 관념은 어린이 속에서 오류와 악덕의 싹이 된다"고 하셨습니다. 철들 나이가 되기도 전에 장차 못된 사람이 될까 봐 염려하는 나머지, 그래서 '못쓴다'느니 '죄를 짓는다'느니 '나쁘다'느니 '벌 받는다'느니 따위의 도덕이나 사회적 관계에 관련된 낱말을 너무 자주 사용하고 있는 우리입니다.

자연이 요구하는 것을 깨닫게 해야

선생님은, 말을 조금씩 주고받고 여기저기 걸어 다니게 된 에밀이지만, 아직은 이성理性에 의한 교육은 하지 않으셨습니다. 어린이 나름대로의 보고 생각하고 느끼는 방식을 따라 교육하셨습니다. "좋은 교육의 결과란 이성적인 인간을 만들어 내는 일이다. 한데 이성에 의해 어린이를 가르치겠다고 우겨 대다니! 이는 끝부터 시작하자는 것이다. …… 어린이들이 사리를 안다면 교육받을 필요도 없을 것이다. 그런데도 어려서부터 어린이들이 전혀 알아듣지 못하는 말로 가르침으로써 어린이들이 말로만 만족하고, 남이 하는 말 모두를 따지며…… 말다툼을 좋아하는 반항아가 되게 길들이고 있다. …… 자연은 어린이가 어른이 되기 전에는 어린이이기를 바란다. 이 차례를 우리가 뒤집어 놓으면…… 어린 박사나 늙은 아이를 얻게 될 것이다. 어린이에게는 제 나름대로의 보고 생각하고 느끼는 방식이 있다. 그것을 우리의 방식과 바꿔치려는 것보다 더 지각없는 것은 없다. …… 이성은 힘의 제동장치이고, 어린이에게는 이런 장치가 필요 없다"고 하셨습니다. 장난을 치는 어린이를 보면 마치 그것이 좋지 못한 짓이나 하고 있는 것처럼 대하고, 어른스러운 말씨로 조용히 얘기하는 어린이를 보면 성숙하다느니 점잖다느니 하면서 입에 침이 마르도록 칭찬하는 경우가 많은 우리입니다. 빨리 어른 되기를 바라는 나머지 어린이에게 어른의 흉내를 내게 함으로써, 속이 채워지지 않은 껍데기만의 어른이 되게 하고 있는 우리입니다. 어린이다운 어린이 시절을 겪게 함으로써 이성이 발달되게 하고, 그 정도만큼만 이성에 의한 교육을 시도하는 우리가 되어야 할 것입니다

선생님은 에밀을 그 나이에 따라 다루되, 에밀이 깨닫지도 못할 의무를 그에게 과하지도 납득시키려 하지도 않으셨습니다. 다만 에밀로 하여금 자기는 약하고 선생님은 강하다는 사실만을 알게 하셨습니다. 자연이 인간에게 지운 필연의 엄한 멍에가 자기의 교만한 머리에 걸려 있음을 일찌감치 깨닫게 하셨습니다. "어린이들이 깨닫지도 못하는 의무를 과함으로써 여러분은 어린이들로 하여금 여러분의 억압에 대해 앙심을 품게 만든다. 그래서 여러분을 좋아하는 것을 가로막는다. 상을

앗아 내거나 벌을 면하기 위해 엉큼하고 거짓된 어린이가 되도록 가르쳐 주는 셈이 된다. …… 그를 가르치는 것은 자연의 힘이어야지, 인간의 권위이어서는 안 된다. …… 설명하거나 따지지 말고 삼가야 할 일을 막기만 하라. 허락해 줄 것은 첫마디에 허락하라. 사정하거나 비는 일이 없게. 특히 조건을 달지 말라. 거절은 싫은 얼굴로만 하되 모든 거절은 취소될 수 없어야 한다. 아무리 졸라 대어도 흔들려서는 안 된다"고 하셨습니다.

저는 우리가 하고 있는 어린이 교육을 생각해 봅니다. 의무를 납득시키려다가 어린이에게 아첨을 하는 경우라든가, 그와는 반대로 협박을 가하는 경우조차 있습니다. 그래서 그 어린이가 순종하는 것이 이득이고 반항하는 것이 해롭다는 것을 알게라도 되는 날에는 그것만으로 의무를 학습시킨 양 기뻐하는 우리입니다. 그러나 그 어린이는 하기 싫은 것을 요구당하고 그것을 해내기란 힘든 일이기 때문에 하고 싶은 것을 할 때는 숨어서 하게 될 뿐만 아니라 만약에 들키는 날에는 곧 빌기라도 해서 벌을 피해야겠다고까지 마음먹게 됩니다.

선생님은 어린 에밀로 하여금 "본성(자연)이 요구하는 것만을 하게" 하셨습니다. "그렇게 되면 좋은 일밖에는 하지 않게 될 것"이라고 말씀하셨습니다. 입으로는 어떤 가르침도 에밀에게 주지 않았으며 본성에 따른 경험에서 배우도록 하셨습니다. 에밀은 아직 잘못이 무엇인지를 모르는 까닭에 어떤 종류의 벌도 주지 않았습니다. 어쩌다 무슨 긴요한 것을 부수거나 하더라도 그것을 도리어 선생님의 소홀로 돌리어 에밀을 벌하거나 나무라지 않았습니다. 아니, 에밀 때문에 선생님이 속을 썩인다는 것조차 눈치채지 못하게 하였습니다. 지금의 우리네 가정은 어린 이를 본성에 따라 행동하게끔 두어두면 십중팔구는 나쁜 짓만 하게 되 리라 염려하는 나머지, 일찌감치 착함을 말로 가르치고, 어기게 되면 용서를 빌게 하고, 그것도 하지 않으면 벌을 주는 경우가 많습니다. "아 직은 어려서 행동에 도덕성이라곤 전혀 없는 어린이들"이라는 것을 우 리는 잠시도 잊지 말아야 할 것입니다.

머리는 되도록 오래 놀게 해야

어린 나이에 에밀에게는 이치를 따지고 가르치는 일을 일절 하지 않 으신 선생님이셨습니다. 그 일을 경시해서가 아니라 중시했던 까닭에 "아기를 아기로 만들려 하지 않고 박사로 만들고 싶어 하는 생각"을 배 격하셨습니다. "싫어하는 것을 아이에게 동의시키기 위해서는 더더욱 이치를 따지지 말라. 왜냐하면 그렇게 이치를 늘 기분 나쁜 것들 속에 끌어들이는 것은, 이치를 귀찮은 것으로만 여기게 만들어 아직은 이치 를 이해할 처지에 있지 않은 머리에 이치를 애초부터 불신하게 만들 따 름이니까. 아이의 육체나 기관, 감각들은 훈련시키되, 머리는 되도록 오 랫동안 놀려 두라. 생각을 평가하는 판단력이 생기기 전의 모든 생각들 을 두려워하라. …… 그리고 착한 일을 하도록 서둘러 대지 말라. 착함 이란 이성이 밝혀 줄 때밖엔 착할 수가 없으니까 말이다. 모든 늦춤을 이득으로 보라. 아무것도 잃지 않고 목표를 향해 나아가는 것은 크게 버는 것이 된다. 어린 시절이 그 아이 속에서 익도록 두라. 요컨대 어떤 교훈이 아이들에게 필요해지더라도, 위험 없이 내일까지 미룰 수만 있다면 오늘 주는 것은 삼가도록 하라"고 하셨습니다.

이른바 조기 교육이 크게 강조되고 있는 요즈음입니다. 두 살이면 두 살배기 아기로서 알차게 발달시키려는 생각이라기보다는 머리만 어른스러운 아기이기를 바라는 생각일 경우가 많지 않은가 생각됩니다. 그나마 그 아기의 이해를 위한 세심한 관찰도 거치지 않고, 좋다는 것은 무턱대고 이것저것 가르쳐 보는 경우도 적지 않게 있나 봅니다. 우리에게는 예부터 대기만성이라는 말이 전해지고 있습니다만, 이다음에 깊은 이치를 터득하는 위대한 사람이 되게 하기 위해서도 아기 시절이 그 속에서 무르익게 해야 할 것입니다. 얼핏 보아 허송세월 같지만, 이야말로 "이 귀중한 시기에 단 한 순간도 허비하지 않는 길"이 될 것입니다.

본성에 따라 자라게 해야

선생님은 어린 에밀을 시골에서 기르고 싶어 하셨습니다. "상전들 다음으로 인간말짜인 종들로부터 멀리 떨어진 시골"에서, 그리고 겉치레로 뒤덮여 있어 아이에게는 유혹적이고 유행성 있는 도시의 고약한 풍습에서 멀리 떨어진 시골에서 에밀을 기르려 하셨습니다. "시골에서는 교사가 아이들에게 보여 주고 싶은 것들을 훨씬 손쉽게 다룰 수 있을 것이다. 그의 평판이나 말이나 행실은, 도시에서는 얻지 못할 권위를 갖게 될 것이다. 시골 사람들은 저마다 교사들을 소중한 인간으로서 돌봐 주려 들고, 그의 기대에 응하려 들어 선생이 그래 주었으면 하고 바라는 그대로 저마다가 학생 앞에서 실제로 행하려 할 것이며, 설사 폐습은 고치지 못한다 하더라도 창피한 짓은 삼가게 될 것이다. 우리의 목적을 위해 필요한 것 모두가 이것"이라고 말씀하셨습니다.

　우리의 경우, 상전과 하인이 따로 없는 세상이 되기는 하였지만 부익부 빈익빈의 현상은 도리어 두드러지고 있습니다. 유혹적이고 퇴폐적인 고약한 풍습도 이제는 도시만의 것이 아닙니다. 시골에서조차 교사가 어린이들에게 보여 줄 만한 것들은 급격히 사라지고 있습니다. 도시에서 낙오된 교사들이 시골로 처진다는 사실을 시골 사람들도 알고 있기에 도리어 백안시白眼視가 일쑤입니다. 자녀의 교육적 장래에 절망하고 있는 농민들은 도시로 이사 가지 못해서, 아니면 어린이만이라도 도시 학교로 전학시키지 못해서 애태우는 나날을 보내고 있는 실정입니다. 도시와 시골을 막론하고 사회 전체의 교육적 개편이 아쉽습니다. 어린이들이 살다 보면 그 속에서 바로 사는 법을 배우게 되는 그런 사회로 개편하여야 할 것입니다. 어린이를 그 본성에 따라 자연스럽게 자라나게끔 놓아 둘 수 있는 터전을 도시, 시골 어디에도 마련하여야 하겠습니다.

소유의 근원을 알게 해야

선생님이 어린 에밀에게 가르쳐 준 첫 관념은 소유의 관념이었습니다. 에밀을 밭으로 데려간 선생님은 그로 하여금 콩을 심게 한 다음 날마다 물을 주게 함으로써 새로 돋아난 그 콩이 그에게 딸린 것임을 말해 주셨습니다. 그러나 그 밭에는 에밀에 앞서 참외를 심어 놓은 로베르라는 주인이 있어서 어느 날 에밀의 콩은 모조리 뽑혀지고, 땅은 다시 갈아엎어졌습니다. 선생님은 에밀과 로베르의 소유권 시비를 중재해 주는 과정을 통해서 소유 관념이 어떻게 해서 절로 노동에 의한 첫 소유자, 로베르의 권리에까지 거슬러 올라가는지를 가르쳐 주셨습니다. "내가 여기서 두 페이지 안에 짧막하게 써넣은 설명이, 실천에는 아마 한 해가 걸릴 일이라는 사실을 알 수 있다. 왜냐하면 도덕적인 관념들을 가르치는 데는 느리게 가르칠수록 좋고, 한 발 한 발을 힘주어 디딜수록 좋으니까. 젊은 스승들이여, 제발 이 본보기를 잘 생각해 달라. 그래서 만사에 있어 여러분의 가르침은 말보다는 행동으로 나타나야 한다는 점을 명심하라. 아이들은 제가 한 말이나 남이 해 준 말은 곧잘 잊어버리지만, 제가 한 일이나 남이 해 준 일은 그렇지가 않다"고 하셨습니다.

남의 소유물을 몰래 훔쳤건 알게 빼앗았건, 그것은 지금도 가장 나쁜 짓으로 여겨지고 있습니다. 그러나 그 짓을 못하게 하고 처벌하는 데만 급급할 뿐, 소유의 관념을 정확하게 가르쳐 주고 있지는 못한 지금의 우리네 실정입니다. "장난감이나 옷가지를 주어 그것이 어린이 본인의 것임을 이해시키려 한들, 그가 그것들을 마음대로 쓰기는 하나, 어째서 어떻게 해서 그것들을 가지게 되었는지는 알 수가 없을 것이다. …… 남이 주어서 가지게 되었다고 아이에게 말해 준다 해서 나을 것도 없으니, 주기 위해서는 갖고 있어야 하니까. 그러니 그것은 아이의 소유 이전의 소유이다. 아이에게 설명해 주려는 것은 소유의 원리이다. 무엇을 준다는 것은 하나의 약속인데 아이는 아직 약속이 무엇인가 알지 못한다는 사실도 염두에 두어야 한다. …… 그러니 소유의 근원으로 거슬러 올라가야 한다"고 하셨습니다.

나쁜 짓의 자연적인 결과를 알게 해야

선생님은 에밀이 저지르는 나쁜 짓에 대해서 벌을 주지 않고, 그 나쁜 짓의 자연적인 결과를 벌로 받게 하셨습니다. "만지는 것은 모조리 망가뜨리는 아이라도 그에게 화내지 말라. 망가뜨릴 만한 것은 손이 닿지 않는 곳에 두라. 제가 쓰는 가구들을 부순다고 서둘러 딴 가구를 주지 말라. 없어져서 받은 손해를 깨닫게 두라. 제 방의 창문을 깨뜨린다고 감기 걱정일랑 말고 바람이 밤낮으로 불어닥치게 두라. 바보가 되기보다는 감기 드는 편이 나으니까. 아이가 저질러 놓은 불편에 대해 투덜대지 말고 아이가 먼저 그 불편을 느끼게 해 주라. …… 거짓말에 대해 야단치지 말라. 그보다도 거짓말을 해 버릇하면 사실을 말해도 남이 믿어 주지 않는다든가, 아무리 변명해도 저지르지도 않은 잘못으로 비난받는다든가 하는 거짓말의 온갖 고약한 결과가 거짓말을 했을 때 제 머리 위해 쏟아지게 해 주라"고 말씀하셨습니다.

나쁜 짓을 한 어린이에게는 회초리로 종아리를 쳐 온 우리의 옛 서당이요, 가정이었습니다. 나쁜 짓을 거듭하였거나 매우 나쁜 짓을 했을 경우에는 종아리에 피가 맺힐 만큼 매질을 한 것으로 전해지고 있습니다. 그러나 매 맞을 어린이 당사자로 하여금 회초리를 마련해 오게 하고 매질을 하되 종아리에 국한함으로써 충동적인 화풀이나 감정적인 앙갚음이 되지 않게 세심한 배려를 했던 것입니다. 그나마도 엄격한 아버지에는 인자한 어머니가 따르기 마련이어서, 자녀 교육을 놓고 아버지와 어머니가 상호 보완을 꾀해 왔던 것입니다. 그러나 요즈음에 와서는, 단지 어리다는 이유만으로 나쁜 짓을 보고도 감싸 주기 일방이거나 그와는 정반대로 나쁜 짓을 보기만 하면 추호의 용서도 없이, 사람을 통틀어 미워하고 응징하는 경향이 많아지지 않았나 생각됩니다.

에밀이 박식하기보다는 선량하기를 더 바란 선생님은 거짓말할 필요를 낳는 복종이라는 것은 일절 요구하지 않으셨습니다. 뿐만 아니라 에밀에게 어기고 싶은 마음이 생길 만한 약속은 아예 하지 않으셨습니다. "아이들의 한정된 시야視野는 현재를 넘어설 수가 없어, 복종의 약속을 하면서도 제가 하고 있는 약속의 뜻을 알지 못하기 때문에 그것 자체로서는 모두가 아무것도 아니다. 아이는 복종의 약속을 안 할 수가 없는 것이고 그 약속이 거짓말일 수가 없다. 왜냐하면 당장 궁지에서 빠져나올 생각밖에 할 수 없는 그에게는 당장의 효과가 없는 수단은 모두가 마찬가지이니까. 미래에 대한 약속을 하더라도 아이는 아무 약속도

하지 않는 셈이니, 아직 잠자고 있는 상상력은 자기라는 존재를 단 두 시간에 걸쳐 펼칠 줄을 모른다. …… 법률이 아이들의 약속을 전혀 문제 삼지 않는 것은 이 때문이다. …… 그러니 약속을 어기더라도 제 나이의 이성에 어긋나는 짓을 한 것이 되지 않는다. 그러니 아이들의 거짓말은 모두가 선생 탓이 되고, 아이들에게 진실을 말하도록 요구하고 약속받는 것은 거짓말하도록 가르쳐 주는 것과 다를 바가 없게 되는 것이다. …… 그리하여 어린이들은 복종에 관한 선생의 가르침이 없어서 선량한 상태에 머물러 있는 것보다는 선생의 가르침을 알아듣고 거짓말하는 것을 더 좋아하게 된다. …… 경솔한 교사가 분별도 구별도 절도도 없이 노상 아이에게 이것저것 복종의 약속을 시키게 되면, 그런 온갖 약속에 짓눌려 도리어 약속을 업신여기며 마침내는 장난삼아 약속을 하고 어기게 된다"고 하셨습니다.

지금의 초중등학교의 교육 현장을 생각해 봅니다. 전교생에게 실천할 것을 약속받는 교훈校訓이 있는가 하면, 한 학급생의 급훈, 그리고 달마다의 월훈, 주마다의 주훈을 설정하여 그 실천을 독려 감시하고, 그 결과에 따라 표창과 처벌을 병행하고 있는 경우를 많이 봅니다. 물론 눈으로 볼 수 있는 학생 행동상의·변화를 어느 정도 자아내고 있는 경우도 있을 것입니다. 그러나 눈에 띄지 않는 마음씨에 이르러서는 아주 딴판이 아닌가 생각됩니다. 도리어 그 바람에 고약해지고 있는지도 모릅니다. 제가 표창을 받자니 남을 속이려는, 제가 벌 받지 않으려니 남을 중상하려는 마음씨가 늘어나고 있는지도 모릅니다. 마음씨를 착하게 하자는 교훈, 급훈, 월훈, 주훈인데 마음씨를 일그러뜨리고 있지 않나 생각됩니다.

욕심이 낳는 위선 없이 지내게 해야

선생님은 어린 에밀이 위선僞善을 행하는 일이 없도록 하기 위해서 어른들이 행해야 할 선善을 그에게는 강요하지 않으셨습니다.

"나는 서둘러 내 제자에게 자선 행위를 강요하지 않고 오히려 그가 보는 데서 내 스스로가 행하겠으며 또 그것을 그 나이에 당치도 않게 명예로 알고 내 흉내를 낼 길조차도 막아 버리겠다. 왜냐하면 어른들의 의무를 그냥 아이들의 의무로 여기는 버릇이 들지 않게 하는 일이 중요 하니까. …… 이런 흉내 낸 미덕 모두가 원숭이의 미덕이라는 것, 또 어떤 선행도 남들이 하기 때문이 아니라 자기가 옳다고 믿어 행할 때에만 도덕적으로 선하다는 것을 나는 알고 있다. …… 원숭이는 제가 겁내는 사람은 흉내 내지만, 제가 깔보는 동물들은 흉내 내지 않는다. 저보다 나은 존재가 하는 것은 좋게 보는 것이다. 그런데 우리들 사이에서는 온갖 어릿광대들이 그 천한 감정 속에서 저를 저보다 나은 것과 맞세우려고 든다. …… 즉 자신을 보다 낫게, 보다 현명하게 만들기를 바라기보다는 남들을 속이거나 자기 재능이 갈채받기를 더 바란다. 흉내의 동기는 늘 자기 밖으로 나가려는 욕심에서 온다. 에밀은 확실히 이런 욕심을 갖지 않게 될 것이다. 우리는 이런 욕심이 낳는 위선이 없이 지내야 한다."

가정에서나 학교에서나 너무나 많은 미덕의 실천을 너무나 자주 강요당하고 있는 지금의 우리 어린이들이 아닌가 생각됩니다. 어른들의 흉내는 고사하고, 어른들도 채 실현하지 못하고 있는 것까지 강요당하고 있는 경우조차 적지 않습니다. 도시 학교의 어린이들로 하여금 산간벽지나 외딴섬의 어린이들을 서울로 초청케 해서 동포애의 자선을 베푸는 일은 선생님들 스스로가 어린이들 보는 데서 실천하거나, 박봉 속에서 내놓을 돈이 없다면 돈 있는 학부모들이 실천함으로써, 어른들이 실천하는 동포애의 본보기가 어린이 가슴속에 스며들게 하는 것이 옳지 않을까 생각합니다. 한 걸음 더 나아가서, 벽지나 섬의 동포들이 도시 부자들의 자선의 대상이 되지 않게끔 그들을 잘살게 할 의무가 우리 사회에 있다는 것을, 도시와 시골 어린이들 모두가 깨닫게끔 하는 것이 옳지 않을까 생각합니다.

선생님은 "누구에게도 결코 해를 입히지 않는다는 일"을, "어린 시절에 알맞은 유일한 도덕상의 교훈일뿐더러 모든 나이에 가장 중요한 교훈"으로 삼으셨습니다. "좋은 일을 하라는 교훈마저도 위의 교훈에 딸려 있지 않고는 위험하고 가짜이고 모순이다. 누가 좋은 일을 하지 않는가? 모든 사람이 다 한다. 악인도 마찬가지이다. 악인은 불쌍한 백 사람을 희생시켜 행복한 한 사람을 만든다. 우리의 온갖 재앙이 여기서 온다. 가장 숭고한 미덕은 소극적이다. 그것은 또한 가장 어려운 일이기도 하다. 자기 동포들에게 결코 해를 끼치지 않는 사람이 하나라도 있다면, 오, 그 사람은 그들에게 필연적으로 얼마나 큰 선을 행하고 있는 셈인가! 남을 해치지 않는 일이 얼마나 위대하고 힘든 일인가를 깨닫게 되는 것은 그 실천에 노력함으로써 가능하다"고 말씀하셨습니다. 어린 이들에게 불행한 친구가 있으면 도와주라고 귀가 따가울 만큼 훈화를 거듭하지만, 그에 못지않게 남들의 실패를 바라지 않으려야 않을 수 없는, 남들의 성공을 시기하지 않으려야 않을 수 없는 상황 속에 날마다 어린이들을 몰아넣고 있는 우리 학교들이 아닌가 생각합니다. 학생들에게 시키는 과도한 경쟁이 그것이고, 어른들도 감당키 어려울 만큼의 신상필벌이 그것입니다.

어린 시절은 이성이 푹 자게 해야

선생님은 어린 에밀을 좋게건 나쁘게건 성급히 판단하지 않고 자연에 내맡겼습니다. 예외적인 징조들이 좀 보인다 해도, 당장에 어떤 특별한 방법을 강구하기 전에 그것들이 절로 드러나 증명되고 확인되도록 오랫동안 내버려 두셨습니다. "잘못 교육받은 아이는 전혀 교육받지 않은 아이보다 참지혜에서 더 멀다. 아이가 어린 시절을 아무것도 않고 소비하는 것을 보면 여러분은 마음에 걸린다고? 천만에! 행복하게 지내는 것이 그래 아무것도 아니란 말인가? 종일 뛰고 달리고 노는 것이 아무것도 아니란 말인가? 평생에 이만큼 바쁠 때는 다시없을 것이다. …… 그러니 소위 이런 무위無爲에 대해서는 겁내지 말라. 시간을 낭비하지 않고 온 생애를 살려고, 통 자지 않는 사람이 있다면 여러분은 그를 미련한 자라 하겠지. …… 잠을 피해 죽음을 쫓고 있다고 말이다. 그

러니 이 경우도 마찬가지이지. 어린 시절은 이성理性의 수면기라고 생각
하라"고 하셨습니다.

조기早期 교육이니 수재 교육이니가 여유 있는 가정에서일수록 강조
되고 있는 요즈음의 우리입니다. 그러나 그 참뜻이 어린이로 하여금 어
린 시절을 충분히 살게 하자는 데에 있다는 것을 모르고, 도리어 그 시
절을 거치지 않고 곧장 어른이 되게 하려는 데에 있는 것처럼 오해하고
있는 경우가 많다고 생각됩니다. 그야말로 부모나 선생이 '아이보다도
더 아이이기가 일쑤'입니다.

아이를 둘러싼 모든 것을 책으로 삼게 해야

선생님은 에밀이 어린 동안은 책으로 하는 공부를 시키지 않았습니
다. 에밀을 둘러싼 모든 것을 책 삼아 공부하게 하셨습니다.

"책으로 공부하지 않는다 해서, 아이가 지닐 수 있는 기억력이 놀고
있는 것은 아니다. 보는 것, 듣는 것 모두가 아이를 자극하며, 아이는
그것을 기억한다. 그래서 아이를 둘러싼 모든 것이 책이 되어, 이다음에
자라나서 기억을 하게 될 때까지 아이는 그 환경이라는 책 속에서 저
도 모르게 마음을 줄곧 살찌워 나가는 것이다. …… 사실 이런 방법이
천재를 만들어 내거나, 가정교사를 빛내어 주지는 않는다. 그 대신 올
바르고 튼튼하여 몸도 이해력도 건전한 사람, 어려서는 칭찬받지 않더
라도 커서는 존경받는 사람을 만들어 낸다. 에밀은 어떤 책도 우화조차

도 외우지는 않을 것이다. …… 사람들은 어째서 우화를 아이들의 도덕 책이라 부를 만큼 눈이 멀 수 있는가? 그런 교훈 이야기가 아이들을 즐겁게 해 주면서 실은 속이고 있다는 사실은 생각하지도 않고. 거짓말에 속은 아이들은 진실을 놓치고 만다는 사실, 기분 좋게 가르쳐 주려고 하는 짓이 아이들의 배움을 막는 결과가 된다는 사실을 생각하지도 않고. 우화는 어른들을 가르칠 수 있다. 한데 아이들에게는 벌거숭이 진실을 말해 주어야 한다. 진실에 탈을 씌워 주면 벌써 아이들은 애써 그 것을 벗기려 들지 않는다"고 말씀하셨습니다.

어린이가 다섯 살이 되어 유치원에라도 다니게 되는 날로, 공부라면 책으로만 하는 것으로 생각하는 요즈음의 우리 부모요 선생입니다. 책의 공부, 그나마도 외우게 하는 것이 그 전부이다시피 되어 가고 있으며, 그것을 잘하고 못하고는 오직 종이 위에 시험 친 점수로만 따지려 하고 있습니다. 지식과 기능을 터득하고 태도가 개선되어 어린이의 삶이 나아지는 것과는 무관한 채로 미덕보다는 악덕으로 이끌리고 있는 셈이기도 합니다.

책을 읽고 싶어 하는 마음이 들게 해야

선생님은 에밀에게 책이 유익해질 무렵에 가서야 읽기를 가르치되, 그 방법으로는 다른 무엇보다도 읽기를 배워야겠다는 욕망을 불러일으켰습니다. "사람들은 읽기를 배우는 가장 좋은 방법을 찾아내는 것을 큰일로 삼고 있다. 글자 맞추기 상자나 카드를 만들어 낸다. 아이 방을 인쇄 공장으로 만든다. …… 이 모든 것보다 더 확실한데도, 잊기가 일쑤인 방법은 읽기를 배우려는 욕망이다. 아이에게 이 욕망을 주라. 그러고 나서 글자 맞추기 상자나 카드를 두어두라. …… 당장의 이해관계, 이것이야말로 어김없이 성공시키는 크고 유일한 원동력이다. 에밀은 때때로 아버지나 어머니, 친척, 친구들로부터 초대장을 받는다. 간단명료하게 잘 쓰인 것들이다. 읽어 줄 누군가를 찾아내야 한다. …… 나중에 누가 읽어 주지만, 이미 때는 늦다. 딴 초대장들을 또 받는다. 읽어 보고 싶어질 것이다. 남에게 도움을 청한다. 거절당하는 수도 있다. 갖은 애를 써서 마침내 반쯤 읽어 낸다. …… 나머지를 읽기 위해 얼마나 노력하겠는가? 에밀에게 글자 맞추기 상자가 필요하다고는 나는 생각하지 않는다. …… 글 읽기가 영 진저리 나게 만들어 놓고 나서는 읽는 능력이나 책이 무슨 소용이 있겠는가? 아직은 그가 좋아할 수 없는 공부가 그에게 얄미운 것이 되지 않도록, 또 일단 나타난 이러한 싫증 때문에 아무것도 모르던 시기가 지난 뒤에도 그가 공부를 멀리하는 일이 없도록 각별히 주의해야 할 것"이라 하셨습니다.

이 면에 걸쳐 요즈음 우리의 가정과 학교를 생각해 봅니다. 자녀 교육에 성의와 여유가 있는 가정일수록 입학 전부터 한글을 깨쳐 주려고 애를 씁니다. 읽기 공부가 학생 생활의 모두로 느껴질 만큼의 초등학교 저학년의 교육입니다. 그래서 대부분의 어린이들이 한글을 깨치고는 있지만, 그 모두가 즐거움 속에서 공부하고 있는 것은 아닙니다. 부모나 선생으로부터 칭찬을 듣고 상을 타는 소수의 어린이들 중에도 공부를 고생스러운 것으로 여기게 된 이들이 있는데, 여타 학생들이야 말할 나위도 없습니다. 그러련만 이들이 아직 공부를 놓지 않고 있는 까닭은 오직 꾸지람이나 매질, 낙제나 퇴학 등 처벌이 무서워서입니다. 처벌만 없어지면 공부는 안 하기로 이미 결심이 서 있는 것입니다. 읽는 법은 배웠으되 읽으라는 명령이 없는 책은 안 읽기로 말씀입니다.

먼저 개구쟁이로 자라게 해야

선생님은 어린 에밀을 우선 개구쟁이로 자라게 하셨습니다. "내 제자, 아니 자연의 제자로 말하면…… 노상 남들에게 매달리는 버릇, 더구나 제 박식을 남들에게 과시하는 버릇은 전혀 없다. 그 대신…… 제게 맞는 일은 썩 잘할 줄 안다. 늘 움직이고 있기 때문에 많은 것을 관찰하고 많은 결과를 알지 않을 수가 없다. …… 사람들로부터가 아니라 자연으로부터 공부를 배운다. 가르쳐 주겠다는 의도가 아무 데서도 보이지 않는 만큼 스스로 더욱 잘 배운다. 남의 생각이 아닌 자기의 생각에 따라 늘 행동하는 그는, 몸과 마음, 두 가지 활동을 늘 하나로 묶는다. …… 이것이 육체의 힘과 마음의 힘, 어진 이의 이성과 장사의 기운을 아울러 갖게 되는 방법이다. 젊은 교육자여, 나는 힘든 기술을 당신에게 가르치고 있다. 그것은 훈계 없이 지도하고, 아무것도 하지 않으면서 다 하는 기술이다. …… 이 기술은 당신 재능을 빛내게 하는 데도 소용이 없고, 아버지들에게 뽐내어 보이는 데도 알맞지 않다. 그러나 교육에 성공하는 데는 알맞은 유일한 기술이다. 먼저 개구쟁이를 만들지 않고서는 결코 어진 사람을 만들기에 성공하지 못할 것"이라고 말씀하셨습니다.

어린이들이 자기 스스로가 선생이라 생각하게 해야

사람을, 따라서 어린이도, 그 이하로 잘게 나눌 수 없는 마지막 조그만 단위로 보는 이른바 전인全人이라는 생각이 널러 퍼져 있는 우리의 교육계입니다. 신체적 발달과 아울러 사회적·정서적 발달까지 중요시하고 있는 우리 학교들입니다. 그러나 아직도 그 모두는 선생이 생각해서 학생들에게 시키는 활동입니다. 선생은 노상 학생들을 통제하고 있습니다. "가라, 오라, 가만있으라, 이래라, 그러면 안 된다 따위의 말만 노상한다면, 아이는 미련퉁이가 될 것"이 걱정입니다. "선생의 머리가 어린이의 팔다리를 이끌어 주면 어린이의 머리는 소용없는 것이 되고 말 것"이 우려됩니다.

선생님은 에밀로 하여금 자기 스스로가 늘 선생이라고 생각하도록 하시면서도 선생은 늘 당신이셨습니다. 선생님은 에밀을 둘러싼 모든 것을 당신 마음대로 조정함으로써 에밀에게는 제 의지대로 하게 내버려 두셨습니다. 그래서 에밀은 선생님을 전혀 경계하지도 않고 선생님에게 숨길 아무것도 없이, 있는 그대로의 자기를 보여 주게 되었습니다. 그리하여 에밀의 마음속에서 악덕의 근원을 또 하나 막아 버렸습니다.

"가장 그릇되게 공들이는 교육이란, 선생이 명령하면서 다스리는 것으로 생각한다. 다스리고 있는 것은 실상은 아이이다. 아이는 제 마음에 드는 것을 당신에게서 얻기 위해 당신이 저한테 요구하는 바를 이용하고 있다. 그래서 선생의 한 시간의 부지런에 대해 제멋대로 굴 수 있는 한 주일을 당신에게 치르게 할 줄을 늘 알고 있는 것이다. …… 당신은 아이의 변덕을 반증으로 명령하면서 다스린다고 하겠지만 그것은 잘못이다. 아이들의 변덕은 결코 자연의 소산이 아니고 못된 훈련 탓이다. 아이들이 당신에게 복종을 강요당했거나 남들에게 명령했기 때문이다. …… 당신 제자는 당신이 주는 변덕 외에는 갖지 않을 것"이라고 말씀하셨습니다. 뿐만 아니라, "이렇게 제 의지대로 하게 내버려 둔다 해도 아이는 제게 알맞은 일밖에는 하지 않음으로써 제가 해야 할 일과 일치하게 될 것이다. 그리하여 그의 이성 모두가 순수한 이론의 공부에서보다도 훨씬 더 제대로 발달해 가는 것을 보게 될 것"이라고 말씀하셨습니다.

요즈음 초중등학생들의 행동적 특성은 거의 완전에 가까울 만큼의 타율성이라 하겠습니다. 그런데 이보다 더 기이한 것은 한 해라도 교육을 더 받아 학년을 올라갈수록 타율의 정도도 높아지고 있는 사실입니다. 그리하여 여러 해의 교육을 통해서 자율적인 사람이 되었대서 졸업시키는 것이라기보다는 타율로도 더는 할 수가 없어 사회에 내보내고 마는 셈이 되고 있는 현실입니다. 그야말로 입학한 학생들은 선생이 주어 온 타율밖에는 갖고 졸업하는 것이 없다시피 한 형편입니다.

먼저 감각기관을 기르게 해야

선생님은 에밀을 자연의 지도에만 맡기심으로써 사물 자체로부터 교훈을 받게 하셨습니다. 그 결과, 몸과 정신의 건강은 물론, 이성까지 발달시키게 되었습니다. "인간의 이해력 속으로 들어오는 모든 것은 감각을 통해서 오는 것이므로 인간의 첫 이성은 감각적인 이성이다. 지적인 이성의 바탕이 되는 것이 바로 이것이다. 우리의 첫 과학 선생은 우리의 발, 손, 눈이다. 책을 써서 과학을 가르치려는 것은 이성으로 추리하는 법을 가르쳐 주는 것이 아니라, 남의 이성을 써먹는 법을 가르쳐 주는 셈이다. 많이 믿도록, 그러나 아무것도 알지는 못하도록 가르쳐 주는 셈이 된다. …… 생각하는 법을 배우려면 우리 지능의 연장인 팔과 다리, 감각기관들을 훈련시켜야 한다. 또 이런 연장들을 되도록 온전하게 이용하려면, 그것을 대어 주는 육체가 튼튼하고 건전해야 한다. 그래서 인간의 진짜 이성은 육체와 상관없이 형성되기는커녕, 정신의 작용을 용이하고도 확실하게 만드는 것이 바로 훌륭한 육체인 것"이라고 말씀하셨습니다.

어린이의 교육에 관한 요즈음의 우리 생각은, 도리어 자연을 등지게 하는 데서 시작되고 있습니다. 자연 속에서 노는 어린이를 집 안으로 불러들여서 몸과 마음은 제쳐 놓고 머리만 훈련시키려고 책만을 가르치고 있는 실정입니다. 머리를 발달시키면서도 마음을 발달시키고 마음을 위하면서도 몸을 위하는, 말하자면 어린이를 하나의 전체로 보는 생각에 터한 행동이 매우 아쉬운 요즈음이 아닌가 생각됩니다. 그러고도 환경과의 상호작용 속에서 살아가고 있는 채로 어린이를 두어두어야만, 그들에게 최선의 학습을 보장하는 우리가 될 수 있다고 생각합니다.

활동하기 편한 옷을 입게 해야

선생님은 에밀에게 입힐 옷의 선택이나 그 선택의 동기가 그의 교육에 미칠 크나큰 영향을 고려하여 에밀로 하여금 수수하고 편안한 옷의 가장 값진 것으로 여기게끔 지도하셨습니다.

"자라는 몸의 사지四肢는 옷 안에서 헐렁해야 한다. 그 운동이나 성장을 아무것도 막아서는 안 되며, 너무 맞거나 몸에 달라붙는 아무것도 있어서는 안 된다. 동여매는 것도 못쓴다. 어른들에게도 답답하고 해로운 프랑스식 옷차림은 아이들에게는 특히 해롭다. …… 아이들의 몸과 정신의 결함은 거의 모두가 같은 원인에서 온다. 그것은 제때가 되기도 전에 어른으로 만들고 싶어 하는 짓이다. …… 비싸다고 해서 아이들이 어떤 옷감을 택한다면, 그 마음은 벌써 사치에, 남의 옷감 변덕에 넘어간 것이다. 그러한 구미는 분명, 아이들 자신에게서 생겨난 것은 아니다. …… 눈먼 어머니들이 자식들에게 옷에 다는 패물을 상으로 주기로 약속할뿐더러, 지각없는 가정교사들이 제자들에게 벌로서 허름한 옷을 입히겠다고 협박하는 일조차 있다. '공부를 더 잘하지 않으면, 옷을 더 소중히 여기지 않으면, 저 농사꾼 아이처럼 입혀 줄 테야.' 이것은 마치 아이들에게 '인간은 옷을 빼놓으면 아무것도 아니라는 점을, 네 가치는 몽땅 네 옷에 있다는 점을 알라'고 말하는 거나 다름이 없다. 어린이들이 사치스러운 옷과 패물밖에는 소중히 여기지 않고, 거죽만 보고 가치를 판단한대서 놀라야 하겠는가? …… 아이를 우리의 편견에 복종시키지 않는 한, 편안과 자유는 언제나 아이의 첫 소망이다. 가장 수수하고 가장 편안한, 가장 덜 졸라매는 옷이 아이에게는 언제나 가장 값진 옷이다. …… 뿐만 아니라, 나는 계절에 따라 옷을 바꾸지 말도록 권하고 싶고, 또 이것은 우리 에밀의 꾸준한 실천이 될 것이다. 여기서 내가 말하고자 하는 것은…… 에밀이 부지런히 일하는 어른들처럼, 겨울에도 일복을 입는다는 말이다. …… 대체로 아이들에게는 특히 유년기에는 너무 많이들 입힌다. 더위보다는 오히려 추위에 아이들을 단련시켜야 할 것이다. 어려서부터 심한 추위에 견디게 두면 아이들은 병나는 법이 없다. …… 그리고 아이가 자람에 따라 차츰 태양 광선을 무릅쓰는 데도 익게 하라. 점차적으로 해 나가면 위험 없이 열대지방의 혹서에도 끄떡없게 만들 수 있을 것"이라고 하셨습니다.

지금의 어른들이 어렸을 적만 해도, 튼튼하게 자라려고 선생님 말씀대로 겨울에도 얇게 입었던 우리는 아니었습니다. 추위도 입을 옷이 없었던 것입니다. 지금도 그런 어린이들이 없는 것은 아닙니다만, 있는 집 어린이들이 너무 많이 입고 있는 것도 사실인가 합니다. 옷이 없어서 못 입히는 것이 아니라, 있는데도 어린이의 몸과 마음의 건전한 발달을 위해서 덜 입히게 되었으면 합니다. 더군다나 잘 입히기 경쟁이나 벌이듯 어린이에게 유행 따라 비싼 옷 사 입히는 풍조가 있는 집 부모들에게 일고 있음은 그 어린이들이 불쌍한 느낌마저 듭니다. '옷이 날개'라는 말은 어른들 사회가 썩고 있음을 암시해 주는 것인데, 이제는 어린이들 사회마저 썩힐 작정인가 봅니다. 없는 집의 어린이들에게 알맞게 입을 만큼의 옷이 있게 되고, 있는 집 어린이들에게 수수하고 활동적인 옷이 주어져서, 마침내는 우리 어린이들 모두가 입은 옷으로 그 사람을 평가하려는 어른들의 악습에서 벗어나게 되었으면 하고 바라는 마음 간절합니다.

낮에는 움직이고 밤에는 쉬게 해야

선생님은 에밀로 하여금 해와 함께 일어나게 하고 해 질 때 눕게 하는 것을 원칙으로 하셨으면서도 필요한 경우에는 이를 무시함으로써 그를 나약하게 만들지는 않으셨습니다. "아이들은 심한 운동을 하기 때문에 긴 잠이 필요하다. …… 휴식의 시간은 밤 시간이며, 그것은 자연이 정해 놓은 바이다. …… 분명 이 규칙에 따라야 한다. 한데, 으뜸가는 규칙은 필요할 경우에는 거침없이 그 규칙들을 어길 수 있다는 그것이다.…… 늦게 자고 일찍 일어나며, 느닷없이 깨고, 여러 밤을 서서 새울 수도 있다는 점을 말이다. 어려서부터 이렇게 천천히 단계적으로 해 나가면, 기성인을 그렇게 하면 그 몸을 파괴하는, 바로 그 사물들에 의해서 몸은 도리어 단련되는 것이다. …… 대체로 힘든 생활은 일단 버릇만 들면 쾌감을 늘려 주는 법이다. 너무 애지중지 자란 사람은 깃털이불이 아니고서는 잠을 이루지 못한다. 널빤지 위에서 자 버릇한 사람은 어디서나 잘 잔다. …… 가장 좋은 침대는 가장 좋은 잠을 마련해 주는 침대이다. 에밀과 내가 낮에 마련하는 것이 바로 그런 침대이다. 땅을 갈면서 좋은 요를 깔고 있는 것"이라고 말씀하셨습니다.

우리나라의 기나긴 역사를 돌이켜 볼 때, 농사꾼들이 잘살아 본 일이 없어서인지, 다른 일은 무엇이나마 좋지만 농사일만은 하지 않게 하려고 자녀를 학교에 보내다시피 하고 있는 것이 지금의 우리 학부모들입니다. 자녀들로 하여금 손에 흙칠과 옷에 땀이 배지 않게 하려고 말입니다. 자녀를 몰아대느니, 책상머리 앞에 앉아 인문학교 진학을 위한 시험공부입니다. 낮에도 밤에도 점수벌레가 되게 하기 위해서 그야말로 애지중지 기르는 것입니다. 지금의 우리 어린이들은 자연을 모르는 채 낮을 보내고 있으면서도 밤마저도 쉬지 못하고 있음으로써 문자 그대로 나약한 사람으로 길러지고 있는 셈이기도 합니다. 어른들 사회부터가 자연스러워짐으로써 어린이들도 자연스럽게 자라날 수 있는 날이 기다려집니다.

목숨을 지키는 데 필요한 것은 배우게 해야

선생님은, 민중과 구별 지으려고 교육시키려 드는, 그래서 언제나 가장 돈이 많이 드는 그런 교육을 배척하시고, 가장 보편적인, 그래서 가장 유용한 그런 교육을 실시하셨습니다. 선생님이 에밀에게 많은 돈이 드는 말타기를 가르치지 않고 돈 안 드는 헤엄치기를 가르치신 것도 이 까닭이었습니다. "부잣집에서 공들여 길러지는 젊은이들은 모조리 많은 비용이 들기 때문에 말타기를 배운다. 그러나 비용이 전혀 들지 않을뿐더러 누구나 배울 수 있기 때문에 그 젊은이들은 거의 헤엄치기는 배우지 않는다. 한데 말타기 훈련장에 다니지 않는 나그네도, 말에 올라타고 아쉬운 대로 제법 말을 부린다. 그러나 물에서는 헤엄칠 줄 모르면 빠지고, 배우지 않고서는 헤엄을 치지 못한다. 또한 그토록 자주 직면하는 익사溺死를 피할 자신은 아무에게도 없는 데 반해, 목숨을 걸고 꼭 말을 타야 할 일은 없다. 에밀은 땅 위에 있는 것과 마찬가지로 물속에 들어가 있을 것"이라 말씀하셨습니다.

우리말을 잘 배우게 해야

조선조 시대는 중국의 글, 일제 강점기에는 일본말, 그리고 해방 후에는 미국말, 한마디로 민중이 쓰지 않는 말을 배우는 것이 교육받는 주된 이유가 되어 오다시피 한 우리입니다. 요즈음은 초등학교에서마저 과외로 영어를 가르치면서 중학교부터는 더욱 열을 올리고 있습니다. 졸업 후 그 영어를 써서 살아가는 이라곤 백에 하나도 안 되련만, 도리어 그래서 배우려고 물 쓰듯 하니 돈입니다. 우리의 행복한 삶을 위해서는 해도 그만 안 해도 그만인 그까짓 몇 마디의 영어쯤은 학교엘 다니지 않고도 지껄일 수 있게 되지만, 우리말을 잘 배우지 못해서 온갖 불행을 자초하고 있는 이들은 부지기수가 아닌가 생각합니다.

감각을 종합적으로 계발시키도록 해야

선생님은 감각의 종합적인 훈련을 매우 중요시하셨습니다. 에밀에게 많은 밤놀이를 시킨 것도 바로 이 까닭이었습니다.

"우리 속에서 맨 먼저 형성되어 완성되는 기능機能은 감각이다. 그러니 맨 먼저 가꾸어야 할 것은 이 감각인 것이다. …… 감각을 훈련하는 일은 단지 그것을 사용하는 일에 그치지 않고, 그것을 통해 제대로 판단하는 법을 배우는 일이며, 이를테면 느끼는 법을 배우는 일이다. …… 감각 하나하나를 되도록 이용하라. 그러고는 한 감각의 인상을 딴 감각에 의해 검토하라. 재어 보고, 세어 보고, 달아 보고, 비교하라. …… 언제나 결과의 평가가 새 수단의 사용에 앞서도록 하라. …… 그래서 제가 하는 모든 운동의 결과를 예견하고, 경험에 의해 제 잘못을 바로잡도록 버릇을 들여 주면, 아이는 행동할수록 더욱 판단이 정확해질 것이 분명하지 않은가? …… 우리는 자신의 모든 감각을 똑같이 마음대로 쓸 수 있는 것은 아니다. …… 예컨대 촉각은 계속적인 연습에 의해, 우리가 좋건 싫건, 그 경험을 빨리 얻게 되는 감각이다. 한데 장님들은…… 우리보다도 더 확실하고 예민한 촉각을 갖고 있다는 사실을 우리는 보아서 알고 있다. 그렇다면 왜 우리에게는 그들이 눈 없이 낮에 하는 모든 것을, 불빛 없이 밤에 하는 훈련을 시켜 주지 않는가? …… 우리는 일생의 절반이 소경이다. …… 나로서는 에밀이 양초가게보다는 손가락 끝에 눈이 있는 것이 낫겠다. …… 많은 밤놀이를 시키라는 충고는 보기보다 중요하다. 밤에는 물론 사람들이, 때로는 짐승들도 겁을 먹는다. …… 그 원인은 무엇인가? …… 우리 주위의 사물들이나 우리 주위에서 일어나는 일에 대한 무지이다. …… 그러니 어둠에 대한 겁을 없애 주고 싶거든 그를 어둠 속으로 자주 데려가라. …… 지붕 잇는 일꾼은 지붕 위에서 눈이 어지럽지 않으며, 어둠 속에 있어 버릇한 사람치고 어둠 속에서 겁먹는 이를 본 적이 없다. 따라서 우리의 밤놀이에는 또 하나의 이득이 덧붙여진 셈이다. 한데 이 놀이가 성공하기 위해서는, 나는 쾌활을 아무리 권해도 지나칠 수가 없다. 어둠만큼 쓸쓸한 것은 없다. 어둠 속에 들어갈 때는 아이가 웃도록 해 주라. 어둠에서 나오기 전에 다시 웃도록 해 주라. …… 어린 날의 밤놀이로 가득 찬 그 사람은, 밤에 딴 사람들보다 얼마나 유리한가? 어둠 속에서 익숙해진 발과, 주위의 온갖 물체에 쉽사리 닿게 된 손이 아무리 짙은 어둠 속에서도 예사로 그를 이끌어 줄 것이다. 그리고 그의 상상력은 좀처럼 겁나는 대상으로 향하지는 않을 것"이라고 말씀하셨습니다.

재어 보고, 세어 보고, 달아 보고, 비교하게 해야

장난을 잘하는 어린이를 보면 그것을 감각 발달의 좋은 기회로 여겨 기뻐하는 어른들보다는 수족을 무겁게 다루고 묻는 말에나 대답하고 마는 어린이를 보면 점잖다느니 성숙하다느니 하여 기뻐하는 어른들이 더 많은 우리네 실정입니다. 대낮에 벌이는 장난을 두고도 이러한데 캄캄한 어둠 속에서의 놀이야 못된 사람 되기에나 알맞다 생각할 지경입니다. 어른에 있어서의 '일'만큼이나 어린이에 있어서의 '장난'을 소중히 여기는 기풍부터 세워 나가야 하지 않을까 생각됩니다.

선생님은, 모든 감각 중에서 가장 성급하고 실수가 많은 시각視覺을 훈련시킴에 있어서는 가장 느리고 고른 촉각을 비롯한 딴 감각들에 관련시킨 오랜 동안의 조정 훈련을 강조하셨습니다. "촉각이 인간 둘레에 그 작용을 집중시키는 정도만큼, 시각은 사람에게서 먼 밖으로 작용을 펼친다. 시각 작용에 속임수가 많아지는 것은 바로 이 때문이다. …… 높이, 길이, 깊이, 거리를 판단함에 있어 눈대중으로는 아무런 정확성도 없다. 눈으로 본 것은 늘 딴 감각에 의해 검토되고, 말하자면 시각의 성급함을 촉각의 느림으로 억제해야 한다. …… 크기를 보는 법을 배우는 것은 걸어 보고, 만져 보고, 세어 보고, 재어 보고 해서만 되는 것이다. …… 저기에 아주 높은 벚나무가 있다. 버찌를 따려면 어떻게 하겠는가? 아주 넓은 개울이 있다. 안마당에 있는 널빤지가 양쪽 둑에 걸리겠는가? …… 저 두 나무 사이에 그네를 매달았으면 한다. 두 길짜리 밧줄이면 족할까? …… 거리를 재고 식별하고 짐작하는 일에 아이들이 흥미를 갖게 만드는 방법은 얼마라도 있다"고 하셨습니다.

대학을 나와야만 사람대접을 하는 요즈음의 우리 사회입니다. 자격고사부터 합격해야만 입학할 수 있는 대학입니다. 이래서 어린이 시절 모두를 시험 준비 공부만으로 보내다시피 하고 있는 우리 학생들입니다. 시각이 발달해도 그 시험공부를 치르는 중에서의 일이고, 장애가 생겨도 그 안에서의 일입니다. 다른 감각들에 관련짓는 일도 없지야 않습니다. 거리를 재도 시험 종이 위의 그림을 놓고 재게 하고 있으니까요. 대학을 나오지 않고도, 사람이 됐고 능력만 있으면 대접받는 사회로 만들어야 하겠습니다.

모사가 아니라 감식하는 그리기가 되게 해야

선생님은 에밀에게 그림을 그리게 하는 데 있어서도 그와 동행同行하셨으며, 자연 말고는 딴 스승을, 물체 말고는 딴 본을 뜨지 않기를 바라셨습니다. "나는 노상 그와 취미를 나누어 가짐으로써 그 취미를 더욱 즐거운 것으로 만들어 주고 싶다. …… 나는 쉴 줄 모르는 위험 없는 경쟁자가 되어 줄 것이다. 그것은 우리 사이에 질투심을 일으키는 일 없이 그가 하는 일에 흥미를 넣어 줄 것이다. 나는 그를 본떠 연필을 잡겠다. …… 팔 하나하나를 막대기로, 손가락을 팔보다 굵게 그릴 것이다. 한참 지나서야 우리 둘 중의 어느 쪽이 그 불균형을 알아챌 것이다. …… 이와 같이 진보하는 도중에 나는 그와 나란히 나아가는 것이 고작이거나, 아니면 앞선댔자 얼마 되지 않아 나를 따라붙거나 어쩌다가 앞지르기가 쉬울 것이다. …… 괴발개발 그려 대면서도 자연을 살피는 일만은 그만두지 않겠다. 이 스승이 보는 데서 말고는 우리는 결코 아무것도 그리지 않을 것이다. …… 눈앞에 실물을 그린 종이 말고 실물을 두어, 집을 보고 집을, 나무를 보고 나무를, 사람을 보고 사람을 그리기를 나는 바란다. …… 내 의도는 아이가 대상물들을 모사할 줄 알기보다는 감식鑑識할 줄 알게 하는 일"이라고 말씀하셨습니다.

어린이들의 그림 그리기라 하면 으레 잘 그린 그림을 본뜨게 하고 있는 요즈음의 우리네입니다. 실물이 아닌 실물의 그림을 보고 그리게 하는 경우가 많습니다. 사생을 시키는 경우라 할지라도 어린이들은 교사의 평가를 의식하고 그의 눈에 들게끔 그에게 그려 바치는 경우가 적지 않습니다. 그나마도 누가 잘 그리나, 지나친 경쟁 바람에 어린이들은 시기와 질투의 도가니 속에서 즐거움은커녕 괴로움을 당하는 경우조차 있습니다. 어린이들에게는 그려서 갖고 싶은 것이 많을 만큼 자연과의 교섭을 두텁게 해 주는 일이 시급합니다. 지난날보다 그리기가 나아진 자기의 진보에 힘입어 더 잘 그려 보겠다는 욕심이 생기게끔 지도해야만, 경쟁할 남들이 없이 되는 졸업 후에도 그리기를 즐기며 살아가게 될 것입니다.

우리 몸을 즐겁게 움직이는 법을 배우게 해야

선생님은 지식 면에서는 되도록 늦된 교육을 주장하셨지만 육체 면에서는 되도록 올된 교육을 역설하셨습니다. "아이들 손에는 아무런 익숙함도 없다. 그래서 그 손에 익숙함을 주기를 바란다. 어른도 훈련받지 않으면 아이들보다 더 익숙할 것이 없다. 우리는 몸의 기관들을 써본 다음이 아니고는 그 쓰는 법을 알 수 없다. 우리 몸을 이용하는 법을 가르쳐 주는 것은 오랜 경험밖엔 없고, 이 경험이야말로 아무리 일찍 시작해도 이를 수가 없는 진짜 공부이다. 사람이 하는 일은 아이도

다 할 수 있는 일이다. 그래서 훈련받은 아이들의 팔다리가 어른 못지않게 날쌘 것을 보는 만큼 흔한 일은 없다. …… 우리가 하는 것을 아이들은 못한다고 가정하는 것은 터무니없는 짓이며, 어떤 일에서 아이들이 성공하지 못하는 것을 본 사람이 있다면 그것은 훈련시킨 일이 없기 때문이라는 사실을 증명하고 있는 것으로 내게는 여겨진다. 아이들의 지식 면에서 내가 비난한 올된 교육의 잘못에, 내가 여기서는 육체 면에서 빠지고 있다고 말하겠지. 사뭇 다르다. 왜냐하면 한쪽 진보는 외관에 지나지 않지만 다른 한쪽은 현실이니까. 아이들이 몸으로 하고 있는 것처럼 보이는 것은 죄다 실제로 하고 있는 반면, 머리에 지니고 있는 것처럼 보이는 것은 실제로는 지니고 있지 않다는 점을 나는 이미 증명한 바 있다. 더구나 육체 면에서의 올된 교육의 모두는 조금이라도 강제해서는 안 될 놀이, 자연이 아이들에게 요구하는 운동의 자발적인 손쉬운 절차, 자기네 놀이를 더욱 즐겁게 만들려고 다양화시키는 기술 등에 불과하거나 불과할 수밖에 없다는 점을 늘 생각해야 한다"고 말씀하셨습니다.

경제적으로 여유가 있어 자녀 교육에 성의가 있다는 가정에선 4, 5세 적부터 음악, 미술, 무용, 체육 등에 걸쳐 전문적인 훈련을 시키는 경향이 생겨난 요즈음의 우리 도시입니다. 얼핏 보아 선생님의 주장과 일치하는 듯하지만, 속을 들여다보면 그렇지가 못합니다. 어린이들의 자발적인 노력이라기보다는 어른들이 반강제적으로 몰아대고 있어서입니다. 어린이 몸 전체의 숙달 속에서 특정 부문의 훈련이 되고 있지 못해서입니다. 무엇보다도 어른들의 욕구 충족을 위한 과도한 훈련 끝에 어린이들이 고통을 받고 있대서입니다. 태권도로 보아서는 분명히 자타가 공인하는 유단자인데, 몸의 건강은 그다지 좋지 못한, 그러면서도 같은 또래에 비해 왜소한 어린이를 본 일이 있습니다. 노래가 방송되는 빈도로나 레코드판의 매출액으로 보아서는 분명히 인기가 높을 대로 높은 즐거운 노래이련만 노래하는 당사자인 어린이는 몹시 괴로워하는 경우도 보았습니다. 고통이 심해서 얼굴마저 창백했었습니다. 이 모두는 자연의 이치를 어기고 있는 소치입니다. 육체 면에서 올된 교육의 바른 길은 자연의 이치를 따르는 것이라 생각됩니다.

가장 자연스러운 입맛을 알게 해야

선생님은 에밀에게 식물성 위주의 음식을 구미가 당기는 만큼만 먹게 하셨습니다. "고기에 대한 입맛이 인간에게 자연스러운 것이 아닌 증거의 하나는, 이 음식에 대한 아이들의 무관심과 아이들 모두의 …… 식물성 음식에 대한 기호이다. 이 본래의 입맛을 변질시키지 않는 일, 아이들을 육식동물로 만들지 않는 일이 특히 중요하다. …… 한데 쾌감이라는 것을 가지고 인간의 자기 보존의 수단으로 삼아 준 신의 자애는, 입맛에 맞는 것이 위장에도 맞는다는 것을 우리에게 알려 준다. 본래 사람에게는 제 식욕보다 미더운 의사라곤 없다. …… 한데 가장 자연스러운 입맛은 또한 가장 단순한 입맛이어야 한다. …… 그리고 우리의 입맛은 단순할수록 더 보편적이다. …… 누가 물과 빵을 싫어하는 것을 본 적이 있는가? 이것이야말로 자연의 길이며, 따라서 우리의 규범이기도 하다. 아이에게는 되도록 그 첫 입맛을 간직케 해 주자. 그 음식은 흔하고 단순한 것이도록, 그 입은 별로 짙지 않은 맛에만 익도록, 그래서 가려 먹는 버릇이 통 생기지 않도록 하라. …… 고기를 먹이지 않는 것이 아이들의 건강을 위해서는 아니라 하더라도 그들의 성격을 위해서이다. 왜냐하면 경험을 어떤 식으로 설명하건, 고기를 많이 먹는 사람들이 대체로 딴 사람들보다 잔인하고 사나운 것은 틀림없으니까. 이는 어느 곳 어느 시대에나 볼 수 있는 사실"이라고 말씀하셨습니다.

일본의 침략이 있기 전까지는 원리 채식 위주의 우리 민족이었습니다. 일제를 거쳐 서양 문명에 압도되면서 육식을 탐내는 풍조가 일기 시작했습니다. 그 후의 사회 또한 약육강식의 잔인함을 드러내고 있다 해도 과장이 아니게 되어 버렸습니다. 잔인을 떠받드는 사람들이 없으면 잔인한 사회도 있을 리 없습니다. 우리 어린이들부터라도 차마 잔인할 수만은 없는 사람이 되게 해야겠습니다. 평화 애호의 우리 민족으로 되돌아가야겠습니다. 육식을 탐내게 되어 가는 우리 어린이들의 식성을 채식 위주로 바꾸어 놓아야겠습니다.

어린 시절을 즐겁게 살게 해야

선생님은 에밀의 제2기 교육을 마감함에 있어 "그는 성숙에 이르렀다. 그는 어린이로서의 생활을 살아왔으며, 그 행복을 팔아서 제 완성을 사지는 않았다. 반대로 이 두 가지가 서로 협력해 온 것이다. 제 나이의 이성을 고스란히 얻으면서 제 체질이 허락하는 만큼은 행복했고 자유로웠다. …… 그는 혼자 말할 것이다. 적어도 그는 제 어린 시절을 즐겁게 살았다. 자연이 그에게 준 것을 우리가 잃게 만든 일은 전혀 없었다"고 하셨습니다.

200여 년 전이 아닌 지금의 우리네 교사들도 "제자의 이해관계보다는 자기의 이해관계를 더 생각합니다. 자기가 시간을 허비하고 있지 않다는 것을, 자기의 월급 값을 하고 있다는 것을 증명하려고 애씁니다. 늘어놓기 쉬워 언제라도 보여 줄 수 있는 지식을 제자에게 마련해 줍니다. 자기가 가르쳐 주는 것이 쉽사리 남의 눈에 띄기만 한다면, 그것이 제자에게 유익하고 않고는 문제가 안 됩니다. 제자의 기억력 속에 백 가지 잡동사니를 마구 분별도 없이 쌓아 올립니다. 제자를 시험해 봐야 할 때는 재고품을 펼쳐 보이게 합니다. 어린이는 그것을 늘어놓고 교사들은 만족합니다. 그리고 나서 어린이는 보따리를 다시 싸고는 가 버립니다." 그러나 200여 년 전의 선생님의 제자 에밀은 "그렇게 펼쳐 보일 보따리가 없고, 사람 저 자신밖에는 보여 줄 아무것도 갖지 않았습니다."

배움 3

열두서너 살부터 열대여섯 살까지의 교육

일하고 공부하고 연구하게 해야

선생님은 에밀이 열두서너 살 때부터 열대여섯 살 때까지를 그의 성장 3기로 잡아 그 단계에 알맞은 자연에 의한 교육을 주장하셨습니다.

"열두서너 살이 되면 아이의 힘은 제 욕망들보다 사뭇 더 빨리 발달된다. …… 공기나 계절에 별로 민감하지 않은 그는, 그것을 예사로 견디 내며, 돋아나기 시작하는 체열이 옷 구실을 해 준다. 식욕이 양념 구실을 해 주어 양분이 될 수 있는 것 모두가 맛나다. 졸리면 땅바닥에 드러누워 잔다. 어디서나 제게 필요한 모든 것에 제가 둘러싸여 있음을 알게 된다. 세상에서 오는 어떤 욕망에도 시달리지 않는다. 남의 의견이 그에게는 맥을 추지 못한다. …… 제 힘으로 자족할뿐더러 제게 필요한 이상의 힘을 지니고 있다. 평생에서 이런 처지에 있게 될 단 하나의 시기"라 하셨습니다. "그러니 지금은 너무 가졌으나 나중에는 모자라게 될 이 남아돌아가는 능력과 체력으로 그는 무엇을 할 것인가? …… 지금은 튼튼한 아이가 이다음의 약한 어른을 위해 저축해 둘 일이다. 한데 그는 도둑맞을지도 모를 금고 안에도, 외딴 창고 속에도 저축하지는 않을 것이다. 얻은 것을 정말 제 것으로 만들기 위해 그것을 넣어 두게 될 곳은 바로 제 팔, 제 머릿속, 제 자신 속이다. 그러니 이제야말로 일하고 공부하고 연구할 시기이며, 이런 선택을 하는 것이 선생인 내가 아니라는 점, 그것을 지시하는 것은 바로 자연 자체라는 점에 주의하라"고 말씀하셨습니다.

이 제3기는 우리의 경우 꼭 중학생 시절에 해당합니다. 교육 투자 및 무시험추첨 진학제의 도시 우선주의로 말미암아 자녀를 둔 시골 주민들은 무리하게 도시로 이주하고 이주가 불가능한 집은 꼬마들의 도시 유학 등으로 오만 가지 폐단을 자아내고 있는 요즈음의 우리 중학 교육입니다. 시골 교육의 획기적 개선책으로 도시 학교에로의 학생 집중을 막아야만 전국의 중학교가 교육다운 교육을 시작만이라도 할 수 있을 것입니다. 욕망을 채우고도 남을 중학생들의 힘을 자연 이치에 따라 옳은 일, 옳은 공부에 쏟게 하자면 사회는 무엇보다도 명실상부한 교육 자치제 실시로 교육의 자주성과 정치적 중립성을 보장해야 하리라 생각됩니다.

감각을 관념으로 바꾸도록 하게 해야

선생님은 에밀이 성장의 제3기에 접어들고서야 학술적인 연구로서의 이른바 공부를 크게 강조하셨고, 그 첫걸음은 자연현상의 관찰에서 내디디셨습니다.

"인간의 지능에는 한도가 있어서, 한 인간은 모든 것을 알 수 없을 뿐더러 남들이 알고 있는 얼마 안 되는 것마저 모두를 완전히 알 수 없다. …… 우리 힘이 미치는 지식들 중에서도 더러는 틀리고, 더러는 쓸모없고, 더러는 그 지식을 가진 자의 자존심을 북돋우기만 한다. 우리의 행복에 실지로 이바지하는 적은 수효의 지식만이 현명한 인간의 연구 대상에, 따라서 우리가 현명하게 만들고자 하는 어린이의 연구 대상에 값한다. 있는 것을 아는 것이 문제가 아니고 쓸모 있는 것을 아는 것이 문제이다. …… 우리의 헛된 학문 때문에 얼마나 깊은 수렁이 이 불쌍한 아이 둘레에 파이는 것일까! 오, 이 위험한 오솔길로 아이를 이끌려는 너, 너는 두려워 떨어라. …… 일찍이 무식이 해를 끼친 적은 없다는 것을 알지 못하는 것 때문이 아니라, 안다고 생각하는 것 때문에 잘못에 빠지게 된다는 것을 잊지 말고 노상 명심하라. …… 그러니 인간이 절로 좋아하지는 않는 지식들은 우리의 첫 공부에서는 물리치고, 타고난 것이 우리더러 찾게 하는 지식들에만 국한하자. …… 이제는 우리의 감각들을 관념으로 바꾸자. 그러나 감각적인 대상들에서 지능적인 대상들로 단번에 뛰어넘어질랑 말자. 정신의 첫 작용에 있어서는 감각들이 언제나 그 안내자이게 하라. 세계 그 자체가 아닌 다른 책이나, 사실 아닌 다른 가르침은 주지 말아야 한다. 읽는 어린이는 생각하지 않으며 읽기만 할 뿐이다. 배우는 것도 없이 말만 는다. 여러분의 제자를 자연현상에 주의하게 만들라. 그러면 그는 이내 호기심을 품게 될 것이다. 그러나 호기심을 길러 주려면 결코 서둘러 그것에 답하지 말라. 무엇이건 여러분이 말해 주어서가 아니라, 스스로 알아냈기 때문에 알도록 해 주라. 학문을 배우지 말고 생각해 내도록 해 주라. 만일 여러분이 이성을 권위로 바꿔치게 되면 그는 다시는 생각하지 않게 될 것이고 남들 의견의 장난감에 불과해질 것"이라고 하셨습니다.

학교 교사로 남아 있자니, 두 가지 일을 할 수밖에 없는 요즈음의 우리 중학교 교사들입니다. 하나는 필답고사에서 학교 성적을 올리는 일이요, 다른 하나는 정부의 지시에 어김없도록 학생 행동을 통제하는 일입니다. 바로 그 필답시험 때문에 지금의 '우리 중학생들의 둘레에는 그야말로 깊은 수렁이 파이고' 있습니다. 지나치게 중앙집권화한 교육행정 때문에 우리 학생들의 '이성은 권위로 바꿔쳐져서' 그야말로 행정을 하는 이들의 '장난감'으로 전락해 가고 있습니다. 선생님 말씀마따나 교사들은 "위험한 오솔길로 학생들을 이끌면서 두려워 떨고 있습니다."

학문을 사랑하는 마음을 갖게 해야

선생님은 3, 4년밖에 안 되는 지성의 시기를 맞은 에밀에게 많은 지식을 가르치는 일보다는 학문을 사랑하는 마음을 기르고 학문을 하는 방법을 가르쳐 주는 일에 힘쓰셨습니다.

"평온한 지성의 시기는 하도 짧아 하도 빨리 지나갈뿐더러, 지성을 따로 써야 할 데가 하도 많기 때문에, 아이를 유식하게 만들기만 하면 된다고 생각하는 것은 어리석은 짓이다. 학문을 가르치는 것이 문제가 아니라 학문을 사랑하는 취미를 붙여 주고 그 취미가 더욱 발달되었을 때 학문을 배우는 방법을 가르쳐 주는 것이 문제이다. 이것이야말로 틀림없이 모든 좋은 교육의 근본 원칙이다. 이 시기는 또한 아이에게 같은 대상물에 꾸준한 주의를 기울이는 습관을 차츰차츰 붙여 주어야 하는 때이기도 하다. 한데, 그러한 습관을 낳는 것은 언제나 본인의 기쁨이나 욕망이어야지, 남의 강제이어서는 안 된다. 무슨 일이 있어도 아이가 지겨워하기 전에 집어치워라. 왜냐하면 아이가 무엇을 배운다는 것은, 어린이가 마음에 없이는 아무것도 하지 않는다는 것이 중요한 만큼 결코 중요한 일이 못 되니까. 어린이 자신이 질문을 하거든, 그 의문을 풀 만큼이 아니라 호기심을 북돋아 줄 만큼만 대답해 주라. 특히 알려고 질문하는 것이 아니라, 허튼수작으로 되지도 않는 질문들을 해서 여러분을 골탕 먹이려 든다는 것이 빤하거든, 이럴 때 그 어린이는 자기 질문에 선생을 다만 굴복시킬 생각뿐임이 분명하니, 대답을 중지하라. 어린이가 입 밖에 내는 말보다는 말하게 만드는 동기에 더 유의해야 한다. 여태까지도 덜 필요하던 이러한 주의가, 아이가 이치를 따지기 시작하면서부터 다시없이 중요한 것이 된다."

오늘 우리의 중학교 교사들은 자기 학생들이 이해하기에는 너무 어렵고 너무 많은 분량의 교과서인데도 정해진 기한 안에 모두 가르칠 의무를 지고 있는 판국입니다. 학생들에게 학문을 사랑하는 마음을 기르고 학문하는 방법을 가르쳐 주기는커녕 학생들 모두가 아닌 일부만 상대로 교과서를 떼는 것이 고작입니다. 알아들을 수 없을 정도로 어렵고 빠르게 진행시키는 교과서 풀이를 일 년 내내 듣고 앉아 있어야만 하기에, 공부가 뒤떨어진 학생들은 물론, 교사의 교과서 풀이를 알아듣고 따라가는 학생들마저 학생 생활이 지겨워 못 견딜 지경입니다. 자기 반 학생들의 학력 수준을 아는 이는 그 교사뿐입니다. 가르치는 속도도 교사만이 그들에게 알맞게 결정할 수가 있습니다. 어느 수준의 것을 얼마만한 속도로 가르칠 것인가는 그 교사에게 맡겨져야 하겠습니다. 그러고도 비슷한 학력을 가진 학생끼리 학급이 편성되거나, 아니면 학급당 학생 수를 대폭 줄여야만 최소한 학문을 짐스럽게 여기거나 적대시하지 않는 사람이 되게 할 수 있을 것입니다.

사물에 대해 스스로 배우게 해야

선생님은 에밀을 시장터로 데리고 가서 요술쟁이가 빵조각을 가지고 대야 물에 뜬 밀초 오리를 끌어당기고 있는 것을 구경하게 한 다음 집에 돌아와 그것을 흉내 내어 만들 궁리를 하게 하셨습니다. 에밀은 제대로 자화磁化된 바늘을 밀초로 싸서 바늘이 부리가 되도록 오리 모양을 만들었습니다. 오리를 물 위에 놓고 열쇠고리를 부리에 가져갔더니 요술쟁이의 오리와 똑같이 끌려오는 것이었습니다. 또 하루는 에밀로 하여금 막대기를 의자 등에 모로 놓고 균형 잡힌 막대기의 두 부분의 길이를 재고, 양쪽에 때로는 같고 때로는 같지 않은 무게를 가하게 하였습니다. 그래서 필요한 만큼 막대기를 당기거나 밀어, 마침내 균형이 중량과 지렛대 길이 사이의 상관 비율에서 말미암는다는 사실을 발견케 하였습니다.

여기서도 꼬마 물리학자 에밀은 저울을 보기도 전에 벌써 만들고 고칠 수 있었던 것입니다. "두말할 것 없이 이렇게 스스로 배우는 사물들에 대해서는 남이 가르쳐 주어 아는 것보다 사뭇 더 분명하고 확실한 개념을 가지게 된다. 또 제 이성을 권위에 맹종시키는 버릇이 들지 않을뿐더러…… 남이 주는 그대로만 받아들이다가 정신이 태만 속에 주저앉고 마는 경우보다는, 스스로 관계들을 찾아내고 관념들을 묶고 기구들을 만들어 내는 일에 더욱 익숙해진다. 이 더디고 힘든 연구의 가장 뚜렷한 이득은, 이론 연구 도중에도 몸의 활동성이나 손발의 유연성을 그냥 유지함으로써 인간에 유익한 일에 쓰이도록 노상 훈련하는 일"이라고 말씀하셨습니다.

자연과학의 교육에는 실험이 필수 불가결하다는 것쯤 모르는 이가 없으련만 대학으로의 진학이 필답고사로만 정해지니까, 고사에 나오지 않는 실험을 하고 있을 여유가 없는 지금의 중학교입니다. 궁여지책으로 실험에 관한 필답문제를 시험에 내고는 있지만 여전히 실험을 경험하지 않고도 풀 수 있는 문제입니다. 입학시험이야 어떻든, 한 학기에 몇 차례만이라도 실험을 하는 학교들이 있기는 하지만 학생들이 아닌 교사의 실험 시간일 경우가 허다합니다. 학생들은 다만 주어진 실험기

구로 교사의 지시에 따라 움직일 뿐이니 말입니다. 그래도 안 한 것보다야 낫겠지만 권위의 맹종은 실험 중에 도리어 강화되고 있는 셈이라 하겠습니다. 필답식 입학시험도 개혁되어야 하겠지만 무엇보다도 교사의 교육 조건들이 개선되어야 하겠습니다. 교사로 하여금 육체적인 과로와 정신적인 타율에서 벗어날 수 있게끔 해 줌과 동시에 학급당 학생 수도 크게 줄여 주어야 할 것입니다.

아이가 스스로 질문하게 해야

선생님은 어른이 알고 행해야 할 것 모두를 에밀에게 가르쳐 주려 하지 않았습니다. 도리어 제 나이에 소용되는 것만 가르칠 것을 주장하면서 선생님의 "저술 모두는 이러한 교육 원리의 계속되는 증명에 지나지 않는다"고 말씀하셨습니다. "아이가 좋다고 느끼는 것밖에는 아이에게 좋은 것이란 아무것도 없다. 교사들은 아이를 그가 알고 있는 것보다 노상 앞서게 하면서, 선견지명이라도 있는 것처럼 생각하지만 도리어 인간의 가장 만능인 연장을 아이에게서 빼앗고 있다. 노상 남에게 끌려다니도록 남의 손에 움직이는 기계밖에는 되지 못하도록 아이를 길들이고 있는 것이다. 교사들은 아이가 어릴 때 순하기를 바란다. 그것은 커서 남에게 잘 속아 넘어가기를 바라는 셈이다. 교사들은 노상 말한다. '내가 너한테 시키는 것은 죄다 네 이익을 위해서야. 한데 너는 그걸 이해하지 못한단 말이야. 네가 내 요구대로 하건 안 하건 나에게 무슨 상관인가? 너만을 위해서 나는 너에게 시키는 건데.' …… 이런 이야기로 교사들은 장차 환상가, 돌팔이, 협잡꾼 등 온갖 유의 미치광이가 그를 함정에 끌어넣거나, 제 미치광이 기질에 따르도록 그에게 요구할 경우, 그 미치광이의 성공을 미리 마련해 주고 있는 것이다. …… 도리어 아이는 남의 말만 믿고는 아무것도 하지 않도록 하라"고 말씀하셨습니다.

일제 강점기야 더 말할 나위도 없지만, 해방 이후에조차 학생들에게 그 나이에는 아무 소용도 없는 것을 마구 가르쳐 댄 우리 교육입니다. 그야말로 "남의 손에 움직이는 기계밖에는 되지 못하도록 아이를 길들이고" 있었습니다. 그 당시의 중학생들이 어른이 된 지금입니다. 지금의 우리 학생들이야말로 제 나이에 소용되는 것만 배우게 하고 "남의 말만 믿고는 아무것도 하지 않도록" 지도해야 할 것입니다.

선생님은 에밀로 하여금 공부하는 것이 무엇에 좋은가부터 생각해 보게 하였으며, 그러기 위해서는 항시 말보다는 행동으로 보여 줌으로써 공부에 대한 동기를 불러일으켰습니다.

"교사들은 아이들에게 소용되는 것을 대어 주는 일을 늘 가로맡음으로써 아이들 스스로 그 생각을 할 필요조차 없게 만든다. '이 공부는 무엇에 좋은가?' 이 질문이야말로 교사와 학생 사이를 결정해 주는 거룩한 말이다. …… 이 질문을 아이에게 하는 것은 이번에는 아이더러 여러분에게 그 질문을 하도록 가르쳐 주는 일이 된다. '이것은 무엇에 좋습니까?' 하고. 교사에게는 피하기가 가장 힘든 함정이 아마 이것일 것이다. 만일 아이의 질문에 발뺌할 생각밖에 없는 여러분이어서, 아이가 알아듣지 못할 이유를 단 하나라도 내놓는다면 그 아이는 다시는 여러분을 믿지 않을 것이니 만사는 글러진다. …… 나로서는 내 이유를 아이에게 이해시키지 못할 때는 내 잘못을 시인하기로 마음먹겠다. …… 그렇게 함으로써 나는 남들이 그것을 감춤으로써 얻는 이상의 신용을 간직하게 될 것이다.

…… 아이가 배워야 할 것을 여러분이 내놓아야 할 필요는 별로 없다는 것을 늘 생각하라. 여러분은 그것을 아이 힘이 미치는 데에 놓아 주어, 배우고 싶은 욕심이 생겨나게 해 주고 그것을 만족시킬 수단을 대어 주어야 하는 것이다. 따라서 여러분의 질문을 갖지 않고 아이가 여러분에게 할 질문이 더 많을 것이기에 도리어 이렇게 말하는 경우가 더욱 잦을 것이다. '네가 내게 묻는 것을 알아 무슨 소용이 있지?' 하고. 아이가 제가 배우는 것의 쓸모만 잘 알고 있다면…… 말로 가르쳐 주는 것을 나는 좋아하지 않는다. …… 우리의 수다스러운 교육으로는 수다쟁이들밖에는 만들어 내지 못한다.

…… 우리는 어느 날 몽모랑 시 북쪽에서 숲의 위치를 관측하고 있었는데 에밀은 그 성가신 질문으로 나를 가로막았다. '이건 무엇에 쓰이지요?' 내가 말했다. '네 말이 옳아…… 그런 공부는 하지 말자꾸나. 쓸모 있는 장난이 우리한테 모자라는 건 아니니까 말이야.' 우리는 다른 일을 하기로 하고 그날은 그 공부를 하지 않는다. 다음 날 아침 식사 전에 나는 숲 속으로 산보 갈 것을 제안한다. 그로서는 더 바랄 것이 없다. 우리는 숲 속을 기어오르다가 길을 잃고 어디 있는지도 모르게 된다. …… 서둘러 이쪽저쪽을 헤매나 헛일, 우리가 어디 있는지를 알아낼 만한 길잡이라곤 하나도 없다. …… 내가 불안한 듯이 말한

다. '얘, 에밀아. 여기서 빠져나가려면 어떡하지?' '저는 통 모르겠어요.' '……우리 있는 곳을 알아내는 게 문제야. 네 시계를 보자꾸나. 몇 시지?' '정온데요, 선생님도 얼마나 시장하시겠어요!' '정오라? 어제 우리가 몽모랑 시에서 숲의 위치를 관측하던 바로 그 시각이군. 그때처럼 이번에는 숲에서 몽모랑 시의 위치를 관측할 수만 있다면? ……' '그래요, 하지만 어젠 숲이 보였는데, 여기선 시가지가 보이지 않아요.' '그게 탈이야…… 시가지는 안 보여도 그 위치만 알 수 있다면…….' '오, 그래요. 선생님, 숲은 몽모랑 시 북쪽에 있었으니까, 몽모랑 시는 숲 남쪽에 있어야죠.' '정오에 북쪽을 찾아내는 법을 우리는 알고 있지?' '그럼요, 그림자의 방향으로요. 남쪽은 그림자 반대쪽만 찾으면 돼요. 오, 저게 남쪽이에요. 저쪽이 말이에요! 몽모랑 시는 영락없이 저쪽이군요.' '네 말이 맞을지도 몰라. 그쪽 오솔길로 가 보자꾸나.' '아, 몽모랑 시가 보여요! 자, 아침 먹으러, 점심 먹으러 빨리 뛰어가요. 천문학도 쓰일 데가 있군요…….' 내가 만일 이 모두를 방 안에서 말로만 가르쳐 주었더라면 다음 날에는 벌써 잊었을 것이다. 되도록 행동에 의해 말해야 하며, 그럴 수 없는 일 말고는 말로 하지 말아야 한다"고 말씀하셨습니다.

이 면에 걸쳐 지금 우리 교사들의 처지를 생각해 봅니다. 학생들을 대학에 되도록 많이 진학시킨다고 하는 일은 교사들의 거의 절대적이고도 제1차적인 임무가 되고 있습니다. 필답시험의 점수로 좌우되는 대학 진학입니다. 시험문제는 교과서에서 고루 나기 마련입니다. 이래서 교실에서 교과서만을 하나도 빠뜨리지 않고 말로만 가르치는 교사들이 된 것입니다. 졸업한 학교의 격에 따른 사회적 처우의 엄청난 차이도 좁

혀져야 하지만 필답시험 위주의 입시제도며, 교과서 위주의 출제도 시정돼야만 우리 중학생들이 자기들의 삶에 뜻을 주는 공부를 할 수 있을 것입니다.

딴 아이들과 비교나 경쟁에 빠져들지 않게 해야

선생님은 에밀을 절대로 딴 아이들과 비교하지 않았습니다. 에밀 자신이 거둔 진보를 다음 해에 그가 거둘 진보와 비교함으로써 그에게 질투나 허영심이 움트는 것을 방지하셨습니다.

"딴 아이들과의 비교는 절대로 말아야 하며, 아이가 이치를 따지기 시작하면서부터는 심지어 달음박질에서도 적수나 경쟁 상대 생각은 말아야 한다. 질투나 허영심에서만 배우게 될 그런 것은 차라리 배우지 않는 편이 백배나 낫다. 나는 그저 해마다 아이가 거둔 진보를 표해 두겠다. 그것을 다음 해에 거둘 진보와 비교하겠다. 그러고는 말해 주겠다. 너는 여러모로 성장했어. 저건 네가 뛰어넘던 도랑, 짊어지던 짐이야. 이건 네가 돌팔매질하던 거리, 단숨에 달리던 길이고, 등등. 이제 네가 할 수 있는 것을 살펴보자꾸나. 나는 이렇게 누구에 대해서도 시기하게 만들지 않고 아이를 부추긴다. 아이는 저를 넘어서려 들 것이고, 또 그래 마땅하다. 아이가 제 자신의 적수가 된다 해서 아무런 지장도 있어 보이지 않는다"고 하셨습니다.

오늘의 우리 교육 현장을 생각해 봅니다. 그야말로 약육강식을 방불케 하는 경쟁의 수라장이 곧 교실이요, 운동장입니다. '누가 잘하나?'를 빼고는 남는 방식이 없는 요즈음의 우리네 교사들입니다. 당국이 제정한 기준에 비추어 서로 비교한 끝에, 앞선 학생들에게 큰 명예, 특전, 이득을 주는 교육 방식은 일제가 남기고 간 찌꺼기임이 분명합니다. 조선조 때에도 교육에서만은 남들과의 비교를 삼갔었습니다. '질투나 허영심에서만 배우게 될 그런 것은 차라리 배우지 않는 편이 백배나 낫다'고 생각했던 것입니다. 어느 서원, 어느 서당의 학생들도 "저 자신의 적수가 된다 해서 아무런 지장도 있어 보이지 않았습니다." 그러나 일제의 교육 당국만은 정치권력의 종 되기에 알맞은 요건들에 큰 상을 걸어 놓고 학생들을 무자비할 만큼 경쟁시켰던 것입니다. 그야말로 배운 것으로 제 겨레를 반역하며 일제에 아부하는 무지막지한 종들이 되게끔 길들여 낼 양으로 학생들끼리의 상 타기 싸움을 일부러 붙였던 것입니다. 오늘날 학교를 더 다닌 사람일수록 겉만 번드르르 속은 양육강식의 짐승 티가 물씬 나고 있음은 결코 우연이 아닙니다. 그것은 일제 교육의 찌꺼기가 우리네 학교에 아직도 그 기세를 떨치고 있어서입니다.

책이 아니라 실물에 의해서 깨우치게 해야

선생님은 10대의 교육에 가장 알맞은 첫 교재로 『로빈슨 크루소』를 선택하시고 에밀로 하여금, "비슷한 경우에 자기가 알아야 할 모든 것을 자세히, 책 속에서가 아니라 실물에 의해서 배우도록" 하셨습니다.

"인간이 타고난 온갖 욕구가 아이 머리에도 또렷하게 드러나 그것을 채워 줄 방법들도 쉽사리 연달아 펼쳐지는 그러한 상태를 만들어 낼 수만 있다면, 아이의 상상력에 가해야 하는 첫 훈련은 바로 그 상태의 생생하고 소박한 묘사에 의해서이다. …… 내가 보기에 자연 교육의 가장 잘된 개론을 제공하는 책이 한 권은 있다. 그것은 우리 에밀이 읽을 첫 책이 될 것이다. …… 도대체 이 근사한 책이란 무엇인가?『아리스토텔레스』인가,『플리니우스』인가,『뷔퐁』인가? 아니다『로빈슨 크루소』이다. …… 이 상태가 사회인의 상태가 아니라는 것은 나도 인정한다. 아마도 에밀의 상태일 수도 없을 것이다. 다만 에밀은 다른 모든 상태들을 바로 이 상태에 비추어서 평가해야 한다. …… 에밀이 이 소설에 열중해서 자기가 사는 집이나 염소나 나무들에 노상 몰두하기를 나는 바란다. …… 제가 바로 로빈슨이라고 생각하기를 바란다. …… 주인공의 실수들을 주의 깊게 표시해 두기를, 그래서 비슷한 경우에 그런 실수에 빠지지 않도록 그것을 이용하기를 나는 바라는 것이다. …… 자기 섬을 위한 저장 창고를 만들기에 바쁜 아이는 가르치는 선생보다 더 열심히 배울 것이다. …… 여러분은 이미 그를 이끌 필요가 없어져, 그와 함께 있기만 하면 될 것이다. 한데, 그가 제 행복을 제 섬에만 국한하고 있는 동안에 우리는 서둘러 그를 그 섬에 살게 해 주자. 왜냐하면 거기서 더 살고 싶어도 혼자서는 살고 싶지 않을 날이 다가오고 있으니까."

10대가 되어서야 에밀에게 처음으로 책을 대하게 하다니 오늘의 세상에서는 상상도 못할 일입니다. 초중등교육의 무상·의무화는 세계 공통의 추세입니다. 대여섯 살만 되면 학교에 다니게 되고 그때부터 대하게 되는 교과서입니다. 말하자면, 오늘의 세계 어린이들은 교과서를 배우려고 학교를 다니고 있는 셈이기도 합니다. 오늘의 우리나라라고 예외는 아닙니다. 모두가 선생님의 주장과는 정반대입니다. 우리 어린이들은 실물에 의해서가 아니라 책 속에서 배우고 있는 것입니다. 사실로 "그 책들은 알지도 못하는 것에 대해 말하는 것밖에는 가르쳐 주지 않습니다." 물론 우리의 교과서 제작인들도 "알기 쉽고 따라가기에 재미있어 이 나이에도 자극이 될 수 있는 하나의 비근한 대상물을 뭉뚱그릴수는 없겠는가?"고 애쓰고야 있지만, 책이 되어 나온 교과서들은 아주 딴판입니다. 그 나이에는 알기 어렵고 재미없는 것들이 너무 많이 실려 있습니다. 교사는 눈앞의 어린이들을 가르치는 것이 아니라 교과서를 떼는 격이 되고, 어린이는 교사에게서 자연과 세상의 이치를 배우는 것이 아니라 시험 칠 때까지만 교과서를 외워 두는 격이 되고 있습니다.

다시 말하면 교과서는 교사와 학생 사이에서 둘을 이어 주고 있는 것이 아니라 떼어 놓고 있는 실정입니다. 그렇다고 교사의 구실을 대신하고 있는 교과서도 아닙니다. 도리어 책을 싫어하게 만드는 교과서입니다. 몇 해씩이나 책만 배우다가 나온 학교련만, 책이 좋아 책방을 찾는 졸업생들이 별로 없는 실정입니다. 간혹 책을 사는 경우조차, 겉치레를 위해서이거나 취직시험 참고서가 고작입니다. 생각하면, 학생들은 졸업 후부터야말로 자연과 세상의 이치에 맞게 자력으로 살아가야만 하는 것인데, 그러기 위해서는 시키는 이가 없어도 공부를 해야 하는데, 그

유력한 수단의 하나인 책을 싫어하게 되니, 학교 세워 도리어 학생을 해친 결과가 된 것입니다.

교사와 학생 사이에 책은 꼭 있어야 하기에, 교과서를 근본적으로 개선하는 일이야말로 학생을 바르게 교육하는 학교가 되게 하는 데 없어서는 안 될 일입니다. 교과서에는 만인이 합의 볼 수 있는 진리만이 실려야 합니다. 그러고도 그 학생들 나이에 알기 쉽고 생활에 옮기어 재미가 있는 것만이 실려야 합니다. 교과서 때문에 지금 제 삶이 나아지는데 그것을 마다할 학생들은 없을 것입니다. 아니, 졸업 후에도 진리를 담은 책을 찾아 즐길 것이고, 그 정도만큼 그 삶의 질質도 사람다워질 것입니다.

10대면 사회관계를 알게 해야

선생님은 10대에 들어서서야 에밀에게 그가 이해할 수 있는 사회관계를 가르치기 시작했습니다. 사람들의 상호 의존 상태를 가르쳐 주기 위해서 에밀을 데리고 이 공장에서 저 공장으로 다니며 그곳에서 이루어지고 있는 일의 이유를, 그리고 기술과 사물의 참된 가치를 철저히 가르치셨습니다.

"온갖 기술은 그 실제 쓸모와는 반비례로 평가되고 있다. 이러한 평가는 그 쓸모없음과 정비례하기조차 하는데, 이는 당연하다. 노동자의 수효는 사람들의 요구와 비례하고, 모든 사람들에게 필요한 노동은 반드시 가난한 사람만이 치를 수 있는 헐값에 머물기 마련이므로, 가장 쓸모 있는 기술은 가장 덜 버는 기술이다. 반대로 한가하고 돈 많은 사람들을 위해서만 일하는 저 잘난 사람들은, 자기네가 만든 하찮은 것들에다 제멋대로의 값을 매긴다. …… 부자가 그것을 소중히 하는 것은 그것의 쓸모 때문이 아니라 가난한 사람은 값을 치를 수가 없기 때문이다. '나는 민중이 탐낼 수 있는 것들밖에는 갖고 싶지 않다.' 여러분 자신이 앞서와 같은 어리석은 편견을 두둔한다면, 여러분 제자들도 그 편견을 품게 될 것이다. 예컨대 여러분이 자물쇠 가게에 들어갈 때보다는 더한 경의敬意를 가지고 금방金房에 들어가는 것을 제자가 보게 된다면 여러분의 제자들은 어떻게 될 것인가? 도처에서 실지의 쓸모에서 나온 값과 상치되는 엉뚱한 값만 보게 되고, 물건이 값이 나갈수록 가치는 덜해진다면, 그들은 기술의 참된 가치와 사물의 진짜 가치에 대해 어떤 판단을 내리게 될 것인가?

여러분이 이러한 관념이 아이 머리에 들어가게 내버려 두는 그 순간부터 나머지 교육은 집어치우라. 여러분이야 어쨌든, 제자들만은 세상 사람들처럼 잘못 길러질 것이다. 여러분은 14년 동안 헛수고한 것이 되고 만다. 그런데 제 섬을 차릴 생각인 에밀은 이와는 아주 달리 보게 될 것이다. 로빈슨은 온갖 싸구려 장신구보다는 쇠붙이 가게를 사뭇 더 소중히 알았을 것이다. 쇠붙이 장수는 아주 존경할 만한 사람으로, 그리고 장신구 장수는 시시한 협잡꾼으로 보였을 것이다. …… 여러분의 아이는 사람들의 판단을 식별할 줄도 사람들의 잘못을 분간할 줄도 모르면서 어떻게 사람들을 알아보겠는가? 사람들이 생각하는 바가 진실인지 거짓인지 모른다면, 사람들이 생각하는 바를 아는 것 자체가 나쁜 일이다. 그러니 먼저 사물들이 그것 자체로서 어떠한가를 가르쳐 주고 나서 다음에 그것이 우리 눈에는 어떠한가를 가르쳐 주라. 그래야만 아이는 사람들 생각을 진실과 비교할 줄 알게 될 것이고 저속한 대중을 넘어설 줄 알게 될 것이다. …… 요컨대 청소년을 사회의 사리에 밝게 만들려면 기성인들의 판단을 강요하지 말고 제 판단을 힘껏 북돋아 주어야 한다."

저는 지금, 사회관계의 개념들을 배우고 있을 우리 중등학생들을 생각하고 있습니다. 생각해 보면, 먹는 것과 입는 것 이상으로 소중한 것이 없으련만, 가장 가난하게 사는 이들이 바로 수많은 농부와 직공들이라는 사실을 놓고, 우리 교사들은 어떻게 학생들의 교육에 임하고 있는 것인가? 바꾸어 말하면, 모든 동포가 먹고 입는 것을 생산하는 가장 쓸모 있는 기술이 가장 덜 버는 기술이 되고, 일부 사람들을 위해서 사치품을 사다 파는 가장 쓸모없는 기술이 가장 많이 버는 기술이 되고 있다면 그러한 사회적 현실을 우리는 어떻게 가르쳐야 하는가? 우리 교사들 자신도, 사람에게 쓸모는 적지만 돈은 많이 버는 기술을 우러러보고, 쓸모는 많지만 돈은 적게 버는 기술을 얕잡아 보고 있는 것이 아닐까? 학생의 교육에 앞서 가다듬어야 할 것은 우리 교사들의 생각입니다.

일하기를 체험하게 해야

선생님은 에밀로 하여금 『로빈슨 크루소』를 공부하게 하심으로써, 아직은 잘 알지도 못하는 사회법칙 대신에 필연必然의 법칙을 중점적으로 배우게 하셨습니다.

"자연의 온갖 물체며 사람들의 온갖 노동을 평가해야 하는 것은 그것들과 자기 이익, 자기 안전, 자기 보존, 자기 안락과의 뚜렷한 관계를 통해서이다. …… 이 점에 대해 우리 에밀은 많은 중요한 생각을 제 로빈슨으로부터 끌어내지 않고 배기겠는가! 여러분이여, 여기서 우리 제자의 몸의 훈련과 손의 재주만 보려고 하지 말라. 에밀의 이런 앳된 호기심에 우리가 어떤 지도를 가하는가도 아울러 생각해 보라. …… 우리가 그에게 어떤 머리를 만들어 주려 드는가를 생각하라. 제가 보고 제가 하는 모든 일에서 그는 모두를 알고 싶어 할 것이고, 모두의 이유를 알고 싶어 할 것이다. 연장에서 연장으로, 언제나 맨 첫 연장까지 거슬러 올라가고 싶어 할 것이다. 가정假定만으로는 아무것도 받아들이지 않을 것이다. 자기가 지니지 않은 예비지식을 요구하는 것은 배우기를 거부할 것이다. 스스로 일하게 되면, 자기가 쓰는 연장 하나하나를 보고 혼자 말하지 않고는 못 배길 것이다. 이 연장이 없다면 비슷한 것을 만들기 위해, 또는 이것 없이도 일할 수 있게 하기 위해 나는 어떻게 할 것인가? …… 아이는 일에 몰두해야 한다. 그러나 여러분은 아이에 몰두해서, 눈치채지 못하게 노상 아이를 관찰하고 살펴보아야 한다. 그의 생각 모두를 미리 짐작해서, 가져서는 안 될 생각은 앞질러 막아 주어야 하며, 필경은 그 일에 쓸모 있는 사람이라고 자부할뿐더러 제가 하는 일이 무엇에 쓰이는가를 제대로 이해함으로써 그 일을 즐겨 하게 되도록 지도해 주어야 한다"고 하셨습니다.

우리의 중학생들이 받고 있는 교육을 생각해 봅니다. 신체적인 건강은 물론, 정신적 건강에도 유해한 콩나물 교실에 끼어 앉아서, 수업과 잡무 처리의 과중한 부담으로 지칠 대로 지쳐 있는 교사들의 일방적인 교과서 해설만 듣고 있어야 할 도시의 중학생들입니다. 콩나물 교실이 아닌 농촌의 중학교라야 교사들은 더 한층 기진맥진해 있어서, 해설에 그치는 교과서마저 제대로 떼지도 못하고 마는 실정입니다. 학생들이 자기의 안전과 보존이라는 견지에서 자연의 물체며 인간의 노동을 실지로 평가해 보는 경험을 쌓아 보기란, 그야말로 하늘의 별따기만큼이나 어려운 형편입니다. 자연의 물체와의 교섭이야 없는 날이 없지만, 그리고 나무 심고 풀 뽑고 길 닦고 쓰는 따위 노동도 웬만큼 하고 있는 학생들이지만, 그렇다고 그것들과 인간 생존과의 뚜렷한 관계를 의식적으로 추구하는 것이 아닌 바에야 결코 공부하고 있는 중학생들은 아닌 것입니다. 그 모두에 알고 싶은 이유가 없는데, 교과서의 글만으로 모두를 받아들여 시험 칠 때까지만 외어 둘 심산입니다. 교사가 시켜서 마지못해 하는 일인데, 학생들은 잡념만 품기 마련입니다. 필경은 쓸모없는 사람이라고 스스로 부끄러워할뿐더러 일하기를 기피하는 실정이 되어 버렸습니다.

교사에게서 잡무를 없애 주고 과중한 수업 부담을 덜어 주고도 학급당 학생 수마저 크게 줄여서, 교사로 하여금 학생마다의 교육에 전념하게끔 교육의 조건을 개선해야 할 것입니다. 물론 그렇게만 한대서 모든 10대의 학생들이 필연의 법칙을 자동적으로 익히게 되는 것은 아닙니다. 학생들은 교사의 교과서 해설을 듣는 대신, 사람의 일하기 자체를 정당하게 평가해 보는 경험을 가질 수 있어야 할 것입니다.

편견 없이 사회관계의 개념을 깨우도록 해야

선생님은 에밀과 함께 어느 부잣집의 점심에 초대받은 것을 계기 삼아, 그가 "시민사회의 좋고 나쁜 질서를 제대로 판단하기 위해 언젠가는 알아 두어야 할 큰 관계들에다 그를 끊임없이 접근시켜" 나갔습니다. 음식이 연달아 나오는 동안 선생님은 에밀의 귀 가까이 가서 말씀하셨습니다. "이 식탁 위에 보이는 모든 것이 여기까지 오기 전에 얼마나 많은 손을 거쳤다고 생각하느냐"고. 이 몇 마디 안 되는 말로 선생님은 그의 머릿속에 참으로 숱한 생각을 일깨워 주셨습니다.

"세계의 온갖 지방이 징발당했다는 것, 아마도 이천만의 손이 오랫동안 일해 왔다는 것, 아마 수천 명이 그 일로 목숨을 잃었으며, 이 모두가 그가 저녁이면 변기에 갖다 버리게 될 것을 점심 때 자기 앞에 으리으리하게 차려 내놓기 위해서라는 것을 그가 알게 될 때, 아무것에도 이지러질 수 없던 그 건전한 판단력을 가지고" 그는 사치와 낭비를 물리칠 수밖에 없었습니다. 선생님은 에밀에게 그 부잣집 식탁을 농부의 그것과 비교해 보게 함으로써 "부잣집 연회의 겉치레 모두가 자기에게 실질적인 아무런 이익도 주지 않았으며, 자기의 배는 농부의 식탁에서도 그에 못지않게 만족하는 만큼, 진짜 제 것이라고 부를 수 있는 것이 부잣집 식탁에 더 있었던 것은 아니라는 사실"을 깨닫게 하셨습니다.

그리하여 에밀은 그 후의 식생활도 종래와 다름없는 시골 식으로 하기로 스스로 결정을 내렸습니다. 선생님은 이와 같이 그 시기에 꼭 알아야 할 온갖 것들을 이렇게 에밀 앞을 지나가게 해 줌으로써, 자기의 취미와 재능을 발전시키고, 그의 천분이 이끄는 대상물 쪽으로 첫걸음을 내디딜 수 있는 상태에 그를 놓아 주었던 것입니다. 그로부터 200여 년이나 지난 오늘의 세상입니다. 단 한 나라의 예외도 없이, 서양 나라들의 부국강병을 본받아 공업화와 군비 확충을 꾀하고 있습니다. 먼저 부강해진 나라들은 더욱 부강해져서 나머지 나라들과의 빈부 차는 더욱 벌어지고만 있는 데다가 지구의 오염에 자원의 고갈이라, 이제는 온 인류가 생존을 위협받게 되었습니다.

그 옛날 선생님이 에밀로 하여금 자기의 심신에 돌아올 이득을 생각해서 선택하게 했던 그런 음식은 이제 분간조차 하기가 어렵게 된 우리 사회입니다. 보리밥 열무김치에도, 고추장 참기름에도, 그 끝에 마실 냉수 한 그릇에도 마음을 놓지 못할 지경입니다. 그러련만 우리의 학교들은 이따금 어린이들을 내세워 학교 둘레에서 팔고 있는 유해 식품을 고발하게 하는 것이 고작입니다. 우리 모두를 이 지경으로 살 수밖에 없이 만든 근본적인 이유를 찾아내게 하는 데에는 등한합니다. 선생님의 말씀마따나, 10대의 학생들 앞에는 그들이 꼭 알아야 할 온갖 것들을 차려 놓아야 할 것입니다.

사람으로 살아남는 법을 배우게 해야

선생님은 에밀로 하여금 무엇보다도 자기의 생존을 보전하는 법을 배우게 하셨습니다.

"부자가 가난한 사람보다 위장이 더 큰 것도 아니고, 더 잘 소화하는 것도 아니다. …… 요컨대 자연적인 욕구란 누구나 같은 만큼 그것을 채워 주는 수단도 어디서나 동등해야 할 것이니 말이다. 사람의 교육을 사람에 맞추라, 사람 아닌 것에 맞추지 말고. 여러분은 사람을 어떤 신분에만 맞게 가르치려고 애쓰다가 딴 신분에는 다 소용없는 사람을 만들고 있다는 사실을, 팔자가 바뀌면 그를 불행하게 만들려고 애쓴 것밖에는 되지 않으리라는 사실을 알지 못하는가? 거지가 되어 비참한 속에서도 세습적 편견을 간직하고 있는 귀족보다 더 가소로운 것이 또 있겠는가? 가난해지자 가난에 대한 멸시가 생각나서 자기가 사람의 말짜가 되었음을 깨닫는 부자보다 더 치사스러운 것이 또 있겠는가?

…… 여러분은 사회의 현행 질서가 불가피한 혁명을 면치 못하게 되어 있으며, 여러분의 아이들이 당할지도 모를 혁명을 여러분이 미리 짐작하거나 막아 줄 수가 없다는 생각은 하지도 않고, 그 현행 질서만 태산같이 믿고 있다. 강자가 약자가 되고, 부자가 가난뱅이가 되고 군주가 신하가 되는 것이다. …… 그때 여러분의 아이들이 어떻게 될지 누가 보

장할 수 있겠는가? 사람들이 만든 것은 다 사람들이 망가뜨릴 수 있다. 자연이 새긴 글자들밖에는 지우지 못할 글자라곤 없으며, 자연은 왕족도 귀족도 부자도 만들지 않는다. 그러니 여러분이 고귀하게만 가르친 그 원님 양반은 천해져서 무엇을 할 것인가? 호사하게 살 줄밖에는 모르는 그 재산가는 가난 속에서 무엇을 할 것인가? 자기 자신을 써먹을 줄 몰라, 자기라는 존재를 자기와 상관없는 것에만 내어 맡기는 그 호사하는 숙맥은 다 잃고 나서 무엇을 할 것인가? 그럴 때 자기를 버리고 가는 신분을 잊고, 불운을 무릅쓰고 사람으로 남을 줄 아는 자는 행복하기도 하다! 미쳐서 자기 왕좌의 산산조각 밑에 묻히기를 바라는 저 망해 버린 왕을 마음껏 찬양하라. 나로서는 그를 멸시한다. 그가 왕관에 의해서만 존재하므로, 왕이 아닐 때는 아무것도 아니라는 것을 나는 알고 있다.

한데, 왕관을 잃고 왕관 없이도 지내는 자는 왕관보다 높이 있는 자이다. 그는 비겁자나 악인이나 미치광이도 다 마찬가지로 차지할 줄 아는 사람의 자리로부터, 얼마 안 되는 사람만이 차지할 줄 아는 사람의 상태로 올라가는 것이다. 그때 그는 운명을 이겨내고 운명을 무릅쓴다. 누구에게도 힘입지 않는다. 그래서 자신밖에는 보여 줄 것이 남지 않게 되더라도 그는 아무것도 아닐 수가 없다. 무엇인가이다. 그렇다. …… 학교 선생이 된 시라쿠사 왕이나 로마에서 법원 서기가 된 마케도니아 왕을 나는 백배나 더 좋아한다"고 하셨습니다.

온 천하에 남북공동성명을 낸 지도 벌써 여러 해가 되는 우리 겨레입니다. 우리 어린이들이 보는 앞에서 조국의 자주적 평화통일을 다짐

했던 우리 겨레입니다. 청소년들의 올바른 교육은, 언제나 어디에서나 어른들이 올바로 살기 나름이라 생각합니다. 이제 우리는 7·4공동성명의 다짐대로 사는 것만이, 저들 청소년을 올바로 가르치는 길이라 생각합니다. 선생님은 "자연이 새긴 글자들밖에는 지우지 못할 글자라곤 없으며, 자연은 왕족도 귀족도 부자도 만들지 않는다"고 하셨습니다. 저는 생각합니다. 동족상잔과 국토 분단, 그것은 자연이 만든 것이 아닙니다. 평화와 통일, 그것은 자연이 새긴 글자이어서 다른 누구도, 무엇도 지우지 못할 글자입니다. 그러니 우리는 "우리 아이들이 사람으로 살아남을 줄 아는 사람"이 되게 하기 위해서도 자연에 터한 교육을 실천해야 할 것입니다.

손발로 일해서 사는 법을 배우게 해야

선생님은 에밀이 농사일에 익숙해지자 그에게 또 하나의 직업 수공手工을 가르치셨습니다.

"사람에게 생활수단을 대어 줄 수 있는 모든 일 중에서 자연 상태에 가장 가까운 것은 손으로 하는 일이다. 모든 신분 중에서 운명으로부터 가장 독립된 것은 장인바치의 신분이다. 장인바치는 자기 노동에만 의존한다. …… 그를 괴롭히려 들면 어디서나 당장 보따리가 꾸려진다. 자기 팔만 가지고 떠나간다. 그런데도 농업은 인간의 으뜸가는 업이다. …… 에밀은 농업을 알고 있다. 전원의 일은 그에게는 다 익숙하다. …… 그래서 나는 그에게 말한다. 네 조상들의 땅을 갈아라. 하지만 만일 네가 그 땅을 잃거나 그런 땅을 가지지 않았으면 무엇을 할 것이냐? 하나의 직업을 배우라. …… 한 직업을 알기 위해서보다는, 그 직업을 멸시하는 편견을 극복하기 위해서 직업을 배우는 것이 더 문제이다. …… 자기 신분을 초월하기 위해서는 장인바치의 신분으로 몸을 낮추라. …… 내가 여러분에게 요구하는 것이 재능이 아니라는 점을 명심하라. 내가 요구하는 것은 하나의 직업, 하나의 참된 직업이며, …… 재산은 안겨 주지 않더라도 재산 없이도 살 수 있게 해 주는 순전히 기계적인 기술이다. 빵 걱정에서는 사뭇 동떨어진 집들에서도 아버지가 먼 앞날까지 내다보고, 아이들을 교육시키는 정성에다가 만일의 경우에도 살기 위해 써먹을 수 있는 지식을 마련해 주는 정성을 곁들이는 것을 나는 보았다. 이런 아버지들은 선견지명으로 많은 일을 하고 있다고들 믿고 있다. 그러나 실은 아무 일도 하지 않고 있는 것이다. 아이들에게 마련해 준다고 생각하는 그 살 길이라는 것도, 아이더러 극복하게 해 주려는 바로 그 우연에 달려 있기 때문이다. 따라서 그 근사한 온갖 지식을 가지고도 그것을 써먹기에 알맞은 상황에 있지 않고서는 마치 아무런 지식도 갖고 있지 않은 것과 마찬가지로 궁해서 죽고 말 것이다.

…… 여러분은 자기가 배운 것을 가르치고 싶은가, 그래서 수학이나 어학의 선생이 되려는가? 그러기 위해서도 학생들이, 따라서 칭찬해 주는 자들이 있어야 한다. 능란하기보다는 허풍 센 것이 더 중요하다는 사실, 그리고 여러분이 그 직업에 대해서만 알 뿐이라면 언제까지나 무식쟁이에 지나지 않을 것이라는 사실을 명심하라. 그러니 그 근사한 살

길들이라는 것이 다 얼마나 단란하지 못한가를, 또 그것들을 이용하려면 얼마나 많은 딴 살 길들이 또 필요한가를 알아라. 뿐더러 여러분은 그런 비굴 속에서 무엇이 되겠는가? 겹치는 실패가 여러분을 깨우쳐 주지는 않고 천하게만 만든다. 그 어느 때보다도 여론의 장난감이 된 여러분이 어떻게 편견을 극복하고 자기 운명의 지배자가 되겠는가? 부_富에만 의존하던 여러분이 이제는 부자들에게 의존한다. 자신의 노예 상태를 더욱 악화시키고 거기다가 빈곤을 덧붙였을 따름이다. 이제 여러분은 자유도 없이 가난하다. 이는 인간이 빠질 수 있는 최악의 상태이다.

한데…… 장인바치가 되어서 필요할 때 자기 손을 쓰고, 제가 이용할 줄 아는 것을 쓰게 되면 온갖 어려움은 사라지고 온갖 술책은 소용 없어진다. 살 길은 언제나 써먹을 준비가 되어 있다. 청렴이나 명예가 이젠 생활의 장애물이 아니다. 이미 높은 사람 앞에서 비굴해지거나 거짓말할 필요도, 사기꾼 앞에서 슬슬 길 필요도, 모든 사람에 대한 천한 아첨쟁이가 될 필요도, 가진 것이 아무것도 없을 때는 빚꾸러기나 도둑이 될 필요도 이젠 없다. …… 불량배들이 나라일을 이끌어 가도 여러분에게는 상관없다. 여러분이 미미한 생활 속에서 성실한 사람이 되고 빵을 얻게 되는 것을 막지는 않을 것이다. …… 부지런하고 절약하면 일주일이 지나기도 전에 다음 일주일 지낼 것을 벌게 될 것이다. 여러분은 자유롭고 건강하고 참되고 부지런하고 올바르게 산 것이 될 것이다. 이렇게 시간을 버는 것은 시간을 잃는 것이 아니다"라고 하셨습니다.

이 점에 있어 우리네 사정은 어떠한가를 생각해 보렵니다. 학교에서 농사와 수공手工을 가르치기 시작한 것은 일제 때였습니다. 그러나 그것은 어디까지나 일 잘하는 노예들이 아쉬워서였습니다. 해방 후에는 농업과 수공에다 상업까지 보태어 실과實科라 이름하고 가르쳐 왔습니다. 상급 학교 진학을 위해서는 지필紙筆 시험에서 점수를 따야 하므로 어느덧 기술 습득과는 동떨어진 이론 위주의 실과가 되고 말았습니다. 뿐만 아니라 일제 강점기 못지않은 저곡가低穀價·저임금 시책에 따라, 농사와 실과는 여전히 학생들이 배우기 싫어하는 형편입니다. 농업이나 수공을 배워 보았자 별다른 자유도 없이 남들보다도 도리어 가난하게 살까 보아서입니다. 그래서 밥걱정을 모르는 집들은 물론, 지금도 노상 밥걱정을 하면서 살고 있는 집들까지도 부유층이 되기 위해서는 꼭 필요한 상급 학교의 졸업장을 자녀들에게 안겨 주는 일에 여념이 없을 지경입니다. 선생님의 말씀마따나 "그 근사한 온갖 지식을 가지고도 그것을 써먹기에 알맞은 상황에 있지 않고서는 마치 아무런 재능도 갖고 있지 않은 것과 마찬가지로 궁해서 죽고 말 것"을 잘 알고 있으면서도, 제 나라의 글을 갖고도 한문만 배웠던 한말韓末 학생들이 일제 아래서 겪었던 고초를 채 잊기도 전에, 일본말만 배웠던 일제 말 학생들은 해방 후에 엄청난 대가를 치르지 않을 수가 없었습니다. 그야말로 "자신의 노예 상태를 더욱 악화시키고 거기다가 빈곤을 덧붙였을 따름"이었습니다.

겉치레가 아니라 실속을 배우게 해야

에밀이 제 직업을 배울 때는 선생님도 함께 배움으로써 그에게 최선의 배움을 촉진하셨고, 에밀과 선생님 두 사람 모두가 일을 배우는 인간 제자 노릇을 하였습니다.

"우리 둘이서 같이 배우는 것밖에는 그가 제대로 배울 것같이 믿어지지 않기 때문이다. 그러니 둘이 다 제자 노릇을 시작할 것이며, 신사로서가 아니라 진짜 제자로서 대해 주기를 바랄 것이다. …… 딱하게도 우리는 모든 시간을 작업대에서만 보낼 수는 없다. 우리는 일을 배우는 인간 제자이다. …… 아니다. 우리는 일꾼이 되지 않고 제자가 되고 말 테니까. …… 따라서 우리는 매주 적어도 한두 번은 선생님 댁에 가서 종일을 보내면서 그이와 같은 시간에 일어나 그에 앞서 일을 시작하며, 그의 식탁에서 같이 먹고 그의 지시에 따라 일하고, 그의 가족과 함께 저녁식사를 하는 영광을 가진 뒤에, 바란다면 집에 돌아와 우리의 딱딱한 침대에서 잔다는 것이다. 이렇게 해서 몇 가지 직업을 한꺼번에 배우게 되고, 다른 일 배우기를 소홀히 하지 않고서도 손으로 하는 일을 익히게 되는 것이다. 좋은 일을 하면서 단순해지자. …… 편견을 극복했다고 뽐내는 것은 편견에 굴복하는 것이다. …… 에밀이 만드는 것의 값이 제작자로부터가 아니라 작품에서 나오게 하라. …… 잘된 것에 대해서는 말해 주라, '이건 잘된 것이다.' 그러나 '누가 이걸 만들었지?' 하고 덧붙이질랑 말라. 만일 그가 우쭐해져서 '이걸 만든 건 나요'라고 말하거든 쌀쌀하게 덧붙여 말해 주라. '너이건, 딴 사람이건 상관없어.

어쨌든 이건 잘된 일이야.' …… 겉치레는 말고 언제나 실속이다. …… 걸작은 언제나 만들어라, 그러나 거장巨匠은 결코 되지 말라. 제 타이틀에 의해서가 아니라 제 일에 의해서 장인바치임을 보여 주라"고 하셨습니다.

그런데 요즈음 우리 10대들은 어떤 기술 교육을 받고 있겠습니까? 얼른 보아서는 열심히 공부하고 많이 일하는 중학생들입니다. 그러나 그 공부라야 필답시험에 점수 따는 공부에 불과하고, 그 일이란 당국의 지시에 따라 무료로 제공되는 노동일 경우가 허다합니다. 헛공부만 하고 있는 것인데, 배움이 없이 손발만 놀리고 있는 것인데, 인간의 제자는커녕 일꾼 노릇조차 못하고 있는 경우들입니다. 특히 괄목할 만한 사실은 10대 근로자들을 위해서 대기업들이 공장에 야간 중등학교를 운영하기로 한 것입니다. 그러나 이 모두 그 속을 자세히 보면, 학생 개개인의 지금과 장래에 걸친 행복을 으뜸의 목적으로 한 교육에 주안점主眼點을 둔 것이 아니라 도리어 개개의 기업체의 이윤 극대화에 주안점을 둔 것입니다.

그러기에 10대의 인간적 성장에 제아무리 도움이 되는 직업·기술이라 할지라도 기업 발전 계획에 무관한 것이라면 무시되는 경우가 적지 않게 있나 봅니다. 물론 학생의 인간적 성장에 도움이 되는 직업·기술의 훈련도 없지는 않습니다. 그러나 그나마도 기초적 원리의 이해를 소홀히 하고 당장에 아쉬운 특정 기술만의 연마에 치중하는 나머지, 앞으로 있을 기술의 혁신에는 도리어 무력한 사람이 되게 하고 있는 것입니다. 생각하면, 학생의 일생을 보아 실속 있는 것을 가르치자고 세우는 학교이어야 하는데, 학생이 아닌 다른 것을 위해서 세우는 학교가 되었나 봅니다. 학생들도 그것을 모를 리 없습니다. 선생을 선생 같게 여기지 않는 학생들이 많아진 것입니다. 존경하지 않는 선생인데, 그의 제자가 될 학생은 없습니다. 사역주使役主의 이익을 위한 나이 어린 직공의 훈련이 아닌 10대 인간의 교육이어야만 학생들이 일꾼이 아닌 인간의 제자 노릇도 바라볼 수 있을 것입니다. 선생님 말씀마따나, 제 타이틀이 의해서가 아니라 제 일에 의해서 장인바치임을 보여 줄 것입니다.

선생님은 많은 지식의 주입注入을 배격하시고 10대가 된 에밀의 삶에 필요한 지식만을 완전히 습득할 수 있게끔 지도하셨습니다.

"에밀은 지식을 별로 갖지 않았지만 가진 지식은 진짜로 제 것이다. 반쯤 아는 것은 하나도 없다. 그가 제대로 알고 있는 적은 것들 중에서도 가장 중요한 것은, 제가 모르고 있지만 언젠가는 알 수 있는 많은 것이, 딴 사람들은 알고 있지만 저는 평생 알지 못하고 말 더욱 많은 것이, 또 어떤 사람도 영영 알지 못할 무수한 다른 것들이 있다는 사실이다. 그는 지식에 의해서가 아니라 그 지식을 얻는 능력에 의해 만능의 정신을 갖고 있다. …… 제가 하는 모든 것에서 무엇에 좋은가를, 제가 믿는 모든 것에서 어째서를 그가 찾아낼 줄만 안다면 나는 족하다. 다시 한 번 말해서 나의 목적은 그에게 학문을 넣어 주는 것이 아니고 필요할 때 학문을 얻는 법을 가르쳐 주는 일이며, 학문의 가치를 정확히 평가하게 하고, 진리를 무엇보다도 사랑하게 하는 일이니까.

…… 에밀은 순전히 물질적인 자연의 지식밖에는 갖고 있지 않다. 역

사라는 이름조차도, 형이상학이나 윤리학이 무엇인지도 알지 못한다. 사물에 대한 인간의 기본 관계는 알고 있지만, 인간의 인간에 대한 윤리적인 관계는 전혀 알지 못한다. 관념을 일반화하거나 추상화할 줄도 거의 모른다. …… 그는 사물들을 그 본성에 의해서가 아니라 제 흥미를 끄는 관계들에 의해서만 알려고 든다. 자기 밖에 있는 것은 자기에 대한 관계에 의해서만 평가한다. 한데, 그 평가는 정확하면서도 확실하다. 거기에는 변덕이나 인습이 전혀 끼어들지 않는다. 제게 더욱 쓸모 있는 것을 더욱 존중한다."

저는 이 점에 있어 요즈음 우리네 중학생들이 놓여 있는 처지를 생각해 보았습니다. 대여섯 살 적부터 완전히 이해하기에는 너무나 어려운 지식을, 너무나 많이 그나마도 너무나 빨리 주입당해 온 중학생입니다. 타고난 머리도 좋은 데다가 가정의 뒷바라지 또한 좋은 소수의 학생들 말고는 몸만 교실에 앉아 있을 뿐, 배우는 것 없이 허송세월입니다. 아니 몸도 마음도 해쳐지고 있습니다. 그러니 애써서 배우면 완전히 이해할 수가 있는 지식만을 조금씩 천천히 가르쳐 주어야 할 것입니다. 초등학교나 중학교나 간에 소정의 교과서를 다 떼지 않으면 문책을 당하는 교사들입니다. 교과서는 떼었지만 대부분의 학생들이 완전히 이해해서 생활화한 새 지식이 별로 없는 상태라서, 있어도 반쯤 이해해서 생활화되지 못한 상태라서 문책을 당한 교사들은 없습니다. 초등학교나 중학교나 간에 교과서에서 출제되는 필답고사의 학급 평균이 높아서 칭송을 받는 교사들은 많아도 교과서에는 없지만 제 삶에 필요하대서 새 지식을 찾아 지닌 학생들이 많아서 능력을 인정받는 교사들은 별로 없습니다. 초등학교나 중학교나 간에 윤리도덕 등, 인간의 인간에 대한 관계는 큰 비중을 두어 가르치고 있지만, 그래서 관념의 일반화나 추상화에는 힘쓰고 있지만, 사물에 대한 인간의 기본 관계는 도리어 소홀하게 다루어지고 있으며, 따라서 그에 대한 학생들의 평가는 정확하지도 확실하지도 않은 형편입니다.

자기를 받아들일 수 있도록 해야

선생님은, 열다섯 살이 된 제자 에밀을 놓고 개인적 미덕의 구비자具備者가 되었노라고 말씀하셨습니다. 그는 "남들 생각을 하는 일 없이 자기를 생각하며, 남들이 자기 생각을 통 해 주지 않아도 예사이다. 그는 인간 사회에서 혼자이며 자기 혼자밖에는 기대하지 않는다. 또한 그는 자기 자신에 기대할 권리를 누구보다도 더 갖고 있다. 왜냐하면 그는 그 나이로서는 될 만큼 다 된 아이니까. 그는 잘못이라고는 없으며, 있어도 그에게 불가피한 잘못들밖에는 없다. 악덕이라곤 갖지 않았으며, 가져도 아무도 막지 못할 악덕밖에는 갖지 않았다. 그는 건강한 몸, 날쌘 팔다리, 편견 없는 올바른 정신, 정념에 시달리지 않는 자유로운 심정을 지니고 있다. 모든 정념 중에서 가장 으뜸가고 가장 자연스러운 자존심도 그의 심정 속에서는 아직 미지근하다. 누구의 휴식도 어지럽히는 일 없이, 자연이 허락하는 한 만족해서 행복하고 자유롭게 살아왔다. ……한마디로 말해서, 에밀은 자기 자신에 관련되는 미덕은 다 갖고 있다.

사회적인 미덕을 가지려면, 그에게는 그것을 요구하는 관계들을 아는 일만이 남았다. 그에게는 그의 정신이 받아들일 준비가 다 되어 있는 지식들만이 모자랄 뿐이다. …… 인간을 완성시키기 위해 이제 우리에게 남은 일이라고는 사랑할 줄 아는 민감한 존재를 만드는 일, 이를테면 감정을 가지고 이성을 완성시키는 일밖에는 없다. …… 마침내 우리의 아이는 아이이기를 그만둘 준비가 된 것"이라고 말씀하시고 "이렇게 해서 열다섯 살이 된 아이가 지나간 해들을 허비한 것으로 보겠는가?"고 되묻기까지 하셨습니다.

저는 지금 우리네 열다섯 살배기들을 생각해 봅니다. 도리어, 자기 생각을 해 줄 남들을 늘 찾아 헤매지 않고는 마음이 가라앉지 않을 정도로 자기 자신에의 기대는 아주 적은 것이 아닐까 생각됩니다. 어려서는 부모의, 학생이 되고부터는 교사들의 과도한 통제 속에서 살아왔기 때문에 이제는 제법 남들의 뜻대로 살 줄을 알게 된 것입니다. 자기의 주인이 따로 있어 왔는데, 자주自主, 자율, 자립 따위야 학교의 시험 답안지에나 적어 줄 뿐, 실지의 삶은 타율과 의타依他의 뒤범벅입니다. 이제는 도리어 편견이 지배하는 정신, 정념에 시달리는 심정으로 전락轉落되고 만 중학생들입니다. 한마디로 말해서 우리의 열다섯 살배기들에게는 개인적인 미덕들이 없습니다. 학교에 입학한 직후부터 학생들은 사회적 덕성에 시달려 왔기에 개인적 미덕마저 지니지 못하게 된 것입니다. 그 나이로서 될 만큼 된 것이라곤 없이 아이이기를 그만두게 된 것입니다. 우리 아이들이야말로 지나간 세월을 허비해 온 것이라 생각됩니다.

열대여섯 살부터 스무 살까지의 교육

사춘기를 맞은 아이들과 사는 길

선생님은 에밀이 맞은 사춘기를 '두 번째 태어남'으로 중요시해서 성
性에 대한 호기심 충족에 매우 신중을 기하셨습니다.

"우리는 이를테면 두 번 태어난다. 한 번은 존재하기 위해, 한 번은
살기 위해, 한 번은 인류로서, 또 한 번은 성으로서. …… 혼기가 되기
까지는 남녀 아이들을 구별할 수 있는 것은 아무것도 없다. …… 소녀
들도 아이고 소년들도 아이다. …… 나중에도 성의 발달이 막히는 남성
은 이 닮은 점을 평생 간직해서 언제나 큰 아이지만, 이 닮은 점을 잃
지 않는 여성은 많은 점에 있어 결코 다른 것이 되지 않는 것처럼 보인
다. 한데 남자는 대체로 늘 아이로 머물러 있도록 만들어지지는 않았
다. 자연이 지시하는 시기에 거기서 벗어난다. 이 위기는 꽤 짧기는 하
지만 오랜 영향을 미친다. …… 그의 활기가 너무 성급해지거든, 흥분

이 열광으로 바뀌거든, 금방 발끈해지고 감동하고 하거든, 괜히 눈물을 쏟거든, …… 제 손 위에 여자 손이 놓여 소스라치거든, 여자 곁에서 당황하거나 겁을 먹거든…… 조심하라. …… 바람이 이미 풀려나온 것이다. …… 내가 말한 두 번째 태어남이 바로 이것이다. 인간이 정말로 인생에 태어나서 인간적인 것치고 그와 관계없는 것은 아무것도 없게 되는 때가 바로 이때이다. 여태까지 우리의 뒷바라지는 아이들 장난에 지나지 않았다. 이제 비로소 그것이 중요성을 갖게 된다. 보통교육이 끝나는 이 시기야말로 우리의 교육이 시작되어야 할 시기이다. …… 어린 시절에서 사춘기로 옮아가는 시기는 자연에 의해 딱히 정해져 있는 것은 아니어서, 개인에 있어서는 기질에 따라, 국민에 있어서는 풍토에 따라 달라진다. …… 사람이 자기 성性을 깨닫는 나이가 자연의 작용 못지않게 교육의 결과에 따라서 달라지는 것이라면, 아이들을 기르는 방식에 따라 그 나이를 당기거나 늦출 수 있는 것이 된다.

…… 아이들 호기심의 대상에 관해 일찌감치 아이들에게 밝혀 주는 것이 좋은가, 아니면 적당한 거짓말로 아이들을 속이는 것이 나은가? …… 나는 어느 쪽도 해서는 안 된다고 생각한다. …… 답해 주기로 결심한다면 숨김없이, 당황해하거나 미소를 꾸미는 일 없이 되도록 솔직하게 답해 주라. 아이의 호기심은, 자극하기보다는 채워 주는 데 위험이 훨씬 덜하다. …… 선생이 제자에게 한 거짓말이 단 한 번만이라도 확인되면 교육의 열매는 다 영영 망쳐지고 말 것이다. …… 아이들더러 순결을 간직케 하는 좋은 방법을 나는 하나밖에 알지 못한다. 그것은 주위의 모든 사람이 순결을 숭상하고 사랑하는 일이다. …… 순결한 사

람에 어울리고, 순결한 사람 마음에 드는 그런 소박한 말씨가 있다. 이 것이야말로 아이를 위험한 호기심에서 벗어나게 해 주는 옳은 말씨이다. …… '아이들은 어떻게 만들어져요?' 이는 아이들에게는 꽤 자연스럽게 생겨나는 질문이지만, 그 답이 경솔하냐, 신중하냐가 때로는 아이들 평생의 품행과 건강을 좌우하기도 하는 난처한 질문이다. …… '쪼그만 놈이 그렇게 캐고 들면 못써!' 이것은 어머니를 궁지에서 벗어나게 해 주기에는 아주 괜찮은 대답이다. 그러나 이런 멸시의 말투에 자극받은 소년이 결혼한 사람들의 비밀을 알아내기 전에는 잠시도 마음이 편하지 않으리라는 것을, 또 머지않아 그 비밀을 알게 되리라는 것을 어머니는 알아야 한다.

이런 질문에 대해 내가 들은 바 있는 감명 깊었던 대답을 인용하는 것을 용서해 주기 바란다. 아이의 오줌에 작은 결석이 섞여 나오면서 요도가 상한 지 얼마 되지 않아서이다. 한데 지나간 아픔은 잊고 있었다. '엄마, 아이들은 어떻게 만들어져요?' 경솔한 꼬마가 말했다. '애야, 여자들은 목숨을 잃는 수도 있을 만한 고통을 느끼며 아이들을 오줌 누듯이 낳는 거야.' 하고 어머니는 주저 없이 대답한다. …… 이런 식으로 이야기를 이끌어 간다면 욕망의 불안이 생겨날 여지가 어디 있겠는가? 그리고도 여러분이 알듯이 진실은 조금도 망그러지지 않았고, 제자를 가르치는 대신 속일 필요도 전혀 없었다"고 하셨습니다.

증오와 복수가 아닌, 동정과 관용과 자애를 아는 길

저는 지금 사춘기에 접어든 우리 아이들을 어떻게 지도하고 있는지를 생각해 봅니다. 우선 사춘기에 대한 생각부터가 아주 다릅니다. "인류로서 존재하기 위해" 태어났다가 "성으로서 살기 위해" 다시 태어남을 축복으로 맞이하기는커녕, 성으로 말미암은 타락으로 인간다운 존재마저 위태롭게 될까 보아 경계하는 마음으로 맞이하는 것이 사춘기입니다. 어른들에 의한 여태까지의 단속은 아이들 장난에 지나지 않습니다. 이제 비로소 그것이 중요성을 갖게 됩니다. 사춘기를 맞은 아이들의 단속이 시작되는 이 시기야말로 뒷바라지 대신에 억누름이 시작되는 시기입니다. 어른들은 모두 남녀가 어울려 살면서도, 그리고 아래로는 초등학교, 위로는 대학이 남녀공학이련만, 유독 사춘기를 맞은 이들만은 따로 떨어져 교육을 받아야 합니다. 수업 후에나 어울린대도 학교 밖에까지 나와 다니는 교사들의 단속반이 이를 그냥 두지 않습니다.

이 시기의 남녀가 교제한다는 것은 그 자체가 도덕적인 타락이요, 범죄인 것처럼 여겨지고 있습니다. 만나 볼 길이 없어 편지라도 띄우는 날에는, 부모나 교사나 간에 그것을 가로채어 읽어 보는 것은 물론, 편지 주고받기 그 자체를 불량 행동으로 몰아대고 있는 실정입니다. 그러니 사춘기 아이들이 호기심의 대상에 대해 어른들에게 물을 리 만무합니다. 묻지 않는데 대답이 있을 리 없고, 아이들은 서로가 제멋대로 돌팔이 선생이 되었다가 학생이 되곤 합니다. 주인의 감시만 없는 날엔 굴레를 벗어젖힌 망아지가 되고 마는 것입니다. 어쩌다가 용기를 내어 호기심의 대상을 묻기라도 하면 어른들은 그야말로 대경실색, 호되게 혼내거나, 아니면 차디찬 멸시라도 가하고야 맙니다. 한마디로 어른들과 사춘기 아이들 사이에는 가르침도 배움도 없이 억누름과 억눌림만이 있게 됩니다. 이래서 사춘기 아이들의 위험한 호기심은 더욱 깊숙한 곳에서 커져만 가고 있는 실정입니다. 참으로 딱하기가 그지없는 우리의 사춘기 아이들이라 하겠습니다.

선생님은 10대 후반기를 증오와 복수의 나이가 아닌, 동정과 관용과 자애의 나이로 보아, 에밀로 하여금 되도록 인간들의 불행에 접해 보게끔 주선하셨습니다.

"악하게 태어나지 않고 스무 살 때까지 순결을 간직한 아이는, 이 나이에 가장 너그럽고 가장 어질어 누구보다도 인정 많고 착하다. 여러분은 일찍이 이런 말은 전혀 들은 적이 없다. 그러리라고 나는 생각한다. 학교의 온갖 부패 속에서 교육받은 여러분 철학자들은 이런 것을 알 리가 없는 것이다. …… 일찍 타락해서 여자들과 방탕에 빠진 젊은이들이 몰인정하고 잔인하다는 사실을 나는 늘 보아 왔다. 극성맞은 기질이 그들을 참을성 없고 복수심 강하고 사나운 인간으로 만드는 것이었다. …… 자신의 하찮은 쾌락을 위해서는 부모나 우주 전체도 희생시켰을 것이다.

반대로 행복한 순박 속에서 자라난 청년은 자연의 첫 충동에 의해 부드럽고 다정한 정념들 쪽으로 끌리기 마련이다. 인정스러운 그의 마음은 동포들의 괴로움에 움직인다. …… 우리 마음에 인정을 느끼게 하는 것은 인간의 공통된 비참이며, 우리가 약한 인간이 아니라면 인정에 힘입을 것은 아무것도 없을 것이다. …… 그래서 우리의 약함 자체로부터 우리의 가냘픈 행복이 생겨나는 것이다. 정말로 행복한 존재는 고독한 존재이다. …… 아무것도 아쉬워하지 않는 자가 무엇인가를 사랑할 수 있다고는 생각되지 않는다. 아무것도 사랑하지 않는 자가 행복해질 수 있다고는 생각되지 않는다. 그 결과로 우리는 우리 동포들의 기쁨보다는 괴로움 때문에 그들에게 더 애착을 갖게 된다. …… 우리의 공통된 욕구가 이해관계로 우리를 뭉치게 한다면, 우리의 공통된 비참은 애정으로 우리를 뭉치게 한다. …… 괴로워하는 자의 위치에 자신을 놓으면 그래도 자기는 그 사람처럼 괴롭지는 않다는 기쁨을 느끼기 때문에, 동정은 기분 좋은 것이다.

…… 그러니 여러분은 사람들의 행복의 거짓 모습을 가지고 그의 마음속에 교만과 허영심과 시샘이 싹트게 해 주질랑 말라. …… 상류사회를 그것 자체로서 평가하게 해 준 다음이 아니고는 그것의 겉모습을 보여 주지 말라.…… 그를 가르치는 것이 아니라 속이는 것이 된다. 사람들은…… 모두가 벌거숭이로 가난하게 태어나, …… 필경은 모두가 죽게 되어 있다. …… 그러니 인간의 본성과 가장 떼어 놓을 수 없는 것부터, 인간성을 이루는 가장 본질적인 것부터 먼저 연구하도록 하라. …… 아닌 게 아니라 만일 우리가 우리 밖으로 나가 괴로워하는 남들과 하나가 되지 않고서는, 말하자면 그의 존재가 되기 위해 우리의 존재를 떠나지 않고서는, 어떻게 동정심에 마음이 움직일 수 있겠는가? …… 위의 고찰은…… 두세 개의 명제로 요약될 수 있다고 생각한다.

첫째 명제, '인간의 마음은 저보다 행복한 자들의 처지가 아니라, 저보다 불쌍한 자들의 처지에만 자기를 놓고 생각할 수 있다.' …… 둘째 명제, '사람은 저도 면하지 못할 것으로 생각되는 남의 불행밖에는 동정하지 않는다(불행을 모르지 않기 때문에, 나는 불쌍한 자들을 도와줄 줄 안다).' …… 셋째 명제, '남의 불행에 대해 갖는 동정심은, 그 불행 자체의 크기에 따라서가 아니라, 그 불행을 겪는 자들이 느끼는 것으로 여겨지는 감정에 따라 가감된다.'

…… 왕들은 왜 신하들에게 무정한가? 인간이 될 생각이 전혀 없기 때문이다. 부자들은 왜 가난한 자들에게 그토록 지독한가? 가난해질 염려가 없기 때문이다. …… 터키 사람들을 왜 대체로 우리보다 인정 많고 사람대접을 잘하는가? 개인들의 영달이나 재산이 언제나 덧없이 흔들리는 아주 전제적인 정부 밑에 사는 그들은, 역경이나 가난을 자기와 상관없는 상태로는 보지 않기 때문이다. 저마다가 내일에는, 오늘 자기가 도와주는 자의 처지가 될 수 있는 것이다. 동양 소설에 노상 나오는 이러한 생각은, 우리의 메마른 교훈의 온갖 사탕발림에서는 찾아볼 수 없는 그 어떤 감동을 준다. 그러니 여러분의 제자에게는 불쌍한 자들의 고통이나 가난한 자들의 고생을 영광의 꼭대기에서 내려다보는 버릇을 들이지 말라. …… 그 불행한 자들의 운명이 자기 운명이 될 수도 있다는 것, …… 불가피한 뜻밖의 숱한 사건들이 단박에 자기를 그 속에 빠뜨릴 수도 있다는 것을 제대로 이해시켜 주도록 하라.

…… 여러분은 우리가 그를 소심한 겁쟁이로 만들고 있다고 말하겠지. 곧 알게 될 것이다. 한데 지금으로서는 우선 그를 인간으로 만들기

로 하자. …… 모든 신분에는 같은 분량의 행복과 고생이 들어 있다고 우리 현인들은 여전히 말하고 있다. 지지할 수 없는 고약한 격언이다. …… 부자의 고생은 모조리 그의 탓이고…… 조금도 동정받을 것이 없다. 한데 불쌍한 자의 고생은 일의 사태에서, 그를 짓누르는 가혹한 운명에서 온다. …… 뛰어난 머리도, 지혜도, 그의 불행한 처지를 면해 주는 데는 아무 소용이 없다. 우리가 미련하다고 보는 민중이 설사 지각이 있다손 치더라도 현재와는 다른 무엇이 될 수 있겠으며, 지금 하고 있는 것과는 다른 무엇을 할 수 있겠는가? 이런 부류의 사람들을 연구해 보라. …… 인류는 주로 민중이 모여 이루어지고 있다. 민중 아닌 자는 한 줌도 안 되니 문제 삼을 것도 없다. 인간은 모든 신분에 있어 같다. 그렇다면 가장 수효가 많은 신분이 가장 존중받을 만한 신분이다. …… 제자 앞에서는 인류에 대해 감동을 가지고, 연민조차 가지고, 그러나 결코 멸시는 갖지 말고 말하라. 인간아, 인간을 욕되게 하질랑 말라"고 하셨습니다.

빼앗긴 인권을 찾아 주고 자기 모독 행위를 그만두는 길

저는 지금 다시 우리가 처해 있는 교육적 현실을 생각해 봅니다. 날로 난폭해지는 10대 후반기 청소년들, 이제는 그들을 제외한 나머지 사람들 모두가, 노인과 어린이들까지도 경계와 공포의 눈으로 그들을 살피게끔 되었습니다. 아직도 어질고 착한 청소년들이 없는 것은 아니나 그 수효가 급격히 줄고 있대서 문제입니다. 예보다 악하게 태어나서는 물론 아닙니다. 아기 시절에는 예보다 이기적이고 타산적인 부모 밑에서 애정에 굶주렸고, 학교에 다니고부터는 예보다 잘사는 집의 우등생 중심으로 가르치는 교사 밑에서 차별과 냉대를 받아 왔을 뿐만 아니라, 예보다 도시 위주인 교육 시책 까닭에 꼬마이고도 부모와 헤어져 도시 유학을 해 왔으며, 중학생이 되고부터는 예보다 획일적인 복종만 강요당해 왔기에 지금 그들은 난폭한 청소년들이 된 것입니다. 한데, 이에 대해 사회는 그 청소년들을 단속하는 일에만 골몰하고 있을 뿐 어린이들이 바로 자라날 수 있는 여건 마련에는 도무지 소홀합니다. 그야말로 호미로 막을 수 있었던 것을 가래로도 막을 수 없이 된 것입니다.

인간미 넘치는 10대를 원하는 우리라면, 뭇 갓난아기들에게 모유와 더불어 모성애를 먹을 권리를 사회적으로 보장해 주어야 하고, 뭇 꼬마 학생들에게 인간적인 필요의 충족으로 성적에 따르는 인간 차별을 없애야 하며, 시골 학교의 획기적 육성으로 뭇 미성년 학생들이 부모 슬하에서 이웃 학교에 통학할 수 있게 해 주어야 하고, 학교 풍토도 뭇 학생들이 인간미 있는 학교생활을 해 볼 수 있게 일신되어야 할 것입니다. 그러나 불행하게도 과거가 그렇지 못해서 이미 불량화한 지금의 청소년들에게는 이 모두가 때늦은 얘기입니다. 그렇다고 해서 지금의 엄중 단속 일방의 정부 시책이 정당화될 수는 없다고 생각합니다. 그토록 탈선 행동이 많은 데야 보고만 있을 수는 없고, 불가피하게 엄벌할 도리밖에 없다는 이들이 많습니다. 그러니 힘에는 힘으로 대항하게 되고, 늘어나느니 탈선하는 청소년들이요, 단속하는 경찰관들입니다. 젊은이들의 탈선을 줄이고, 따라서 경찰관 수도 줄일 수 있는 확실한 길은 어른들 전체가 그들의 불행을 나누어 갖는 일입니다.

빼앗긴 인권人權이 있다면 교사들부터가 함께 찾아 주는 일입니다. 사람의 애정에 굶주리고 있다면 교장부터가 채워 주는 일입니다. 한마디로, 그들 스스로가 인간적 필요들을 충족할 수 있게끔 학교가 최대한 돕는 일입니다. 감시, 적발, 처벌보다 이것이 그들의 탈선을 줄이는 길입니다. 여러모로 부족한 점이 있대서 학교에 입학한 미성년자들인데, 일시적으로 탈선했대서 영구적으로 퇴학시키는 일은 학교의 자기 모독입니다. 탈선하는 학생일수록 담임교사의 전문적 지도가 더 필요한 것인데, 탈선 학생이 발생했대서 그 교사, 그 교장을 문책하는 일은 행정의 직권 남용입니다. 행정의 직권은, 도리어 탈선 학생을 지도하지 않고 퇴학시킨 교장·교사를 문책하는 데에 행사되어야 할 것입니다. 아니 그보다는, 오만 가지 탈선행위들을 너그럽게 받아들여 바로잡아 준 교사들과 교장을 후원·찬양하는 데에 행사되어야 할 것입니다. 생각하면, 몰인정하고 참을성 없으며 가혹하기까지 했던 교육행정과 학교 교육이, 복수심이 강하고 사납기까지 한, 불쌍한 미성년자들의 증가를 부채질해 왔을는지도 모릅니다.

이제는 아직 불량화되지 않은 채로 남아 있는 미성년자들에 대한 보호책도 생각해 봅니다. 아니 그들을 관용과 자애의 나이로 되게 하는, 그야말로 10대 후반기의 행복한 인간이 되게 하는 길을 생각해 봅니다. 선생님의 말씀마따나 지금, 고난 속에서 헤어나지 못하고 있는 숱한 또래들을 조사 연구케 하는 것입니다. 괴로워하는 자의 위치에 자신을 놓게 하는 것입니다. 사람의 사랑이 아쉬운 자만이 사람을 사랑할 수 있고, 사랑하는 자만이 행복해질 수 있다는 사실을 체험시키는 것입니다.

인간의 비참에 더해서 또래끼리 애정으로 뭉치게 하는 것입니다. 멸시가 아니라 연민을, 그보다도 감동을 갖고 고난 속의 친구들을 섬기게 하는 것이야말로 10대 후반기의 청소년들을 관용과 자애로 충만된 행복한 인간이 되게 하는 길이라고 생각합니다.

느리고 확실히 나아가게 하는 길

선생님은 10대 후반기에 접어든 에밀로 하여금 불타오르는 관능官能을 되도록 억제해서 삶의 내적 충실을 기하게끔 지도하셨습니다.

"위험한 나이가 다가오거든 청소년들에게 그들을 제지해 주는 것들만 보여 주고, 그들을 자극하는 것들은 보여 주지 말라. 그들의 관능에 불지르지 말고 오히려 그 기운을 억눌러 주는 대상물들로 그들의 싹트는 상상력을 막아 주라. …… 시골의 소박함이 그들 나이의 정념들을 덜 빨리 자라게 하는 그들의 애초의 거처로 그들을 도로 데려다주라. …… 이 시기는 그동안에 해야 할 일을 할 만큼 오래 계속되지 않을뿐더러, 그 중요성이 끊임없는 주의를 요구한다. 내가 이 시기를 연장시키는 기술을 역설하는 까닭이 바로 여기에 있다. 잘 가꾸는 가장 좋은 방도의 하나는 모두를 되도록 늦추는 일이다. 느리고 확실히 나아가게 하라. 어른이 되기 위해 할 일이 아무것도 남지 않을 때까지는 어른이 되지 못하게 막아 주라. …… 대체적으로 보아서, 난봉에 빠질 수 있게 되자 난봉을 시작한 사람들보다는, 젊어서 타락을 면한 사람들에게서 넋의 힘이 더 많이 엿보인다(건전한 풍습을 지닌 국민이 그렇지 못한 국민보다는 양식에 있어, 또 용기에 있어 대체로 뛰어난 이유의 하나가 바로 이것이다). 전자는 오로지 자기네가 재치니 총명이니 섬세니 하고 부르는 그 뭔지 모를 얄팍한 잔재주로만 뛰어나다. 그러나 훌륭한 행위며 미덕, 진짜 유익한 일들로 인간을 높여 돋보이게 하는 저 지혜와 이성의 위대하고 고귀한 기능들은 후자에게만 있다"고 말씀하셨습니다.

저는 지금 우리의 고등학교 학생들의 생활을 생각하고 있습니다. 인문계 학생들은 졸업과 함께 있을 예비고사 준비에, 실업계는 취업 준비에만 골몰하고 있습니다. 그 나이의 인간으로서 지금의 삶은 없다시피 합니다. 도리어 내일을 앞당겨 살고 있는 셈이기도 합니다. 이 나이의 젊은이로서 내적 충실은커녕 공허를 기하고 있습니다. 생각해 보면 단순히 그것만도 아닙니다. 학교 당국이 필수로 과해서 받고 있는 정신적·신체적 단련도 있습니다. 있어도 과도하리만큼입니다.

그러나 그것도 깊이 들여다보면, 그 나이의 학생들의 인간적·내적 충실과는 별무관계입니다. 기성인들을 위한 사회적 필요들의 충족인 경우가 허다합니다. 한마디로 이들은 10대 후반기를 살아 보지 못하고 20대가 되는 셈입니다. 그러니 얼른 보아서는 학생들의 육체적 및 물질적인 쾌락의 추구는 성공적으로 억제되어 있습니다.

그러나 교육 당국의 막강한 힘으로도 해소시키지 못하는 대학 진학 지옥의 밑바닥에는, 권력 잡고 돈 벌어서 쾌락을 추구하기 위해서는 우선 대학부터 들어가 놓고 볼 일이라는 집념이 서려 있는 것입니다. 다시 말하면, 장차 더 크게 불태우려고, 오늘은 감춰 두고 있는 관능官能일 따름입니다. 학교에 대한 지나친 관료적 통제도 이 시기 학생들의 삶을 일그러뜨리고 있지만, 그보다는 이 사회에 정의正義를 대신해서 군림하고 있는 '힘과 돈'이 문제입니다.

도덕의 질서와 역사를 배우는 길

선생님은 에밀이 10대 후반기에 깊숙이 들어서고야, 그로 하여금 사람들을 통해 사회를, 사회를 통해 사람들을 연구케 함으로써 그에게 도덕의 질서를 본격적으로 가르치기 시작하셨습니다.

"우리는 마침내 도덕의 질서로 들어간다. 인간의 둘째 단계를 우리는 막 지나왔다. 여기가 그럴 자리라면 나는 마음의 첫 움직임들로부터 양심의 첫 목소리들이 어떻게 솟아오르며, 사랑과 미움의 감정들로부터 선악의 첫 개념들이 어떻게 생겨나는가를 밝혀 보겠다. 정의와 선善이 그저 추상적인 말이나 이해력에 의해 이루어진 도덕적인 순수 개념이 아니라, 우리의 원시적인 감정의 제대로의 진보에 불과한, 이성이 비춰주는 넋의 진짜 감정임을 보여 주겠다. …… 우리 에밀은 여태까지 자기 자신밖에는 보지 않았지만, 그가 자기 동포들에게 던지는 첫 시선은 자기를 그들과 비교하게 만든다.

…… 한데 그러한 비교와 관계되는 온갖 정념들 중 지배적인 자리를 차지할 것들이 인간적이고 다정한 것일는지, 아니면 잔인하고 해로운 것일는지, 호의와 동정의 정념들일지, 시샘과 탐욕의 정념들일지를 정하려면, 자기가 사람들 사이의 어느 자리에 있다고 그가 느낄 것인가를, 자기가 차지하고자 하는 자리에 도달하려면 어떤 종류의 장애물들을 극복해야 한다고 그가 생각할 것인가를 알아야 한다. 이러한 추구에서 그를 이끌어 주려면 …… 자연적인 불평등과 사회적인 불평등의 척도, 사회질서 전체의 좌표가 여기서 만들어진다. 사람들을 통해 사회를, 사회를 통해 사람들을 연구해야 한다. 정치학과 윤리학을 따로따로 다루려는 자들은, 그 어느 쪽에서도 아무것도 이해하지 못할 것이다. …… 자연 상태에서는 사람 사이의 단순한 차이가, 하나를 또 하나에게 예속시킬 만큼 클 수는 없기 때문에, 자연 상태에서는 깨뜨리지 못할, 사실상의 평등이 있다. 사회 상태에서는 터무니없는 헛된 권리의 평등이 있는데, 그것은 이 평등을 유지하도록 마련된 수단 자체가 이 평등을 깨뜨리는 데 쓰이고 있기 때문이다.

…… 언제나 다수는 소수에, 공공 이익은 개인 이익에 희생될 것이다. …… 그 결과로서, 딴 계급들에 유익하다고 자칭하는 특별 계급들도 실은 딴 계급들을 희생시켜 제 계급 자체에만 유익할 따름이다. 정의와 이성에 따라 그런 계급들에 치르게 되어 있는 존경은 이런 점에 의해 판단되어야 한다. …… 이제 우리에게 중요한 연구는 바로 이것이다. 한데 이 연구를 제대로 하기 위해서는, 먼저 인간의 마음을 이해하는 데서부터 시작해야 한다. …… 그러나 탈은 인간이 아니기 때문에,

또 겉치레가 인간을 흐려서는 안 되기 때문에, 사람들을 그려 보여 주려거든 있는 그대로를 그려 보여 주라. …… 나는 청소년이 자기와 같이 사는 사람들을 좋게 생각할 수 있도록 그 교제 상대를 골라 주었으면 한다. …… 인간은 나면서부터 착하다는 것을 그가 알고 깨달으며, 자기 자신에 의해 자기 옆 사람을 판단케 해야 한다. 또한 그는 사회가 어떻게 사람들을 변질시키고 타락시키는가를 알아야 한다. …… 모든 사람이 거의 같은 탈을 쓰고 있다는 사실을 그는 알아야 한다. 그러나 얼굴을 가린 탈보다 더 아름다운 얼굴들도 있다는 사실도 알아야 하는 것이다"라고 말씀하셨습니다.

사실들만 제시하고 자신이 판단하게 하는 길

지금 한국의 고등학교 학생들이 받고 있는 도덕 교육을 생각해 봅니다. 아무리 좋게 보아도 민주도덕의 실천적 교육만은 아닙니다. 학생들에게는 진급, 졸업, 대학 입학만큼 중요한 것이 없는 사회입니다. 그런데 도덕 시험의 출제는 교과서에서만 하고 채점 또한 교과서만을 기준으로 합니다. 우리의 학교에서는 선생님의 말씀처럼, 학생들에게 실지 있는 대로의 사람들을 통해 사회를, 사회를 통해 사람들을 연구하게 할 수는 도무지 없습니다. 그저 교과서에 실려 있는 도덕을 주입하는 것뿐입니다.

그러나 이 모두는 교실에서의 도덕 수업 얘기입니다. 도덕에 관련된 과외 활동에도 지나치리만큼 많이 동원되고 있는 우리 고등학교 학생들입니다. 자발적·자치적인 활동들이 아주 없는 것은 아니나, 그것이 지향하는 도덕적 가치에 따라 당국에 의한 후원과 금지의 정도가 너무나도 현격히 차이 나기 때문에, 실지로는 관급성官給性 도덕 활동들이 그 대종을 이루고 있습니다. 따라서 나면서부터 착한 사람들을 기성 사회가 어떻게 변질, 타락시키는가를 알아보기란 그야말로 하늘의 별따기입니다. 학교 당국에 의해서 동원되는 과외 활동은 물론, 이른바 자발적·자치적인 활동을 통해서마저도 학생들은 모든 사람이 그 탈보다 더 아름다운 얼굴들을 갖고 있다는 것은 더군다나 모르는 채로 이 시절을 보내고 있는 실정입니다. 참민주 도덕의 학습을 위해서는 교육의 정치적 중립성과 자주성의 제도적 보장만큼 아쉬운 것은 다시없노라 생각됩니다.

선생님은 에밀에게 인간의 마음을 이해시켜 주기 위해, 이제는 역사도 본격적으로 가르쳐 주기로 하셨습니다.

"제 마음을 해칠 위험 없이 인간의 마음을 이해시켜 주기 위해, 나는 그에게 멀리 있는 사람들을 보여 주고 싶으며, 딴 시대나 딴 곳에 있는 그들을 보여 주어 그 무대는 볼 수 있으나 거기에 나서는 일은 없도록 해 주고 싶다. 바야흐로 역사를 가르칠 시기가 온 것이다. 이해관계도 정념도 없이 단순한 구경꾼으로서, 옛사람들의 공범자나 고발인으로서가 아니라 재판관으로서 그들을 보는 것은 바로 역사를 통해서인 것이다. 사람들을 이해하려면 그들이 행동하는 것을 보아야 한다. …… 역사에서는 그 행동이 드러난 사실에 비추어 그들을 판단하게 된다. ……

딱하게도 이 연구에는 한두 가지가 아닌 위험과 불편이 있다. 같은 인간들을 공정하게 판단할 수 있는 관점을 가지기란 쉬운 일이 아니다. …… 서로 죽이는 국민들의 역사를 우리는 아주 온전하게 갖고 있다. 우리에게 없는 것은 서로 살리는 사람들의 역사이다. …… 역사에 서술된 사실들은 일어난 그대로의 사실의 정확한 묘사라고 하기에는 어림도 없다. 사실들은 역사가의 머릿속에서 모습이 바뀌며, 그의 이해관계에 맞도록 빚어지고 그의 편견에 따라 채색된다.

    …… 나는 소설들과 역사 사이의 차이를 별로 발견하지 못한다. 다만 소설가는 자신의 사상에 더 몰두하고 역사가는 남의 사상에 더 얽매일 따름이다. …… 청소년들에게 가장 고약한 역사가들은 판단을 내리는 역사가들이다. 사실들만 제시하고는, 제자 자신이 판단하게 하라. …… 저자의 판단에 늘 끌려다닌다면 그는 남의 눈으로 보고 있을 따름이다. 그래서 그 눈만 없어지면 아무것도 보지 못하게 되고 만다. …… 통사通史는 이름, 장소, 날짜로 고정시킬 수 있는 뚜렷한 사실들밖에는 적지 않다는 점에서 흠이 있다. …… 전쟁은, 역사가들이 여간해서 알아볼 줄 모르는 도덕적인 원인들에 의해 이미 결정된 일들을 드러내어 보여 줄 따름이다. …… 역사는 남에게 보이려고 몸단장을 한 인간밖에는 내놓지 않는다. 역사가 그 사람의 집이나 서재, 가족이나 친구들 속에까지 그를 따라가는 일은 없다. 역사는 그가 무엇을 대표할 때밖에는 그를 그려 주지 않는다. 역사가 그리는 것은 그의 사람됨보다는 그의 옷이다."

    선생님은 역사 교육에 있어서의 유의점들을 이렇게 말씀하셨습니다.

이제는 이곳 고등학교의 역사 교육을 생각해 봅니다. 교과서의 주입에 따르는 폐단이야 앞서의 도덕 교육의 경우와 동일하니 재론하지 않겠습니다. 근본적으로는, 교과서에 실려 있는 역사가, 선량한 민중이 평화를 염원하며 살아온 발자취라기보다는 그 민중을 지배해 온 왕과 귀족들이 전쟁을 일삼으며 살아온 발자취라는 데에 문제가 있지 않나 생각됩니다. 더욱 놀라운 것은, 그 교과서를 외우고 있노라면, 학생들은 부지불식간에 임금들의 은혜를 입어 민중들이 그만큼이라도 살아온 듯이 느끼도록 쓰여 있는 점입니다.

선생님은 에밀에게 인간의 마음을 이해시켜 주기 위해 역사를 가르친다 하셨습니다만, 우리의 역사 교육은 학생들에게 민중 위에 군림해 온 지배층을 변호해 주는 구실마저 하고 있는 셈입니다.

인간의 마음을 이해하게 하는 길

선생님은 에밀에게 인간의 마음을 연구하게 하기 위해서는 오히려 개인의 전기傳記 읽기를 더 권장하셨습니다.

"인간의 마음 연구에는 오히려 개인의 전기를 읽는 것이 낫다. 왜냐하면 여기서는 인간이 아무리 숨어도 헛일, …… 역사가는 그에게 숨 돌릴 순간도, 구경꾼의 눈을 피할 어느 구석도 남겨 주지 않는다. …… 개인의 전기 읽기가 청년의 풋내기 정신에 미치는 효과를 이해할 만한 사람은 별로 없다. 어려서부터 책들 위에서 무디어져 생각지도 않고 읽는 버릇이 든 우리는, 사람들의 전기에 가득 찬 정념과 편견들을 이미 자신 속에 지니고 있기 때문에, 그들이 하는 짓 모두가 우리 눈에는 자연스러워 보이는 만큼, 더욱 전기를 읽는 것이 감명을 주지 않는다. 그러나 내 명제들에 의해 교육된 에밀을 보라. 18년 동안의 꾸준한 보살핌이 오로지 그에게 공정한 판단력과 건전한 마음을 간직하게 하는 것만을 목적으로 삼아 온 나의 에밀을 생각해 보라. …… 자기 형제들이 꿈같은 헛된 일들 때문에 서로 물고 뜯는 것을 보고, 사람으로 사는 것에 만족하지 못해 사나운 짐승으로 바뀌는 것을 보고 서글퍼할 것이다. 제자는 타고난 소질과 함께 선생이 독서의 조심성과 선택 지도만 해 준다면 독서에서 끌어낼 심사숙고의 길에 그를 들어서게만 해 준다면, 이러한 훈련이, 실천철학의 강의가 우리네 학교들에서 청년들의 머리만 혼란시키는 그 온갖 헛된 공리공론보다는 에밀에게는, 틀림없이 더 낫고 더 잘된 강의가 되어줄 것"이라고 말씀하셨습니다.

이제는 한국의 학교 졸업생들이 책에 대해서 지니게 된 태도를 생각해 봅니다. 책을 읽고 싶어도 살 만한 돈이 없어서, 싼 돈으로 빌려 읽재도 근처에 도서관이 없어서 못 읽는 이들도 없지는 않지만, 그보다는 책을 살 돈이 있고도, 빌려 볼 도서실이 있고도, 사는 것도 빌리는 것도 시험 준비용 참고서뿐인 경우가 훨씬 더 많은 실정입니다. 눈앞에 어떤 모양으로든 필답시험이 없는 일반인들이 읽는 것이라곤, 일간신문이나 주간 오락지가 고작입니다. 재학생들은 어떤가? 교과서만을 성경처럼 믿고 되풀이 읽도록 강요당하고 있습니다. 때로는 교과서 아닌 책도 있기는 하나, 되풀이 읽어서 믿도록 강요당하고 있는 점은 매양 한가지입니다.

사람이면 누구나, 따라서 학생들도, 강요당해서 하게 된 책읽기가 싫어진 것입니다. 사람이면 누구나, 따라서 졸업생들도, 강요가 없어서 책을 읽지 않게 된 것입니다. 생각하면, 좋은 책 못지않게 나쁜 책들도 많이 있는 이 마당에, 읽는 것마다를 믿는 학생들이나 졸업생들이 되어도 곤란하지만, 학생들의 독서 지도를 위해서는 교과서를 포함한 책들의 질을 개선하는 일만큼 중요한 일도 없는데, 그러기 위해서는 학문·언론·출판 등의 자유가 보장되어야 하겠습니다. 좋은 책이 제아무리 쏟아져 나와도 학생들에게 당국이 지정한 책만 읽기를 강요해서는 안 된다고 생각합니다. 학생들이 책을 골라 읽도록, 읽은 내용 중에서 골라서 제 것으로 삼도록, 그래서 독서의 즐거움을 터득하도록, 학교는 학생들의 뒤를 받쳐 주어야 할 것입니다. 읽어서 즐거웠던 경험이 쌓이고 쌓여야만 학생들은 더 좋은 다른 책을 골라 읽으려 할 것입니다. 교과서가 아닌 개인의 전기, 따라서 시험 준비와는 무관한 개인의 전기일수록, 먼저 책읽기를 즐거움으로 맞는 태도부터 학생들에게 길러 주어야만, 책을 스스로 찾아 읽는 학생들이 될 것입니다. 읽고도, 자주적인 판단을 내렸던 경험이 쌓이고서야 "자기 형제들이 꿈같은 헛일들 때문에 서로 물고 뜯는 것을 읽고, 사람으로 사는 것에 만족하지 못해 사나운 짐승으로 바뀌는 것을 읽고, 서글퍼하는" 학생들이 될 것입니다. 한마디로, 개인의 전기를 읽을수록 인간의 마음을 바로 이해하게 될 것입니다.

제자와 교사가 함께 가는 길

선생님은 에밀과 사제師弟의 관계를 맺음에 있어 에밀의 위에서 위엄을 차리거나 앞에서 끌고 다니지 않고 항시 그와 동행同行하셨습니다.

"여기서 나는, 어리석게도 자기 제자를 깎아내리고, 늘 아이로만 대해 무슨 일을 시키건 늘 자신을 돋보이게 하려고만 드는 교사들의 그 거짓 위엄을 지적하지 않을 수가 없다. 이런 식으로 제자들의 젊은 용기를 꺾지 말고, 그들의 넋을 높여 주기 위해서는 아무것도 아끼지 말라. 여러분과 동등한 사람이 되게 하려면 동등한 사람으로 대해 주라. 아직은 여러분 높이에 달할 수가 없다면 부끄러움이나 꺼림 없이 그들이 있는 데로 내려가도록 하라. 여러분의 명예가 이미 여러분 속이 아니고 제자 속에 있다는 생각을 하라. 제자의 잘못을 고쳐 주려거든 그 잘못을 나누어 가지도록 하라. 제자의 수치를 씻어 주려거든 그 잘못을 뒤집어쓰도록 하라. 자기 군대가 도망치는 것을 보고도 그들을 다시 불러 모을 수가 없자, '저들은 도망치는 게 아니고 자기네 부대장을 뒤따르고 있는 것이다'라고 외치면서 부하들 선두에서 도망치기 시작한 저 용감한 로마인을 본받으라. 그래서 그는 명예가 꺾였던가? 천만에, 자기 명예를 그렇게 희생시킴으로써 오히려 명예를 높였던 것이다.

…… 나는 에밀을 위한 내 직책을 완수하다가 설사 그에게 따귀를 맞는다 하더라도, 그 따귀에 앙갚음을 하기는커녕 어디에 가서나 그것을 자랑하겠다. 또 그래서 나를 더 존경해 주지 않을 만큼 비열한 사람이 세상에 있으리라고도 생각되지 않는다. 제자가 스승을 자기 못지않

게 좁은 지식과 자기와 똑같이 유혹에 잘 넘어가는 어수룩함을 지닌 사람으로 보아야 한다는 것은 아니다.

…… 에밀이 자기 교사에 대해 가져야 할 신뢰는 종류가 다르다. 그 신뢰는 이성의 권위에, 지식의 뛰어남에, 청년도 이해할 수 있어 그것이 자신에게도 유리함을 깨닫고 있는 그러한 이득에 근거를 두어야만 하는 것이다. 그는 자기가 스승의 사랑을 받고 있다는 것을 오랜 경험으로 알고 있다. …… 자신의 이익을 위해서는 선생의 의견에 귀를 기울이는 것이 좋다는 사실을 그는 알고 있어야 한다. …… 스승이 자기를 일부러 덫에 걸려들게 두며, 단순한 자기를 함정에 빠뜨린다고 생각해서는 안 되는 것이다. 가장 좋고 자연스러운 것은, 제자처럼 단순하고 진실해지는 일인 것이다. 그가 빠져드는 위험을 미리 경고해 주는 일이다. …… 그리고 나서도 그가 고집을 부린다면? 그때는 아무 말도 더 해 주지 말라. 제멋대로 내버려 두라.

…… 여기서 스승의 가장 큰 솜씨는, 결코 너무 큰 위험에 빠뜨리는 일 없이 어디서나 경험의 교훈으로 그를 둘러싸기 위해서는, 제자가 언제 말을 듣고 언제 고집을 부릴지를 미리 알 수 있도록 기회를 만들고 훈계를 가다듬는 일이다. 그가 잘못에 빠져들기 전에 경고해 주라. 이미 빠져들었을 때는 나무라지 말라. 그의 자존심을 불 질러 꼬드길 뿐일 테니까. 반항하게 만드는 교훈은 이로울 것이 없다. '내가 너한테 그 말을 그토록 해두었는데', 이 말보다 더 얼빠진 말을 나는 알지 못한다. 해 준 말을 생각나게 하는 가장 좋은 방법은 그 말을 잊어버린 체해 보이는 일이다. 반대로 여러분 말을 믿지 않은 것을 부끄러워하는 기색

이 보이거든, 좋은 말로 그 부끄러움을 가만가만 지워 주어라. 그는 자기 스승이 자기를 위해 저를 잊는 것을 보고는, 자기를 짓밟아 버리지 않고 위해 주는 것을 보고는 반드시 여러분에게 애착을 느끼게 될 것이다. 그러지 않고 그의 상한 마음에다 꾸지람을 끼얹어 주면 여러분을 미워하게 될 것이고, 여러분의 충고의 중요성에 대해 여러분과는 생각이 다르다는 것을 증명해 보이려는 듯이, 여러분 말에 다시는 귀를 기울이지 않는 것을 원칙으로 삼게 될 것"이라고 하셨습니다.

남이 대신 못할, 남과 다른, '나'가 되는 길

저는 지금, 우리 학교에서의 선생과 학생의 사이를 생각하고 있습니다. 일제로부터 해방되던 1945년 8월 15일, 그날로 일본인 교사들은 한 사람도 없는 우리 학교들입니다. 그러나 그로부터 30년이 지난 오늘까지도 선생과 학생 사이는 여전합니다. 해방 직후의 미국 군정 당국은 한국에서의 일제 잔재 청산을 강력히 추진했지만 친일파의 숙정에만은 극히 미온적이었습니다.

우리 정부가 수립되고부터는 반공에의 단합을 이유로 친일파의 요직 등용까지 서슴없었고, 그와 더불어 우리 사회의 민족정기는 쇠퇴만을 거듭해 온 것입니다. 민족을 반역했던 이들인데도 도리어 민족을 사랑했던 이들 위에 군림하는 것을 보고, 권력에 빌붙어 잘사는 것만이 장땡이라는 생각이 온 사회에 번지게 된 것입니다. 참으로 서글픈 일이지만, 교육자라고 예외는 아니었습니다. 일제의 앞잡이가 되어 겨레사랑의 교육을 하는 한국인들을 탄압했던 이들을 버젓이 학교장, 교육감, 대학장을 시킨 것이었습니다.

아니 문교부 장관에도 앉혔습니다. 이때부터입니다, 선생을 선생같이 보지 않게 된 학생들이 날로 늘어난 것은. 물론 학교를 쫓겨나는 한이 있어도 학생을 제물로 바치는 일만은 끝내 하지 않는 교육자들이 예나 지금이나 없는 것은 아닙니다. 있기는 한데 많지가 않아서 학생들과의 사이는 그야말로 악화일로입니다. 학생들에게는 분명히 해로운, 일제식인 '획일적 학생 규제'도 자유당 권력이 시키는 대로 해서 영전을 꾀했던 수많은 교육자들. 이때부터입니다, 선생들에게만은 마음의 문을 닫기로 결심한 학생들이 날로 늘어난 것은. 예나 지금이나, 학생마다에 "남이 대신 못할, 남과 다른, 너 돼라." 하는 교육자들이 없는 것은 아닙니다. 그래서 아직도, 선생님 앞에 제 마음을 털어놓고 지도받는 학생들이 있기는 합니다. 그런데 그 수효가 많지 않아서 학생들과의 사이는 악화일로입니다.

선생님은 사람다운 에밀이 되게 하기 위해서 그에게 사람다운 착한 일을 하게 하셨습니다. 사람들 사이만이 아니라 동물들 사이에도 미덕을 쌓게 하셨습니다.

"어머니나 유모들은 자신이 아이들에게 베푸는 정성을 통해 아이들에게 애착을 갖게 된다. 사회적인 미덕의 실천이 인간애를 사람들 마음 밑창에 심어 준다. 사람이 착해지는 것은 착한 일을 함으로써이다. 이보다 더 확실한 방법을 나는 알지 못한다. …… 극빈자들의 이해관계가 바로 그 제자의 이해관계가 되도록 해 주라. 돈지갑만 가지고가 아니라 정성을 가지고 그들을 돕도록 해 주라. 그들에게 봉사하고 그들을 보호하고, 자기 몸과 시간을 그들에게 바치게 하라. 그들의 대리인이 되게 하라. 그가 평생 이보다 훌륭한 일을 해내는 일은 없을 테니까. 그가 그들을 위해 시비곡직을 가려 주게 되면, 누가 귀담아들어준 적도 없던 얼마나 숱한 피압제자들이 정당한 판정을 받게 될 것인가! 그가 귀족이나 부자들 집 문을 밀치고 들어가, 또 필요하다면 왕의 옥좌 밑까지도 나아가, 가난해서 모든 길이 막혀 있을뿐더러 피해를 입고도 처벌까지 받을까 보아 겁이 나 감히 하소연조차 하지 못하는 불쌍한 자들의 소리를 들어 달라고 호소하게 되면 말이다. …… 그 제자는 유익하고 좋다고 알고 있는 모든 일을 할 것이나, 그 이상은 아무것도 하지 않을 것이며, 자기 나이에 맞지 않는 것은 자기에게 하나도 유익하거나 좋지 않다는 것을 알고 있다.

…… 에밀은 사람들 사이만이 아니라 동물들 사이의 싸움도 좋아하지 않는다. 그는 두 마리의 개를 싸우도록 꼬드긴 적이 없었다. 개더러 고양이를 몰아대게 한 적도 없었다. 이러한 평화 정신은, 자존심이나 자부심을 부추기지 않아, 남을 지배하는 일이나 남의 불행에서 자신의 기쁨을 찾게 만들지는 않은 교육의 결과이다. …… 청소년이 몰인정해져 감각을 지닌 생물을 괴롭히고 그것을 보기를 좋아하는 것은, 고약한 허영심이 자기에게는 높은 지위나 지혜 때문에 그와 같은 고생들이 면제된 것으로 여기게 만들 때이다. 이러한 생각에서 벗어난 자는 그 생각의 소산인 악덕에 빠질 줄 모를 것이다. 에밀은 그래서 평화를 사랑한

다. …… 피압제자가 세도가나 부자에게 골탕 먹어 신음하는 것을 보면, 그 골탕이 어떤 수작으로 가해지는가를 살펴본다. 모든 불쌍한 자들에 대해 그가 갖는 관심 때문에, 그들의 불행을 끝장내는 방법들에 대해서도 그는 결코 무관심하지가 않다. …… 나는 아무리 되풀이해 말해도 지치지 않는다. 청소년들의 모든 공부는 말보다는 행동으로 하게 하라. 경험이 가르쳐 줄 수 있는 것을 책에서는 하나도 배우지 말게 하라"고 말씀하셨습니다.

이제는 자기 또래의 참상慘相에 점점 더 무감각해지고 있는 우리 고등학교 학생들을 생각하고 있습니다. 학력이 중학교 2학년 수준에도 미달인 고등학교 한 반 학년생들이 숱하게 있건만, 교사의 교과서 풀이를 알아듣지도 못하면서 교실에 자리 잡고 매일 몇 시간씩을 견디어 내야만 하는, 그 학생들이 받고 있는 수모와 고통을 함께 나누어 가지려는 우등생들은 별로 없는 형편입니다. "우리는 학교 당국의 표창을 받은 잘난 사람들이고, 저들은 낙제라는 벌을 받을 못난이들인데, 그만한 고통이야 받아야 한다. 우리가 어찌 그들의 고통에 동참하랴." 이렇게라도 생각할 법한 우등생들입니다.

학교 시간 말고는 제 집의 돈벌이를 돕는데도 제때에 학교 공납금을 내지 못하고, 몸이 아픈데도 약을 못 쓰는 학생들은 숱하게 있습니다. 돈 내고야 학교에 다니라는 학교 당국의 빗발 같은 성화에 하루도 마음 편한 날이 없다시피 한 그들입니다. 그런데 그 학생들이 받고 있는 수모와 고통을 함께 나누어 가지려는, 잘사는 집 학생들은 별로 없는 형편입니다. "우리는 내라는 이웃돕기 성금도 적지 않게 냈고, 학생

저축도 많이 했대서 학교 당국의 표창까지 받은 복 많은 사람들이고, 저들은 제적이라는 벌을 아직은 유예받고 있는, 복 없는 이들인데, 그만한 고통이야 받아야 한다. 어찌 우리가 그들의 고통을 나누어 가지랴." 이렇게라도 생각할 법한 잘사는 집 학생들입니다. 그런데 고등학교 학생 사회의 인심만 이토록 각박한 것은 아닙니다. 바로 아래의 중학교도, 또 그 아래 초등학교도 매양 마찬가지입니다. 이는 우연이 아닙니다. 우등생 본위의 교육 시책으로는 학생 사회의 인심이 그리 될 수밖에 없는 것입니다. 우등생들도 그 속을 자세히 보면, 대체로 부유층의 자녀들입니다.

말하자면, 학교의 보살핌이 가장 덜 필요한 이들을 본위로 교육해 온 셈이기도 합니다. 아직은 모르는 것도, 잘못하는 것도 많대서 가는 학교이거늘, 우등생이 아닌 이들에 대한 따뜻한 지도야말로 교육 시책의 초점이 되어야 할 것입니다. 우등생이 아닌 이들이 학교 당국의 각광을 받게 되는 날은 학생 사회가 온통 착해지는 날이라 생각합니다. 그 스승들에 그 제자들일 수밖에 없을 터이니까 말씀입니다.

아이들이 자기 종교를 선택하게 하는 길

선생님은 에밀의 나이가 열여덟이 지나고서야 종교에 관심을 가질 수 있는 상태 속에 그를 놓아 주었으면서도, 특정 교파의 교리를 주입하는 일에는 극구 반대하셨습니다.

"열다섯 살 때까지도 에밀은 자기가 영혼을 갖고 있는지조차 알지 못했는데, 아마 열여덟 살이 되어도 아직은 종교를 배울 때는 아닐 것이다. 왜냐하면 종교를 필요 이상으로 일찍 배우게 되면 영영 알지 못하고 마는 위험을 무릅쓰게 되니까. 만일 내가 딱하고 어리석은 짓을 그림에 그려야 한다면, 아이들에게 교리문답을 가르치는 교사를 그리겠다. 내가 만일 한 아이를 바보로 만들고 싶다면, 그 아이더러 교리 문답 때 하는 말을 설명시켜 보겠다. …… 기독교 교리 중에는 사람으로서는 생각할 수도 없거니와 믿을 수도 없는 신비들이 있다. 그리고 그것들을 아이들에게 가르쳐 본댔자, 일찍부터 거짓말하는 법을 가르쳐 주는 것 말고는 무슨 이득이 있는지 나는 모르겠다. 신비를 인정하려면 적어도 그것이 이해될 수 없는 것이라는 점만은 이해해야 하는데, 아이들은 이러한 생각마저도 할 수 없다. 모든 것이 신비인 아이들에게는 엄밀한 의미에서의 신비란 없는 것이다. …… 진리를 알아들을 처지에 있지 않은 이들에게 진리를 알리는 것은 삼가자. 왜냐하면 진리를 오류와 바꿔치려는 것이 되니까. 신성神性에 값하지 않는 천하고 환상적이고 모독적인 관념들을 갖기보다는 차라리 신성에 대해 아무런 관념도 갖지 않는 편이 나을 것이다. 신성을 모독하는 것보다는 인정하지 않는 것이 죄가 덜하리라.

…… 하느님에 대한 그릇된 이미지들을 아이들 머리에 넣어 주는 일의 큰 폐단은, 그것들이 평생 머리에 남아 있어, 어른이 되고 나서도 애송이 하느님 말고는 딴 하느님을 생각하지 못하게 되고 만다는 점이다. …… 그러나 자기 힘을 넘어서는 것에는 언제나 주의를 쏟지도 않고 귀

담아듣지도 않는 나의 에밀에 대해서는 이와 비슷한 걱정이 통하지 않는다. '이건 내가 나설 일이 아니다.' 에밀은 이렇게 말해 버릇한 것들이 하도 많기 때문에, 이제 와서 하나쯤 더 늘어도 그는 당황하지 않는다. 또 그가 이런 큰 문제들에 불안을 느끼기 시작하더라도, 그것은 남한테 그 문제를 들었기 때문이 아니라, 그의 지식의 진보가 그의 탐구를 그쪽으로 나아가게 할 때인 것이다. …… 아이는 자기 아버지의 종교 속에서 길러지기 마련이다. 그 종교가 어떤 종교이건 그것만이 진짜고 다른 것들은 다 엉뚱하고 터무니없는 것에 불과하다는 것을 노상 아이들에게 증명해 보인다. 이 점에 있어 논증의 힘은, 그 논증을 해 놓는 나라에 완전히 달려 있다.

파리에서 마호메트교를 그토록 우습게 보는 프랑스인은, 콘스탄티노플에 가서 터키인이 기독교를 어떻게 보는가를 보라. 세상 여론이 판치는 것은 특히 종교의 문제에서이다. 한데 만사에 있어 세론의 멍에를 벗어나기를 바라고 권위를 통 인정하지 않으려는 우리는, 그리고 어느 나라에서나 제 스스로 배울 수 있는 것밖에는 우리 에밀에게 아무것도 가르치고 싶지 않은 우리는, 그를 어떤 종교 속에서 기를 것인가? 우리는 자연의 인간인 에밀을 어느 교파에 가입시킬 것인가? 대답은 아주 간단해 보인다. 이 교파에도 저 교파에도 가입시키지 말고, 자기 이성의 최선 활용이 그를 이끌어 줄 그러한 교파를 선택할 수 있는 상태에 그를 놓아줄 것"이라고 하셨습니다.

사립학교 설립이 제도적으로 허용되고 있고 그중에는 종교계의 학교들도 적지 않게 있는 지금의 우리입니다. 종교 일반이야 공립학교에서도 가르치지만 특정 종교의 교리를 가르치지는 않습니다. 종교가 나라와 분리되어 있는데 공교육과 분리되는 것은 당연합니다.

종교계 학교만이 가르치고 있다는 특정 종교의 교리는 학생이 어느 정도로 자라서부터인가? 대체로는 고등학교에 입학하고서부터라 하겠습니다. 아니, 고등학교도 이제는 추첨제 입학이 가미되어 있어서 강제로는 교리를 학습시킬 수 없게 되어 갑니다. 그렇다면 대학은 어떠한가? 아직은 어느 대학도 순전한 지원 입학제입니다. 그렇다고 종교 학습을 모든 학생에게 과하고 있는가? 아닙니다. 흐르는 방향으로는 선택제임이 분명합니다. 이 모두가 사실일진대 지금의 우리는 그 옛날 선생님이 주장하신 바와 일치하고 있는 것인가? 그렇지가 않습니다. 속을 들여다보면 아주 딴판입니다. 종교계 학교라야 그리스도교(신구 포함)계와 불교계가 그 모두이다시피 한 실정인데 하나같이 현실 사회를 외면하고 있습니다.

세상이야 어찌 되어서 누가 굶주리고 억눌리든 알 바 아니고, 나만 하나님이나 부처님을 믿다가 이승에서 잘 살고 저승에서 천당, 극락 가면 그뿐이노라.

분명 이는 하나의 교파 구실을 하고 있는 셈입니다. 기성 교파의 어느 그리스도교계, 불교계 학교도 특정 교리를 모든 학생들에게 믿도록 가르치지 않고 있는 대신, 똑같은 새 교리를 모든 학생들이 보는 앞에서 실천에 옮기고 있는 셈입니다. 교리의 교육 방법치고야 최고로 능률적인 것입니다.

종교계 학교들이야 대세가 이렇다지만 종교인 교사들까지 모두가 이런 것은 아닙니다. 자기의 신앙을 지키고도, 선생님의 경우처럼, 아이들에게는 그 교리를 삼가서 가르치는, 그래서 고등학교에 입학한 후라야 스스로의 교파를 선택하게끔 그에 필요한 상태를 마련해 주는 이도 적지 않게 있습니다.

아이들이 독립하게 하는 길

선생님은 에밀로 하여금 자기의 연구 초점을 종래의 자연 연구에서 자연의 통치자 연구로 옮기게 하는 동시에 그의 생활 또한 종래의 사제동행師弟同行에서 독립 또는 자율 생활로 바꾸게 하셨습니다.

"자연이 육신의 인간을 만드는 동안 우리는 정신의 인간을 만들려고 애쓰고 있다. 몸은 벌써 튼튼하고 강하나 넋은 아직도 힘이 없어 약하며 체질이 늘 이성을 앞선다. 그래서 우리는 이성을 북돋아 줌으로써 감성을 가다듬어 왔다. 지성적인 대상들이 감성적인 것들의 인상을 억제했던 것이다. 사물들의 원리로 거슬러 올라감으로써 우리는 그를 감각의 지배에서 벗어나게 해 주었다. 자연의 연구에서 자연의 창조자 탐구에 도달하는 것은 간단한 일이었다. …… 비단 저마다가 자기라는 존재의 창조자에 대한 사랑을 위해서만이 아니라, 필경은 어진 양심의 평화와 저 최고의 존재자의 눈여겨보심이 그에게 이승의 삶을 제대로 보낸 다음 저승에서 주기로 약속하고 있는 그 영원한 행복을 누리기 위해서도, 그가 스스로 착해지는 것을, 남몰래 올바르게 처신하는 것을, 자기 마음속에 미덕을 간직하는 것을 정말로 바람직한 일로 여기게 되는 것은 비로소 이때에 와서이다. 여기서 벗어나 보라. 보이는 것은 사람들 사이의 부정과 위선과 거짓말밖에는 없게 된다. 내가 잠시 동안의 고통이나 배고픔을 면하기 위해서는 필요하다면 온 인류가 괴로움과 비참 속에 죽어 주었으면, 이치를 따지는 불신자 모두의 내심의 말투란 이런 것이다.

…… 여러분의 제자들과는 달리 길러진 에밀은 그들이 청년기에 갖게 되는 완전한 자유 속에서 청소년기를 보냈기 때문에 청년기에는 그들이 어려서 복종당하던 규칙을 지키기 시작한다. 이 규칙이 여러분의 제자들에게는 성가신 것이 되며, 그들은 그 속에서 선생들의 오랜 압제밖에는 보지 않는다. 에밀은 반대로 어른이 되는 것을, 싹트는 이성의 멍에에 복종하는 것을 자랑으로 안다. 이미 성숙한 그의 몸은 이제 그전 같은 운동들이 필요 없어 혼자서 멎기 시작하며, 한편 절반은 발달된 그의 정신이 이번에는 비약하려고 든다. 이리하여 철들 나이가 여러분의 제자들에게는 방종의 나이에 지나지 않지만, 내 제자, 에밀에게는 이성理性의 나이가 되는 것이다. 그들과 '에밀'의 어느 쪽이 자연의 질서에 더 맞는지 알고 싶은가? 그 질서에서 더 떨어져 있는 자와 덜 떨어져 있는 자 사이의 차이를 생각해 보라.

…… 내가 에밀에게 제시하는 생각할 테마들은 그가 그것들을 이해할 상태에 있기 때문에 그의 배움의 호기심을 꼬드긴다. 반대로 여러분의 따분한 강의나 지루한 잔소리, 끝없는 교리문답에 시달려 지쳐 빠진

여러분의 제자들은 끊임없이 억눌러 대는 그 갑갑한 교훈들을, 자기들의 존재의 창조자에 대한 그 성찰을 어떻게 거절하지 않고 배기겠는가? 이러한 것 모두에 대해 그들은 반감이나 미움밖에는 느끼지 않을 것이니 그들에 대한 오랜 속박이 그것을 진저리 나게 만든 것이다. …… 에밀이 어른이 되면 나는 그에게 어른에게 하듯이 말하며, 새로운 것들밖에는 말하지 않는다. 에밀이 내가 제시한 생각할 테마들을 마음에 드는 것으로 여기게 되는 것은 바로 그것들이 여러분의 제자들에게는 따분하기 때문이다. 이렇게 해서 나는, 이성을 위해 자연의 발걸음을 늦춤으로써 그로 하여금 갑절로 시간을 벌게 해 준다. 한데 나는 그 발걸음을 실지로 늦춘 것인가? 아니다. 상상력이 그 발걸음에 박차를 가하는 것을 막았을 따름이다. 여러분의 제자들이 다른 데서 받는 올된 강의를 종류가 다른 강의로 벌충한 것이다. 속된 교육의 여울물이 에밀을 휩쓸어 가는 동안 다른 교육으로 그를 반대쪽으로 잡아당기는 것은, 에밀을 제자리에서 끌어내는 것이 아니라 제자리에 붙잡아 두는 것이 된다"고 말씀하셨습니다.

이제는 지금의 10대 후반기에 놓여 있는 우리 학생들의 모습을 생각해 봅니다. 학교 안에서의 삶이 참이나 착함이나 아름다움을 배우는 즐거움에 차 있는 것이 아니라, 교사들의 냉대와 감시와 처벌이 난무하고 있어서 그것은 수용소라 할 만합니다. 그리고 그것은 비인간적 교육이라고도 할 만합니다.

고등학교 학생들이 의당 받게 되어 있는 전인全人 교육을 못 받고 비리비정의 입시 공부가 아니면 값싸게 팔아먹을 기술이나 익히고 있대서입니다. 생각하면 일제 식민지 시대의 중등교육이 바로 그러했대서 우리가 해방과 함께 내버렸던 복선형 교육제도인데, 그래서 지금도 이를테면 공업학교가 아니라 공업고등학교인데, 이름만 새것인 채 남아 있을 뿐, 요즈음에 와서는 식민지 시대의 공업학교를 되살려 가고 있습니다. 공업고등학교인데 어찌 공업기술을 익히지 않아야 옳겠습니까만, 지금은 식민지 시대와는 달리, 국민이 주인인 새 나라가 된 까닭에 주인 노릇을 할 만한 자질을 길러 주어야 공업고등학교인 것입니다. 공업의 두 글자가 붙어 있지 않은 보통의 고등학교라고 어찌 대학의 입시 준비만 시켜서 옳겠습니까? 대학을 나온 뒤 사회의 지도자가 될 사람일수록 근로를 숭상하는 마음씨를 가르쳐 주어야 하고, 그러자면 학생 시절에 땀 흘려 일하는 고귀함을 체험시켜야 한다고 생각합니다.

그런데 지금의 고등학교 학생들은 아주 딴판의 교육을 받고 있는 것입니다. 뒷바라지가 어려운 집안에 태어나 공부를 잘하지 못해서 실업계 고등학교에 진학한 학생들인데, 수업 시간의 절반 이상을 기술 익히기에 보내는 판이라 대학 진학은 숫제 단념할 수밖에 없이 되었습니다. 그러지 않아도 사회는 고등학교만 나오고는 말도 아닌 대접밖에 안 하도록 이미 되어 버린지라 그들은 이제부터의 인생을 절망하고 있는 터입니다. 그렇다면 선생님들이라도 학생들의 이 마음 아픔에 동참해 주고 있느냐 하면 도리어 그들 마음의 상처를 쑤시기나 하듯, 졸업 후 취업하면 아무리 사람도 아닌 푸대접을 받기로 감사하는 것만이 미덕이니라 되풀이 가르치고 있는 실정입니다.

물론, 실업계 고등학교라고 대학 진학의 길이 완전히 막혀 있는 것은 아닙니다. 학생인데 미리부터 직공 생활을 하게 하고도 학교의 눈에 든 극소수의 학생만이 진학할 수 있을 뿐입니다. 또 입시 공부만 시키고 있는 비실업계의 일반 고등학교 학생들의 처지를 생각해 봅니다.

정부가 시행하는 자격고사부터 합격해야 하고, 그 시험문제는 교과서를 위주로 객관식으로만 출제되기 때문에, 젊음을 바쳐 필사적으로 해대는 공부라야 교과서가 아니면 안 하는, 그런 사람이 된 것입니다.

범인을 수색하는 형사들처럼, 학생 선도의 이름으로 느닷없이 학생들의 호주머니를 뒤지는 선생들이 있는가 하면, 학력 신장의 방편으로 공부 못하는 학생들을 매질하는 선생도 있는 것입니다.

지금의 우리 고등학생들이 내일의 나라 주인답게 착하고도 유능한 사람으로 자라나려면, 학교 밖의 사회부터가 정의롭고 민주적인 것이어야 할 것은 물론, 학교 안의 사회 또한 사람이 으뜸으로 존중되는 분위기라야 할 것입니다. 그러고는 고등학교의 운영도 지금의 학제 본래의 정신대로 전인 교육을 해야 하고, 학생들에게 바른 공부를 외면하게 만드는 대학 입학 자격고사라는 것도 폐지해야 한다고 생각합니다. 지금 우리 대학생들의 처지 또한 딱하기가 이를 데 없습니다. 더 말할 나위도 없이, 교수의 강의를 듣고 지도를 받아서 첫째로는 진리를 탐구하고자, 둘째로는 민주적인 지도자로서의 소양을 닦으려고 입학한 그들입니다. 강의에 출석하고 시험에 응하는 것은 그래야 학점을 따고 대학을 나올 수 있기 때문일 뿐, 교수의 학문과 인품을 배우고 있어서가 아닌 경향입니다.

시험에 대비해서 외어 둔 토막 지식이야 산더미처럼 간직되어 있지만 그것들이 언제, 어디서, 무슨 짓을 하는 데에 쓰일지 종잡을 수 없는 형편입니다. 초등학교에 다닌 지 몇 해도 안 되는 순박한 아이들이야, 하늘땅을 다 차지한대도 차마 못할 짓이 아직은 많이 남아 있는데 말씀입니다.

이상에서 저는 에밀이 갓 나서부터 스무 살이 되기까지 스승 노릇을
해 오신 선생님의 발자취를 배우는 마음으로 더듬어 가면서 에밀의 나
이에 맞먹는 우리 아이들을 가르치고 있는 이곳의 교사들을 생각해 보
았습니다. 이 모두는 교육받으며 자라나고 있는 우리 아이들을 너무도
가까운 곳에서, 그나마도 자디잔 부분으로 나누어 본 흠이 많습니다.
산속에 자리 잡고는 산의 전모를 모르듯이, 지금 교육받으며 자라나고
있는 우리 아이들의 전모를 밝혀내려면 그들이 속해 있는 겨레의 역사
적 현실도 아울러 생각해야 할 것입니다. 더 말할 나위도 없이 우리 겨
레 최대의 과제는 민족분단의 극복입니다.

일제 강점기에서의 식민 극복과도 같이, 지금은 이 분단의 극복이 없
이는, 저 일제 강점기에서처럼 누구나가 사람도 아닌 삶밖에는 누릴 수
가 없을 것입니다. 생각하면 민족분단 자체가, 우리의 힘으로 식민 극
복을 못해서 안겨진 비극이었지만 말도 아닌 지금의 우리 교육이라야

깊이 따지고 보면, 민족분단에 말미암은 것밖에 아무것도 아니라 생각합니다. 그 어미에 그 자식이듯, 그 민족사회에는 그 학교일 수밖에 없는 것이 아닌가 생각합니다. 지금 우리 민족의 올바른 성장은 분단된 민족의 통일 속에서만 보장되겠거니 믿어집니다.

끝으로 지면 관계로 에밀이 결혼하기까지 선생님이 보여 주신 스승 노릇을 이에 포함시키지 못한 것을 못내 유감으로 생각합니다.

II

이 땅의 이름 없는 교사들에게 감사드리는 편지

어린이들의 평화 사회이었기에

세계의 소용돌이 속에서 정신을 잃을세라 안간힘을 다 기울이고 있는 지금입니다. 국민의 아들딸을 맡아 가르치는 학교 선생님들의 나아갈 길은 무엇일까를 놓고 제 스스로 생각도 해 보았습니다. 우리 선배나 서양학자들이 남기신 글을 뒤져도 보았습니다. 그러나 지금 우리 어린이들을 가르치고 계신 선생님들에게서 배우느니만 못할 것 같아, 평소부터 존경해 오던 김 교장선생님을 학교로 찾아가기로 하였던 것입니다.

학생들이 아침에 교문을 들어서서 저녁에 집으로 돌아갈 때까지 줄곧 아이들을 따라다니며 공부하고 뛰노는 모습을 하나도 빠뜨리지 않고 보았습니다. 한국이기는 하지만 지금이 아닌 옛적에 우리 선배들이 남겨 놓은 글 속에서는, 또는 지금이기는 하지만 한국이 아닌 다른 나라에서 학자들이 발표한 글 속에서는, 그리고 지금의 한국이라고는 하지만 교육 현장이 아닌 연구소나 행정관청에서 작성된 글에서는, 배우려야 배울 수 없었던 귀중한 것들을 참으로 많이 얻고 돌아왔습니다.

학교 선생님들은 교육학자도 아니시고 교육행정가도 아니십니다. 그러나 그 하루 동안 어린이들을 가르치신 행위로 보아서는 교육 이론과 교육행정에 높은 통찰을 보여 주셨습니다. 지금의 한국 어린이들에게 알맞은 교육 이론과 행정적 뒷받침에 관심을 갖고 있는 지금의 저로서는 선생님들을 따라 하루를 학교에서 보내면서 배운 바를 보고드릴 책임을 느끼고 있습니다.

무엇보다도 저는 싸우는 어린이를 종일토록 못 보았습니다. 싸움은 고사하고 눈 흘기고 증오하거나 시무룩해서 어깨를 떨어뜨린 단 하나의 표정도 제 눈에는 띄지 않았습니다. 하급생이라서 깔보는 상급생도 없었고, 상급생 앞이라서 기를 못 펴는 하급생도 없었습니다. 낯선 어른인 저에게조차도 두려움 없이 자연스럽게 대하는 데는 놀랄 지경이었습니다. 제가 먼저 말을 건넨 것도 아닌데 씽긋 웃으면서 다가오더니 무엇하러 온 누구이냐는 것이었으니까요.

그 어린이는 스스로에게 자신감이 있고, 따라서 낯설지만 남을 신뢰하고 있다는 것을 저는 알았습니다. 공부하고 있는 교실 뒷자리에 제가 들어서는 것을 본 어린이, 앉은 채이지만 고개를 끄덕여 인사를 하더니 옆에 서 있는 것이 안됐던지 자기 옆 빈자리를 손가락질하며, 편히 앉으라는 표정이었습니다. 그 교실만이 아니라 제가 드나든 어느 교실에서도 그랬었고, 수업 중에는 똑똑하게 정답을 알아맞힌 동무에게 자기가 성공했을 때처럼 회심의 미소를 짓는 것을 숱하게 보았습니다.

선생님의 질문에 대답하도록 지명을 받고 정답을 못해서 생각 중에 있을 때, 다른 동무들은 모두가 격려하는 표정으로 바라보는 것이었습니다. 이윽고 지명받은 어린이들이 대답들은 했지만 절반은 맞고 절반은 틀렸을 때입니다. 대답을 맞힌 다른 어린이와 그렇지 못한 어린이의 오고 가는 시선도 보았습니다. 시기와 멸시의 그것이 아니었습니다. 서로 힘입어 함께 성공한 것을 축하나 한다는 듯한 어린이들의 시선이었습니다.

제가 선생님네 학교의 어린이들과 함께 교내에서 보낸 시간은 잠깐이 아니고 종일을 머물러 있은 셈인데, 일이십 분도 아니요 한두 시간도 아니었는데, 운동장에서 놀고 있을 때는 물론 교실에서 공부하고 있을 때에도 이렇듯 사이좋게 공부하고 있는 그들이었습니다. 이 밖에도 또 한 가지 아주 인상적이었던 광경이 생각납니다.

학교 바로 이웃에 있는 국유지로, 서울로부터 집단적으로 이주해 온 집 아이들과 옛날부터 조상 대대로 이곳에 살아온 집 아이들과의 사이를 유심히 살펴보았습니다만, 소위 토박이 어린이들에 의한 텃세 현상이란 그림자조차 찾지 못했습니다. 최근에 전학해 온 경상도, 전라도, 충청도의 말씨를 쓰는 소수 어린이들이 옛적부터의 경기도 말씨의 다수 어린이들 속에서 지내련만, 기를 펴고도 남음인지 긍지조차 엿보일 만큼의 큰 소리로 동무들과 지껄이고 있었습니다. 더욱 제 마음을 흐뭇하게 해 준 것은, 이 타향 출신의 어린이들은 하나같이 가난한 차림이었건만, 그 여자 어린이들마저 다수의 토박이 사내 어린이들과 대등한 사이를 맺고 있었습니다.

이런 식으로, 그날 제가 관찰한 학교 어린이들의 장한 모습을 열거하자면 끝이 없겠기에 이만 두겠습니다. 한마디로 선생님네 학교의 어린 이들은 참으로 사이좋게 공부하며 착하게 자라고 있었습니다.

선생님네 학교는 확실히 하나의 새로운 사회였습니다. 적어도, 지금과 옛날의 학교와는 다르고, 더군다나 학교 밖의 사회와는 딴판의 사회가 되어 있었습니다. 저는 압니다. 이는 우연히 된 것이 아님을, 학교 선생님들이 오랜 시일에 걸쳐 속 태워 가며 창조해 내신 새 사회의 새 질서라는 것을 알고 있습니다.

선생님들을 뒤따라 어린이들의 하루 학교생활을 관찰하고 돌아온 저는 선생님에게는 물론이지만 어린이들을 낳아서 길러서 학교에 보내 주시는 부모님들과, 학교를 세우고 선생님들을 모셔다가 이 어린이들을 가르치게끔 뒷받침하고 있는 교육행정 관계 인사들에게도 다 함께 축하를 드리고 싶은 심정입니다.

예나 지금이나 학교에 대한 학부모님들의 불만은 그칠 사이가 없었고, 그럴 때마다 행정기관은 학교 선생님의 단속을 가중시켜 왔습니다. 그러는 중에 이 3자 사이는 멀어질 대로 멀어져서 피해는 오직 어린이들이 받게 되는 결과를 빚어 왔습니다. 그런데 저는 선생님네 학교의 학부모와 행정 관계 인사들에게는 도리어 축하를 드리고 싶다 함은 무엇이겠습니까?

질병에 걸린 아들딸의 진료를 위해서 병원에 보낸 부모님과 병원을 세우고 의사를 모셔다가 환자의 진료에 임하도록 뒷받침한 병원 운영자에게 다 함께 환자의 쾌유를 축하드리는 심정과 같은 것입니다. 의사는 '환자의 진료'라는, 환자의 보호자와 병원 당국의 뜻을 받아 실현시킬 뿐, 처방은 오직 의사 자신의 전문적 판단에만 따릅니다. 환자의 완쾌가 실현되었을 때 환자를 맡긴 보호자나 병원을 세워 운영하는 분이나 다 함께 기뻐합니다.

교사는 '어린이의 교육'이라는, 학부모와 교육행정 당국의 뜻을 받아 실현시킬 뿐, 어떻게 교육하느냐는 오직 교사 자신의 전문적 판단에 따라야 합니다. 선생님네 학교의 어린이가 선생님들 자신의 전문적 판단에 의한 교육을 받고 좋은 사람이 되고 있는데, 어린이를 맡긴 부모님이나 학교를 세워 교육을 뒷받침한 행정 관계 인사에게 축하를 드리지 아니하고 누구에게 드리겠습니까?

선생님네 학교의 어린이들이 크나큰 복을 누리게 된 까닭의 하나는 학부모와 행정 관계 인사들이 저마다 선생님들의 확고부동한 전문적 판단을 존중해 준 점에 있다고 생각합니다. 만약에 선생님들께서 자신의 전문적 판단을 내세우지 않았음으로 해서 학부모나 행정 인사의 지나친 간섭을 받았더라면 아마도 선생님네 학교의 어린이들은 일제 강점기와도 같은 질서 속에서 벗어나지를 못하였을는지도 모를 일입니다. 어린이 교육을 전문하지 아니한 그분들이고 보면 자기들이 받았던 초등학교 교육을 기준으로 삼는대서 이상할 것이 없는 것입니다.

생각하면 지금의 나라와 세계는 삼사십 년 전의 그것과는 아주 달라졌습니다. 더군다나 지금의 어린이들이 어른이 되어 살아갈 세상은 지금과도 같지 않을 것입니다. 그런데 지금 우리가 저들 어린이를 가르치고 있는 것은 지금의 우리나 세상을 위함이 아니요, 장래의 저들과 그 사회를 위함입니다. 지금의 우리와 나라와 세계의 좋은 것은 물려주되 나쁜 것은 우리 대에 단절해야 합니다. 그리고 우리가 미처 못 한 것들을 저들이 창조해 낼 수 있게끔 그 힘을 길러 주어야 합니다. 단결해야 할 그것은 무엇이며, 창조해 나가야 할 그것은 무엇이겠습니까? 저는 그것을 '전쟁과 평화'라고 생각합니다.

세계 제2차 대전 직후 온 세계의 석학들이 한자리에 모여 국제연합 산하의 유네스코를 창설하고 나서 전쟁을 불가피하게 만들었던 지난날의 교육을 다시는 되풀이 말자고 외친 후에도, 크고 작고 간에 지구상의 어느 곳엔가에서는 반드시 전쟁이 있어 왔습니다. 우리 한반도의 북반부에서도 전쟁을 불가피하게 만든 교육이 되풀이되더니 드디어 6·25의 남침으로 동족상잔의 비극이 벌어졌습니다. 지금 한반도를 포함해서 온 세계는 전쟁의 공포 속에서 입버릇처럼 평화를 외치고는 있으면서도, 전쟁을 불가피하게 만드는 교육은 여전합니다. 아니 과거보다도 더한 느낌마저 있습니다.

사람은 사는 대로 사람이 됩니다. 어린 시절을 가정과 학교와 사회에서 어떻게 살아왔느냐에 따라 그는 살아가게 되는 것입니다. 지금의 세계 어린이들이 어른들과는 달리 전쟁을 모르고 평화 속에서 창조를 즐기며 살아가게 하는 길은, 지금 그들에게 우리의 과거와는 달리 평화를 살게 하는 것뿐입니다. 온 세계의 어른들은 과거의 어린 시절에 받은 교육의 그 정도만큼 전쟁을 하기도 하고 평화를 누리기도 하고 있는 것입니다. 크고 작은 어떤 전쟁도 한 사람의 명령으로 시작되고 끝나는 것으로 생각하는 것은 너무도 피상적입니다.

어느 누구도 전쟁을 막으려야 막지 못하게 만든 교육이, 또는 어느 누구도 전쟁을 시키려야 시킬 수 없게 만든 교육이 이미 여러 기간 동안 실시되어 온 사실 속에 '전쟁과 평화'의 시작과 끝을 찾아야 합니다. 그런데 저는 선생님네 학교에서 우리의 민족적인 염원이자 국시이기도 한, 그리고 온 세계의 석학들이 한결같이 제창해 온, '전쟁 예방과 평화 실현을 위한 교육의 현장'을 보았던 것입니다.

저는 선생님들의 정신이 매우 건강하신 점에 대해서 새삼 놀랐습니다. 교문을 나서고 다시 교문을 들어설 때까지도, 다시 말하면 개인으로서 또는 남편과 아내로서, 혹은 국민으로서도, 학교 안에서처럼 선생님으로서 높은 수준의 정신건강을 보유하고 계신지는 보지 못해 모르겠습니다만, 학교 안에서의 선생님들의 정신을 저는 보았고 정확히 알았습니다. 선생님네 학교는 예와 지금의 바깥 사회와는 딴판인 좋은 새 사회로 꾸며 놓으셨습니다. 어린이들이 그 속에서 공부하고 뛰어놀고 그 속에서 살다 보면 저들도 모르는 사이에 최대한으로 바르게 배우고 자라나게 되는 줄 압니다. 그 밑바탕에는 선생님들의 높은 수준의 정신건강이 짙게 깔려 있었습니다. 그것은 무엇보다도 선생님들이 하고 계신 일이 어린이의 오늘과 내일에 미칠 중대한 영향을 확신하셨기 때문입니다. 선생님 모두가 교직에 대한 높은 긍지를 지니고 계셨습니다. 내가 담임하고 있는 어린이들의 교육, 이것 하나만은 다른 누구도 나를 대신해서 나만큼 잘해 낼 수 없다는 것을 확신하셨겠지요. 어느 선생님도 따스한 사랑을 바탕으로 상이한 상황에 창의적으로 임하고 계셨습니다. 생각하면, 최대한 자기가 할 일을 자기가 알아서 할 수 있는 그런 선생님을 저는 그날 보았습니다. 누구 한 분 자율 아닌 선생님이 안 계셨습니다.

교직에 대한 한결같은 긍지 위에 고도의 자율성을 지니신 선생님들이 꾸며 놓으신 학교 안의 '선생님 사회'는 그것이 '새로운 평화 사회'일 수밖에 없었던 것이고, 학교 안의 '어린이들의 평화 사회'는 그 그림자였던 것입니다. 이 선생님 사회와 그 어린이 사회가 하나 되어 이룩된 것이 바로 선생님네의 평화로운 '학교 사회'라고 생각합니다.

저는 시무룩이 어깨를 떨어뜨린 선생님을 못 보았습니다. 동료들과 팽팽히 맞선 채 시기심이나 질투심을 풍기고 있는 분을 못 보았습니다. 교장·교감은 물론이요, 주임교사들도 교육대학을 갓 나온 젊은 동료를 격려와 고무로 대하는 것이었고, 젊은이들은 그 선배들에게서 하나라도 더 배우려고 애쓰는 것이었습니다. 저를 놀라게 한 것은 자기가 모르는 것을 애써 감추려 들지 않았고 거침없이 서로 묻고 있는 선생님들의 자신감과 상호 신뢰감이었습니다. 공부 시간에 교장 선생님이 저와 또 한 분의 외부 인사와 함께 교실마다 찾아뵈었을 때 선생님들의 표정은 저를 놀라게 하였습니다. 어떤 모양으로든 꾸밈이라곤 단 한 분의 얼굴에서도 찾아보지 못했습니다.

어린이들에게 힘주어 강조해서 말씀하고 계시던 선생님은, 교장과 손님이야 언제 왔느냐는 듯이 그 교실을 나올 때까지 아랑곳없었습니다. 어린이들에게 과제를 주어 스스로 생각해서 풀도록 하고 계시던 분은 어린이들을 개별적으로 돌보다가 발걸음이 교장 곁에 이르러서야 환영의 눈짓만을 보내고는 다음 어린이의 지도로 옮기는 것이었습니다. 재미있는 이야기로 웃음의 꽃을 피우고 있던 선생님, 교장과 손님들이 들어섰건만 더욱 웃음판을 벌이는 바람에 교장은 물론 손님이었던 저마다 자세한 영문도 모르는 채 웃을 수밖에 없을 정도의 분위기였으니까요.

저는 생각해 보았습니다. 예외 없이 모든 선생님이 교장과 손님을 자기의 교실에 맞고도 어째서 그토록 안정된 마음으로 자신에 찬 모습으로 가르치기를 그야말로 즐기게 되었나 말입니다.

하나의 교실을 함께 보고 복도에 나올 때마다 저에게 바로 교실의 선생님을 소개해 주는 교장선생님의 말씀은 대여섯 마디씩에 불과했지만, 다른 누구도 그를 대신 못할 그분만이 지니고 있는 교사로서의 자질을 열거하는 것이었습니다. 마지막 교실의 마지막 선생님의 소개까지, 어떻게 보면 교사들에게서는 없었던 꾸밈이 교장선생님에게서는 느껴졌기에 저는 물었습니다.

"그럼 교장은 무엇하러 있는 거요?"

물론 저와 그의 사이는 오랜 기간의 친구이어서 이런 식의 표현이 된 것이지만, 그 교장 친구의 대답은 이러했습니다.

"하는 일 없지. 정말로 그 반 어린이들 교육에는 나보다 나은걸. 어린이 사랑도 나보다 더하고, 어린이 이해도 나보다 많고, 각 교과의 지식 기능도 나보다 나으며, 가르치기 이전에 해놓는 준비도 내가 감탄할 만큼인데, 난 할 일이 없는 거야."

저는 혼잣말로 이렇게 중얼거렸습니다. '자기 학교 선생님 자랑이 교장의 일이로군. 나에게 자랑하듯 학부모와 행정 관계 인사들에게도 말이야.' 그런데 저에겐 더욱 놀란 것이 있습니다. 그 교장선생님, 흡사 그 학교의 머슴이나 되듯 간부 선생님들과 함께 망치 들고 어린이 책걸상 만들기와 고치기, 교실 앞을 온통 가리고 있는 나무를 옮겨 심어 밝은 교실 만들기, 교장실 장식용 교육 도서를 교사 곁에 옮기어 공개하기, 파손된 연탄 방고래와 허술하기가 오막살이 판잣집과도 같은 숙직실 단장하기, 그리고 다른 무엇보다도 어린이들 앞에서일수록 그 선생님들을 고개 숙여 받들기 ……. 한마디로 우리 어린이들을 더 잘 가르치자니 선생님들에게 아쉬운 것이라면, 어떤 궂은일도 가리지 않고 도리어 즐겨 하고 있는 교장인 데에는 참으로 놀랐습니다.

선생님네 학교의 선생 사회가 어째서 그토록 "평화 속에서 교육이라는 창조 작업을 즐기고 있는 사회"가 되어 있는가를 조금은 알 듯하였습니다.

이제는 해가 서산에 기울고 공차기를 하고 놀던 어린이들도 집으로 돌아갔음인지 보이지 않는 운동장을 가로질러 교장선생님과 함께 교문을 나섰습니다. 달구지 시골길을 따라 기차 타러 나올 때 교장선생님의 또 하나의 관심사를 엿볼 수가 있어 다행이었습니다. 최근에 서울에서 학교 옆 국유지로 집단 이주한 가난한 동네의 생활 양상이 바로 그것이었습니다. 초등학교의 교장이 어린이 아닌 학교 이웃의 어른들 생활을 자기 집의 걱정이나 하듯 몇 번이고 되꺼내 가면서 그 대책을 역설하는 것이었습니다. 물론 그들이 잘살게 될 때에야 그 정도만큼 그들의 아들딸인 자기 학교 학생들이 바로 자라나게 될 것을 내다보고 하시는 걱정이었습니다.

선생님네 학교의 토박이 다수와 어린이들이 갓 이사 온 타향 출신의 소수파 가난한 어린이들을 동포애로 맞아 한마음으로 공부하고 있는 모습, 운동장에서는 물론 교실에서조차 남의 성공을 제 성공으로 여겨 기뻐하며 공부하고 있는 모습, 그리고 여자 어린이가 남자 어린이와, 상급생이 하급생과 우애로서 대하며 한뜻으로 공부하고 있는 모습, 그리고 근본적으로는 열등감도 우월감도 없이 자기의 가치를 인정하는 만큼 남을 소중히 여기는 모습, 또다시 근본적으로는, 비관도 낙관도 없이 자기를 일으켜 내세워 살아 볼 만한 것으로 생각하는 나머지 서로 사이좋게 공부하며 착하게 자라고 있는 모습, 이러한 선생님네 어린이들 모습의 앞과 뒤, 오른편과 왼편, 아래와 위에는 그와 똑같은 선생님들의 모습, 즉 "평화 속에서 교육이라는 창조 작업을 즐기고 있는 선생님들"이 계셨습니다.

제가 보기에는 어린이들은 저 좋아 신나게 살고 있는데, 그 결과는 바르게 자라고 있으며, 선생님들 또한 자기들 좋아 신나게 살고 있는데 그 결과는 바르게 교육하고 있었으며, 교장 또한 신바람이 나서 자기의 삶을 즐기고 있는데 그 결과는 교장 노릇 멋지게 하고 계셨습니다.

선생님, 종일토록 선생님네 학교의 어린이들을 따라다니며 공부하고 뛰노는 모습을 보고 돌아온 지도 벌써 여러 날이 되었습니다. 한국이기는 하지만 지금이 아닌 옛적에 우리 선배들이 남겨 놓은 글 속에서는, 또는 지금이기는 하지만 한국이 아닌 다른 나라에서 학자들이 발표한 글 속에서는, 그리고 지금의 한국이기는 하지만 교육 현장이 아닌 연구소나 행정관청에서 작성된 글 속에서는 배우려야 배울 수 없었던 귀중한 것을 참으로 많이 얻고 돌아왔습니다.

선생님들 장하십니다. 선생님네 어린이들 복 받았습니다. 학부모님들과 행정 관계 인사들에게 저의 축하의 말씀을 전해 주십시오. 이만 줄이겠습니다.

편지 2

어린이들이 선생님을 믿고 존경하고 있는데 교육은 잘될 수밖에

간이 정거장에서 기차를 내려 보리밭 샛길로 선생님네 학교를 찾아 하루를 보내고 돌아온 저는 '한국 어린이 교육의 나아갈 길'을 찾은 느낌입니다. 이러한 표현이 결코 과장이 아님을 확신합니다. 우선 그 길을 개척해 보여 주신 선생님들께 감사를 드립니다.

선생님네 학교 어린이들은 가정에서와 다름없는 믿음과 사랑 속에서 학교를 살고 있었습니다. 어떻게 보면 가정에서 빠지기 쉬운 맹목적인 사랑이 아닌 이성으로 걸러진 사랑이었습니다. 학교는 혈육지간의 가정 교육을 한층 더 높여 주고 있노라고까지 느끼었습니다.

제가 종일토록 관찰한 선생님네 어린이들은 저희들의 학교가 믿음과 사랑에 있어선 자기네 가정과 같으면서도, 하루를 살다 보면 시시각각 놀라움 속에서 배움이 있었을 것입니다. 가정에서보다는 새로운 능력을 더욱 몸에 붙이고 있었습니다.

앞에 가시는 선생님에게 달려가서 손목을 잡고 응석을 부리는 것은 흡사 자기 어머니를 대하는 듯하였고, 학생에게 손을 잡힌 것이 반가우면서도 그 손의 흙먼지 씻으라고 말씀하시는 것이 흡사 자기 딸을 대하는 듯하였습니다. 연세가 오십이 넘으신 남자 선생님은 막내딸을 대하는 아버지 같았고, 스물을 갓 넘은 처녀 선생님은 남동생을 누나가 대하듯 하였습니다. 어느 선생님과 어느 학생의 사이도 부모와 자녀 또는 친동기간의 사이와 다를 것이 없었습니다. 경계와 버팀이란 구경조차 할 수가 없었습니다.

보이는 것이라곤 저희 부모 자랑하듯 저희 선생님 자랑하는 것뿐이었습니다. 저희들 보기에는 선생님마다 그 외모가 다르고 개성 또한 다 다르련만 "그래서 모두가 다른 방식으로 교육하고 있건만" 어린이들은 저마다 하나같이 저희 선생님을 최고로 여기고 있음이 분명하였습니다. 이는 다른 선생님들을 얕잡아 본다는 뜻이 아닙니다. 도리어 저희들 선생님을 위할수록 다른 선생님도 위하기는 하지만, 좋아하고 따르기로야 저희들 선생님이 최고였습니다.

교실에서 선생님을 바라보고 있는 어린이 하나하나의 표정과 눈빛 속에서 그리고 운동장에서 저희들끼리 지껄이고 있는 대화 속에서 저희들 선생님에 대한 백 퍼센트의 믿음과 존경을 읽을 수 있었습니다.

저는 선생님네 학교에 들어서면서 그 어린이들이 어째서 그렇게도, 하루가 새롭게 도덕화하고 사회화하면서 새 기능을 몸과 마음에 익혀왔나를 생각했습니다. 그 증거 찾기에 무던히도 애를 썼던 것입니다. 반나절이 못 되어 그 이유 중 가장 큰 것을 알아내고야 말았습니다.

다름 아닌 저희 선생님에 대한 학생들의 믿음과 존경이 그것입니다.

선생님네 학교 어린이들은 저희 선생님으로부터 받는 사랑이 부모의 사랑과 똑같았으며, 거기에다 '어린이 교육의 전문가'로서의 신뢰감이 있었습니다. 그러니 선생님들이 하시는 교육이 먹혀들어가지 않을 수가 없는 것이지요. 학생이 마음과 몸을 통틀어 내놓고 선생님에게서 배우려는데 가르쳐지지 않을 수가 없는 것이지요.

저는 우리나라의 어느 학교 선생님들도 성의와 능력에 있어 선생님들만 못한 것이 아니라고 생각합니다. 그런데 다른 어느 학교 어린이들은 배움의 질과 양에 있어 선생님네 학교의 어린이들만 못하다고 가정할 때, 그 이유 중 으뜸가는 것은 저희 선생님에 대한 믿음과 존경이 없거나 있어도 그것이 적어서입니다. 저희 선생을 믿을 수가 없고, 존경이 가지 않아서 진심으로 배우지 않을 때에는, 설사 배운다 해도 지식이나 기능이지 인간을 배우는 것은 아닐 것입니다. 그런 학생에게는 인간 교육을 해낼 장사가 없는 것입니다.

지식이 많고 힘이 센 어른 선생으로서, 억누르고 채찍질한다면야 면전에서는 하는 척하겠지요. 증거가 드러나는 숙제 따위는 면전이 아닌 집에 가서도 해올 것이고 증거가 드러나지 않는 것은 거짓말을 해서라도 착한 일을 했다고도 할 것이며 착한 사람이 되겠다고도 할 것입니다. 그러나 그것도 선생님이 무서운 동안뿐의 일이요, 선생님 곁을 떠나면 그만인 것입니다.

한마디로 선생님을 존경하는 어린이만이 그 선생님에게서 참으로 교육되는 것입니다. 어린이에게서 존경받지 못하면서 참뜻의 교육을 해낼 능력은, 도시 사람에게는 주어져 있지를 않은가 봅니다. 저는 선생님네 학교 어린이들이 어째서 그렇게도 하루가 새롭게 도덕화하고 사회화하면서 새 지식과 새 기능을 몸과 마음에 익혀 왔나를 알았습니다.

그러나 이렇게 해서 풀린 저의 의문은 또 하나의 새 의문을 낳았습니다. 어떻게 하였기에 어린이들이 그토록 선생님들을 믿고 존경하게 되었는지 말입니다. 저는 교내에 있는 사택에서 교장·교감 두 분 선생님과 더운점심을 같이할 때 알게 된 사실들을 잊을 수가 없습니다. '학생 교육'이라는 선생님으로서의 임무를 수행하자니 학부모를 만나야만 될 경우도 있었을 것입니다. 그 부모가 학교에 오시지 못할 경우는 선생님이 그를 만나러 학교를 나가도, 학교장·교감은 학교 안에서의 근무로 간주한 사실입니다. 그러고도 학교 교육 방식에 찬동하지 않은 단 한 분의 학부모가 있을 때에는 교장·교감은 만사를 제쳐 놓고 그를 만나 진심으로부터의 찬동을 얻어내었다는 사실입니다.

지금은, 학부모가 아닌 그 학교의 졸업생들과 학부모에게 영향을 끼칠 지역사회 인사들을 만나 선생님들이 하시는 교육 방식에 대한 지지를 얻어내는 일을 교장·교감은 우선의 임무로 간주해서 실행하고 있는 사실입니다. 한마디로, 학교 선생님들을 신뢰하고 존경하는 풍토를 어린이들의 가정과 동네 속에 조성하는 일을 선생님들께선 힘주어 하고 계셨습니다.

어린이들은 부모의 거울이라고도 합니다. 가정과 동네가 학교 선생님들을 신뢰하고 존경하는 풍토로 꽉 차 있는데 그 속에서 살면서 학교에 오고 가는 어린이들이 어찌 그들을 닮지 않을 수가 있겠습니까? 이

것이 선생님네 학교 어린이들이 한결같이 선생님들을 좋아하고 존경하게 된 까닭의 하나라는 것을 저는 알았습니다.

물론 근본적으로야 선생님들의 인격과 식견이 남의 존경을 받을 만해서이었겠지만, 우리나라에는 선생님들 못지않은 인격과 식견을 갖추었으면서도, 자기가 가르치는 어린이들에게서조차 불신을 당하고 때로는 경멸조차 받고 있는 선생님들이 부지기수인 것도 사실입니다. 그 배후에는 그 선생님들을 오해하고 불신하고 경멸하는 학부모와 동네 어른들이 반드시 있는 것입니다.

저는 학교 선생님들의 행복을 바라 이를 개탄하고 있는 것이 아닙니다. 우리 어린이들이 불행하대서입니다. 몸은 학교에 오가고 있지만 올바른 교육이 되고 있지 않대서입니다. 그럼에도 불구하고 쌀독 속에 뉘 섞이듯 어쩌다 조그만 탈선이 학교 선생에게 있는 날에는 마치도 학교 선생은 다른 누구와도 같은 인간이어서는 안 되는 양 국민과 행정과 언론이 한 덩어리가 되어 호되게 매질을 가합니다. 그러면 어느덧 쌀독 속의 쌀까지를 모두 뉘로 보게끔 되어 버리는 요즈음입니다.

저는 우리나라의 다른 모든 학교 선생님들이 존대받게 되기를 바라서가 아닙니다. 학생들이 참으로 교육되게 하기 위해서는 선생님네 학교에서처럼 학부모와 지역사회 인사의 학교 선생님들에 대한 존경을 얻어내야 한다고 믿고 있습니다. 그리고 행정과 언론은 그 일을 힘껏 뒷받침해야 한다고 믿고 있습니다. 그렇지 않고는 참뜻의 교육은 없으며 있을 수가 없는데, 몇천 개 학교를 세워 몇만 명 선생을 둔들 무슨 소용이 있겠습니까?

더운점심을 함께 들면서 교장·교감 두 분에게서 들은 또 하나의 이야기입니다. 지금의 한국이기에, 학교 선생들에 대한 학부모와 지역사회 인사의 존경을 얻어내는 더없이 좋은 방법을 가르쳐 주셨습니다.

지금의 학부모, 옛 졸업생, 타관에서 이주해 온 유력 인사들 모두가 한 덩어리가 되어 반대하는 일을 해낸 사실입니다. 그들을 설득시켰으며 종내는 그들이 자진해서 학교에까지 나와 작업을 하였습니다. 품값을 준대도 싫다 하며 아주 힘든 일을 즐겁게 해낸 것입니다. 이렇게 움직여 준 것은 학교 선생님들이 오직 어린이를 위할 뿐 어린이를 이용하지 아니한다는 확고부동한 마음가짐을 보여 준 까닭입니다.

남향 단층으로 세워진 학교 교실은 남쪽 유리창이 온통 나무에 가리어져 햇볕은 물론 공기 소통마저 안 되는 것이었습니다. 그냥 두고만 볼 수는 없었던 선생님들은 그 나무들을 옮겨 심기로 하였습니다. 심은 지 30여 년이 된 오늘 이런 결과를 가져오리라고는 미처 몰랐고, 교실 너무 가까이 무성하게 자랐습니다. 선생님들에게는 어린이들보다 더 소중한 것이 없었습니다. 그 나무들이 언제 누구에 의해서 심어지고 가꾸어져서 지금은 학교 명물로서 학교의 미관을 자랑한다 할지라도 교실을 옮기지 못할 바에는 그 나무를 옮겨 심어야만 하였습니다. 이것이 오직 어린이들을 위하는 하나의 길이었던 것입니다.

어린이들이 공기 소통이 잘되고 햇볕이 바른 교실에서 나날을 공부할 수 있게 하는 일을 위해서는 늙은 나무를 옮겨 심다 죽게 하는 경우라도 옮겨야 했던 것입니다.

나무 사랑이 곧 나라 사랑이라고까지 힘주어 가르쳐 온 선생님들이지만 그것이 어린이 사랑과 일치하지 않을 경우에는 어린이를 택할 수밖에 없었던 것입니다. 어린이들이 이 학교를 다니는 몇 해 동안을 공기 소통이 나쁘고 햇볕을 모르는 어둠침침한 교실에서 지내게 된다면, 그 얼마나 끔찍한 피해를 입게 된다는 것을 다른 누구보다도 선생님들은 잘 알고 계셨습니다.

그 나무들을 신성불가침한 것이나 되는 양 주장하는 학부모, 옛 졸업생, 사회 인사들에게 어린이들이야말로 신성불가침한 것임을 일깨워주셨습니다. 학교 선생님들은 오직 학생을 지키고 위할 뿐, 이 원칙만은 뒤로 돌릴 수 없다는 것을 체험한 학부모와 유지들입니다. 이들은 가정과 동네에서 어린이들을 옆에 두고 선생님들을 신뢰하고 존경하면 했지 불신하고 경멸하지 않을 것은 너무도 뻔한 일입니다. 그리고 이러한 가정과 동네에서 학교를 오가는 어린이들, 선생님이 가르치시는 것 모두를 믿고 배우는 나머지 하루가 새롭게 그 마음이 바뀌어 새 사람이 되어 갈 것도 의심의 여지가 없는 일입니다.

선생님, 저는 평소에 건물과 운동장이 있어서 학교가 아니라, 가르치는 이와 배우려는 이가 있으면 그것만으로 족히 학교가 될 수 있노라는 생각을 갖고 있었습니다. 6·25 때만 해도 학교 건물이 파괴되었지 학교가 파괴되지는 아니하였습니다. 이리저리 장소를 옮기면서도 학교는 교육을 계속하였던 것입니다. 배우려는 학생이 있었고 가르치려는 선생이 있어서였지요.

좀 더 깊이 파고들면, 한편으로는 학교 선생들을 믿고 존경하는 국민이 있어서 그 자녀인 학생들이 그 선생님을 믿고 존경하고, 따라서 그에게서 배우려 했던 것입니다. 다른 편으로는 학교 선생을 믿고 섬기는 교육행정이 있어서, 그 믿음과 섬김을 받고 있는 선생들이 학생을 사랑으로 지키고 진리 따라 가르치려 했던 것이 아닌가 생각됩니다. 그런데 요즈음은 어떠합니까? 사진으로 찍는다면야 세계적 수준의 학교 건물이고 통계 숫자로도 선진국 대열에 끼일 학생과 선생의 수효입니다. 과연 지난날처럼 학생은 배우려 하고 있으며, 선생은 가르치려 하고 있는지요? 아니, 지난날처럼 학생은 선생을 믿고 존경하고 있으며 선생은 학생을 사랑으로 가르치고 있는지요? 무엇보다도 지난날처럼 국민은 학교 선생을 신뢰하고 존경하고 있으며, 교육행정은 학교 선생을 믿고 섬기고 있는지요? 만약에 그렇지가 못하다고 하면 이는 국가와 민족의 앞날을 위해서 가장 중대한 일입니다. 참뜻의 교육이 이루어지고 있지 않기 때문입니다.

저는 이 서신의 첫머리에 선생님네 학교를 찾아 하루를 보내고 '한국 어린이 교육의 나아갈 길'을 찾은 느낌을 갖게 되었다고 말씀드렸습니다. 그리고 그것은 자기의 선생님을 저희 부모와도 같이 신뢰하고 어느 누구보다도 존경하고 있는 어린이들이었습니다. 그렇건대 선생님들이 가르치시는 것 모두가 배워질 수밖에 없었던 것입니다. 다시 말하면 어린이들이 참으로 사람이 되어 가고 있었기에 그렇게 말씀드려 본 것입니다.

그런데 어린이들이 그렇게 된 까닭을 알아본즉 그 뒤에는 학교 선생을 신뢰하고 존경하는 학부모와 사회 인사들이 있었으며, 다시 그들이 그렇게 된 까닭을 알아본즉 그들에게서 그와 같은 신뢰와 존경을 얻어 낸 학교 선생들이 있었습니다. 또 학교 선생들에게는 뒤에서 그들을 믿고 섬긴 교육행정이 있었던 것입니다.

간이 정거장에서 기차를 내려 보리밭 샛길로 선생님네 학교를 찾아 하루를 보내고 돌아온 저는 정말로 '한국 어린이 교육의 나아갈 길'을 찾은 느낌입니다. 이러한 표현이 결코 과장이 아니라는 것을 확신하고 있는 저는 우선 그 길을 개척해 보여 주신 선생님들께 감사를 드립니다. 그리고 선생님들을 믿고 섬긴 교육행정 종사자와, 학교 선생님을 존경하는 분위기를 가정과 동네에 조성한 학부모·사회 인사들에게 감사를 드립니다. 그리고 무엇보다도, 좋은 어린이 교육을 받아 참사람이 되어 가는 어린이들, 그들이 앞으로 이룩해 놓을 나라와 민족과 인류를 위해서 진심으로 축하합니다.

편지 3

인간화된 학교 사회의 건설로
학교 체육은 정화되고

선생님은 그 후로도 안녕하신지요? 저는 이제야 선생님네 학교를 견학한 소감을 적어 올리려고 펜을 들었습니다. 그만큼 많이 배웠으면 감사한 마음에서라도 벌써 서신을 드렸어야지요. 교육학을 공부한대서 불러 주신 것을, 선생님네 학교에 조금이라도 도움이 되어야겠기에 이것저것 생각해 보다가 그만 때를 놓쳤습니다. 그러고도 결국은 저의 '견학 보고'에 그쳤지, '조언'에까지는 제 능력이 미치지 못하는군요.

선생님도 아시다시피 저는 만 이틀간의 견학 중 첫날 오전 중만 교장실에서 체육 선생님들과 보냈습니다. 나머지 하루 반은 학생들 속에서 지냈습니다. 그러는 중에 만나게 된 선생님들이 있었지만 체육 선생님은 아니셨습니다. 학생들 속에서 보낸 하루 반 중, 체육 시간이라야 고작 두 시간뿐이었습니다. 체육을 봐 달라고 불러왔더니 딴전만 핀다고 하실 선생님이 아니신 줄을 알고, 저 하고 싶은 대로 한 것이지요. 사실 딴전을 피운 것도 아니었습니다. 비단 체육뿐이겠습니까만 학교 교육이 잘됐는지 여부를 알아보려면 학생을 봐야 하는 거지요. 학생을 올바로 성장시키자는 학교요 교육인데 체육도 그것이 학생들 속에 일으킨 변화를 보아야지요. 그리고 학생들을 고루 변화시켰는지도 보고요.

어제오늘의 이야기는 아닙니다. 선생님들로 하여금 학생들을 더 잘 교육하게끔 돕는 것이 직책인 교육행정 관계인들이 딴 일만 하는 경우가 있습니다. 선생님들이 하시는 교육 까닭에 학생들 속에 일어나고 있는 변화의 질과 양을 너무도 소홀히 다루고 있지 않나 생각됩니다. 선생님네 학교 교장실에 전국대회에서 타 온 우승기와 컵이 없었대서가 아닙니다. 수십 개의 우승기와 컵이 찬란하게 진열되어 있다 할지라도 그 학교의 체육 까닭에 학생들의 체위가 고루 향상된 것이 아니라면 그건 자랑할 것이 못 되는 것입니다. 선수 몇 사람을 뽑아다 놓고, 아직 나이도 어린데, 그래서 다른 것을 학습할 기회만 주면 그 종목의 체육선수 아니고도 장차 대성할 적성을 다른 분야에서 보여 줄지도 모르는 일인데, 오직 우승만을 목표로 특정 종목의 기량 숙달에만 골몰시킨 나머지 기성 직업선수를 닮은 애늙은이로 만들어 낸다면 무엇보다도 선수인 그 학생 속에 일어난 변화가 나쁜 것은 더 말할 나위도 없습니다. 그 바람에 체육 교사와 시설을 빼앗겨 절대다수의 학생들은 제대로의 체육 교육을 받지 못하는 처지를 생각한다면 이건 정말로 학교나 교육의 이름으로는 못할 짓입니다.

저는 이래서 하루 반나절 동안 선생님네 학교의 학생들 속에 파고 들어가 함께 지내면서 학교의 체육이 이들에게 끼친 영향을 살펴보았습니다. 저 자신에게 체육에 관한 전문지식이 부족한 데다가 시간마저 넉넉하지 못해서 피상적인 관찰에 그친 것은 못내 아쉽군요.

첫째로, 체육을 싫어하고 안 하려 드는 학생들이 없더군요. 제가 관찰한 시간과 장소 안에 들었던 학생들은 모두가 체육을 좋아할 뿐이 아니라 실제로 생활하고 있었습니다. 이는 확실히 특기할 만한 사실입니다. 자타가 공인하는 체육 명문 고교이면서도 그 학교의 학생들 중에는 체육 경기의 구경은 좋아하면서도 자기가 실제로 하기는 싫어하는 학생들이 의외로 많은 경우를 저는 알고 있습니다.

초중등학교에서 체육을 필수로 과하고 있는 이유 중 하나는 학생들이 이제부터 일생을 살아가는 동안 체육이 좋아 체육을 생활하게 함입니다. 직업선수로서가 아니라 아마추어로서 말입니다. 그런데 선생님네 학생들의 경우 그 모두가 아마추어로서 체육을 즐겨 하고 있었습니다. 수업 시간도 아닌 방과 후인데 체육 활동을 끝내고 도서실로, 도서실에서 공부를 끝내고 체육 활동으로 옮기는 수많은 학생들의 모습은 매우 인상적이었습니다. 여기서 저를 놀라게 한 것은 학생들이 체육 활동을 즐겨 벌이고 있는 운동장에도, 그리고 책 읽자고 찾아가는 도서실 안에도 몇 분씩 선생님들이 뒤섞여 계셨다는 사실입니다. 당번 교사나 체육 교사가 아니었습니다. 아마추어로서 독서와 더불어 체육을 즐기고 계셨던 것이지요. 그만하면 학생들 모두가 어째서 그토록 체육을 즐겨 하는지를 알 만했습니다.

둘째로, 학생 개개인이 지금 가지고 있는 체육상의 기록이나 기량은 학생마다 자기 과거에 비하여 자꾸 높아진다는 것을 본인들이 알고 만족해하고 있었습니다. 누구를 만나 물어 보아도 자기의 지금과 과거를 비교하고는 입가에 의미심장한 미소를 짓는 것이었습니다. 마치 이대로 가면 얼마 안 가서 나라에 내놓고 뽐낼 만한 체위에 이를 자신이나 있는 것처럼 말입니다. 어떻게 보면 그들에게는 체육을 두고 이래라 저래라 할 필요가 없을 성도 싶었습니다. 체육을 못하게 해도 하지 않고는 못 배길 것만 같았습니다. 저는 이리 된 선생님네 학생들을 매우 자랑스럽게 생각하고 있습니다. 이는 초중등학교의 원리에 부합되는 변화가 학생들 속에 일어난 것이기 때문입니다.

'남과의 비교 또는 경쟁'이라, 교육 특히 어린이의 교육에 있어서는 의미가 없거나 해롭기까지 한 경우가 허다한 것입니다. 그런데 우리가 중시하고 있는 교육의 전통은 이 '남과의 비교, 또는 경쟁'을 빼고는 남는 교육 방식이 없을 지경입니다. 고등교육과 성인사회에 있어서는 단지 본인이 지난날보다 나아진 것만으로는 만족할 수 없는 경우가 허다합니다. 특정 분야에 있어서 전문직으로서 높은 수준에 이르지 못하면 그 성장의 의미를 잃을 경우조차 허다한 것입니다. 그러나 초중등교육은 인간으로서의 폭넓은 기초요 교양을 주자는 데에 그 목적이 있는 까닭에 여러 분야에 걸쳐 학생 각자가 타고난 가능성을 최대한으로 개발하면 족한 것입니다. 저는 선생님네 학생들에게서 바로 이것을 본 것이었습니다. 소년체전의 대회 기록이나 우승교의 경기 수준에 비하면 문제가 안 되리만큼 뒤떨어져 있건만 포기나 단념은커녕 그게 무슨 상관이냐는 그들의 생각이었습니다. 지난날의 자기에 비해 크게 향상된 자기의 체위를 자랑삼아, 그것을 더 높이고자 하는 의욕에 불타 있었습니다.

셋째로, 공부 잘하는 학생을 찾아보니 체육도 잘하고 있었으며, 체육을 잘하는가 했더니 공부도 잘하는 학생들이었음을 알고는 제 마음이 여간 흐뭇하지 않았습니다. 저는 전국을 떠들썩하게 만드는 고등학교 야구 결승전이 열릴 때마다 과연 그것이 그렇게 자주 열려야 하느냐를 의심합니다. 과연 그러고도 그 선수들이 고등학교 교육을 받고 있을까를 의심합니다. 만약 그렇지 못하다면 그것이 고등학교 야구는 아닌 것입니다. 학교 교육 관계자를 포함해서 우리 어른들이 그렇게도 자주 미성년자들의 야구 묘기를 굳이 보고 싶거든 교육기관 그것도 정규 고등학교라는 이름일랑 도용하지 말고 차라리 기업체의 이름으로라도 '비학생 미성년자 야구팀'쯤 결성하는 것이 좋을 것입니다. 이는 우리 어른들의 최소한의 양심입니다.

우리 어른들은 이제라도 학생 악용을 자제해야 한다고 생각합니다. 봄·가을 두 번 정도로 말입니다. 그래서 그 선수 학생들에게도 학교 교실에서 공부할 기회를 주어야 합니다. 우리 어른들은 다른 무슨 짓을 다 해도 미성년 학생들에게 학생 노릇 못하게 하는 짓만은 하지 말아야 할 것입니다. 제가 선생님네 학교에서 공부 잘하는 체육 선수, 체육 잘하는 우등생을 만날 때마다 이것이야말로 어느 모로나 정상적 학교 체육의 자연스러움이라고 보았습니다. 지난날의 우리나라 학교 체육을 놓고는 너무도 심한 탈선을 보아 왔기에 이에 크나큰 감명을 받았던 것입니다.

넷째로, 선생님네 학생들은 정신 수양 또는 인격 함양과 관련시켜 체육을 생각하고 있었습니다. 겉으로야 몸을 갈고닦는 것으로 보이지만 속으로는 마음이 더 한층 사람다워지는 것으로 생각하고 있었습니다. 이는 한두 학생이 아니라 여러 학생들을 개인적 또는 집단적으로 만나 이야기해 본 끝의 제 결론입니다. 저는 앞서 '체육 잘하는 우등생'이라는 말로서 몸과 머리를 결부시켰습니다만 지금은 몸과 마음씨의 관련입니다. '체육 잘하는 착한 학생' 정도로나 해 둘는지요. 체육을 잘한 대서 알아보면 그가 바로 마음씨가 착해서 많은 친구들이 따르는 그런 학생이었습니다. 생각하면 옛날부터 우리 인류는 '폭력에 의한 살상'은 이를 나쁜 것으로 믿어 온 반면에 '평화 속에서의 힘겨루기'는 도리어 이를 좋은 것으로 여겨 왔습니다. 이것이 바로 폭력배와 체육인의 차이가 아니겠습니까? '평화'라는 고귀한 정신적 가치의 체득을 바라보고 힘을 겨루는 것이 체육 활동의 본질이어야 합니다. 그런데 선생님네 학생들은 바로 이 방향을 향해서 전진하고 있었습니다. 힘껏 겨루었으면 됐지, 평화롭고 착한 마음 얻고자 벌인 경기인데, 진들 어떠냐는 것이었습니다. 멋지게 졌으면 멋지게 이긴 상대방을 껴안아라도 준다는 것이었습니다. 이건 정말로 선생님네 학교의 체육이 성공해 가고 있는 증거입니다.

들리는 바에 따르면 이번 소년체전에서도 해마다 거듭해 온 부정 선수 문제가 있었다고 합니다. 이름은 소년체전이지만 소년들이 저지른 부정이 아닙니다. 소년들 앞에서 학교 체육 관계자라는 어른들이 보여 준 추태였습니다. 그 소년 선수는, 알았건 몰랐건 간에, 그 학교의 체육

관계자가 시켜서 그 팀에 끼어 뛰었던 것뿐입니다. 그러고도 뒤늦게나마 교육자적 양심으로 돌아가서 스스로 부정 선수를 자백한 것이 아니라 다른 도의 체육 관계자에게 고발당한 것이었습니다.

그런데 저는 다시 선생님네 학교의 학생들을 생각해 봅니다. 저는 그들에게서 들은 이야기를 잊을 수가 없습니다. 지난달에인가 선생님네 학생들이 도내의 다른 학교와의 축구 시합에서 3 대 2라는 점수 차이로 아깝게 진 일이 있었는데, 시합이 끝나자 선생님네 학생들은 선수나 응원단을 막론하고 상대방 학교에게 힘찬 박수를 쳐 주었다는 이야기였습니다. 저는 압니다. 이는 우연히 아니라는 것을. 본궤도에 오른 선생님네 학교의 체육을 진심으로 축하합니다.

끝으로, 선생님네 학생들에게는 다른 곳의 학교에서 흔하게 접하는 체육 주변의 각종 사회적 편견을 찾아볼 수가 없어서 참으로 대견스럽기만 하더군요. 이를테면 호남 대 영남의 과도한 대항 의식 따위 말입니다. 사람에 따라서는 이를 애향심의 발로로 좋게도 봅니다. 저는 이를 매우 우려하는 사람의 하나입니다. 제 고향을 사랑하는 거야 나무랄 데가 있겠습니까만 그것이 남의 고향을 배척하는 데에 이어지는 날엔 사회가 매우 어려운 처지에 빠지게 되는 것이지요. 이는 애교심도 매양 한가지입니다. 도리어 그것은 제 학교를 사랑하듯, 남의 학교를 존중하는 데로 이어질 때에만 정당한 것이지요.

생각하면 학교 대표니 도 대표니 하면서 그 대표라는 것을 지나치게 강조할 경우에는 체육 본래의 정신을 살리기가 어려워지고 체육이 체육 아닌 다른 것의 명예와 이익을 높이기 위한 수단으로 악용되는 경우

도 있습니다. 특히 학교 체육은 그래서는 안 되는 것이지요. 더 말할 나
위도 없이, 학교 체육은 학생의 체육 정신 함양과 체위 향상의 도모만
을 위해서 있는 것입니다. 지난날의 우리 어른들은 학생들 보기가 부끄
러울 만큼 민족적·사회적인 분열을 거듭해 왔습니다. 이는 우리가 어린
이 시절에 받은 교육과도 관계가 있는 것입니다. 체육을 포함한 학교 교
육이 교육 이외의 목적에 악용되는 속에서 어른이 되어 그러한 사회적
분열을 일으킬 만한 각종 편견을 가지게 되었던 것입니다.

　그런데 선생님네 학생들에 있어서는 체육 본래의 기준에 비추어 이
미 그 시절에 높은 지경에 이른 사람을 보면 그저 박수갈채를 서슴지
않는 것이었습니다. 그 학생이 남의 학교면 어떻고, 더군다나 출신 도니
이남 이북 따위는 염두에도 없었습니다. 부모를 모르는 혼혈 고아 선수
가 선생님네 학교에서는 체육의 경지가 높다는 이유로 많은 학생들의
칭송을 받고 있었습니다. 학생들이 좋아해서 따르는 주장 선수는 아직
도 이북 말씨를 쓰고 있었습니다. 그리고 저녁노을의 운동장에서는 같
은 또래의 타교 친구 세 명이 버젓이 함께 뛰놀고 있었습니다.

　한마디로 선생님네 학생들의 체육 활동 주변에서는 사회적 통합을
방해하는 각종 편견을 찾아볼 수가 없었습니다. 저는 생각합니다, 이들
이 우리 나이 되어 이룩할 사회를, 최소한 지금의 우리보다야 정화된
체육계를 이룩할 것이고, 그 정도만큼 통합된 사회 속에서 평화를 누릴
것입니다.

　이상에서 저는 하루 반나절 동안 선생님네 학교 학생들 속에 파고
들어가 함께 지내면서 학교의 체육이 이들에게 끼친 영향을 살펴본 결

과를 대충 보고드린 셈입니다. 저는 이 밖에도 얼마나 많이 좋은 것을 배웠는지 모릅니다. 그러나 저는 그 모두를 보고드릴 수가 없어서 특히 감명 깊었던 몇 가지만을 추린 것이지요. 이것이 선생님네 학교의 체육에 대한 저의 견학 보고입니다. 학생을 가르치자는 학교이고, 그 체육인데 학생을 보고 그 체육을 따져 본 것입니다. 한마디로 선생님네 학교가 베푼 체육 까닭에 학생들 속에 일어난 변화의 질도 좋았고 양도 많았습니다.

저는 우리나라의 모든 초중등학교가 그 체육의 성질과 방향과 방식을 최종적으로 결정하는 데 있어, 선생님네 학교의 그것을 크게 참조하게 됨으로써 그 학생들 또한 고루 튼튼하고도 바르게 성장하기를 빌고 있습니다. 그런 까닭에, 선생님네 학생들의 관찰과는 직접적인 관계가 없어서 아직까지 말씀드리지 못했던 것을 첨부해 볼까 합니다. 제가 받은 감명에 있어 빼놓을 수가 없어서이고 다른 학교들의 참조를 바라는 마음 커서입니다. 어떻게 보면 이 말씀을 첨부해야만 선생님네 학교의 체육이 어째서 그토록 좋은 질의 변화를 고르게 많이 일으켰는지가 최종적으로 설명될 것 같기도 해서입니다.

첫째로, 체육이 학교 교육 속에 전면적으로 스며들어 가서 따로 찾아내기가 어려웠다는 점에서 특이했습니다. 교장·교감 선생님이야 그 직책으로 보아서 그렇다 치더라도 물리·역사 선생님까지가 학생 교육에 임하는 자세에 있어 체육 선생으로 오인될 정도였으니까요. 체육 선생님이라야 저의 방문 첫날 처음에 인사를 드리지 않았던들, 그리고 그분의 체육 수업을 견학하지 않았던들 학생을 지도하시는 자세에 있어 교육학을 전공한 학생 상담 교사로 오인할 뻔했습니다. 한마디로 체육을 따로 맡은 분이 없었습니다. 체육을 맡지 않았대서 오불관언이나 멸시하는 분이 없었습니다. 선생님 모두가 학생이라는 인간의 교사이어서 모두가 그 인간의 덕육·지육과 함께 체육에도 참여하고 계셨습니다. 틀림없이 시간은 체육 시간이었고 가르치는 사람도 체육 선생님이었는데 제가 본 그분의 교육 내용은 어김없이 윤리요 도덕이었으니까요. 생각하면, 인간 교사가 인간 학생에게 체육을 가르치는데 그것이 힘찬 윤리 도덕의 교육이었대서 당연하고도 남음이 있지요. 선생님네 학교에서, 공부하는 학생들과 체육을 하는 학생들이 따로 있지 않았던 이유를 저는 알 수가 있었습니다.

둘째로, 체육을 포함한 학교 교육 전체가 '인간화된 학교 사회의 건설'이라는 과업을 수행하는 속에서 이루어지고 있었습니다. 이는 선생님네 학교의 모든 교육 활동을 위로부터 이끌고 있는 교육철학의 구실을 하고 있었습니다. 선생님네 학교의 어느 누구에게도 '인간화된 학교 사회의 건설'이라는 말을 듣지는 못했습니다. 그러나 어느 선생님, 어느 학생의 행동에서도 제 학교 사회를 인간화하려는 강한 동기를 엿볼 수가 있었습니다. 어떻게 보면 이것이 선생님네 학교를 궁극적으로 다스리고 있는 원리로까지 여겨졌습니다. 이 이념 달성에 선생님네 학교의 체육은 참으로 중요한 구실을 하고 있었던 것이지요. 그렇다면 정말로 자랑스러운 것은 선생님네 학교의 체육이라기보다, '인간화된 학교 사회의 건설'이라는 이념이 아니었던가 생각합니다. 다른 많은 사람들과 함께 저도 현대사회가 인간화되기를 바라는 사람입니다. 그런 까닭에 우리나라의 모든 초중등학생들이 선생님네 학생들처럼 체육을 통해서 인간화된 사회 건설을 학생 시절에 배울 수 있게 되기를 바라는 마음 간절합니다.

선생님, 이것으로 선생님네 학교의 체육을 견학한 보고서에 대신하렵니다. 학교 체육을 전공하지 않은 줄을 아시면서 저를 불러 주셨기에 마음 놓고 교육학도로서의 제 생각을 말씀드려 보았습니다. 만약에 학교 체육 지도자들에게 예를 잃게 된 점이 있다면 너그러이 용서하시기 바랍니다. 선생님네 학생들에게 기회가 닿으시는 대로 저의 진심에서의 사랑을 전해 주십시오.

그리고 선생님네 학교에 자녀를 보내 준 학부모와, 학교를 행정적으로 뒷받침해 온 관계 인사에게 축의와 경의를 표하는 바입니다.

편지 4

어린이마다를 거듭나게 한 것은

선생님께서 교육 전문지에 기고하신 「1학년만을 10년을」이라는 글을 읽고는 선생님의 학급을 꼭 찾아뵙고 싶어졌습니다. 10년간을 국민학교 1학년만을 가르치셨대서 찾아뵙기로 한 것은 아니었습니다. 보통학교 1학년 시절의 저와 똑같은 어린이가 선생님의 학급 속에는 꼭 있을 것만 같았습니다. 뿐만 아니라 저를 그 이전의 저와는 온통 다른 새 어린이가 되게 해 주신 제 선생님처럼, 선생님께서도 어린이 하나하나를 그 이전의 그와는 온통 다른 새 어린이가 되게 하시고 있는 것만 같았습니다.

저도 1학년 때 그 선생님에게서 배운 후 중등교육을 거쳐 대학에서 교육학을 전공하였습니다. 페스탈로치를 그래서 알게 되었습니다. 그런데 저는 선생님의 글을 읽을 때 페스탈로치의 글인가 싶었습니다. 선생님의 어린이를 보시는 마음차림이, 제가 이해하는바, 페스탈로치의 그것과 비슷하게 느껴졌던 것입니다. 그는 결코 기상천외의 어렵고 까다로운 방법으로 어린이를 교육하지는 않았습니다. 글로 본 선생님의 교육 방법도 어린이 하나하나를 사랑하고 보살펴 주는 페스탈로치의 방법과 다를 바가 없었습니다. 그런데 페스탈로치는 평범한 어린이마다를 이전 과는 다른 새 어린이가 되게끔 교육했대서 남들의 숭상을 받고 있는 것입니다. 그리고 그런 교육이 가능했던 이유 중 하나가 그의 특이한 '어린이를 보는 마음차림'에 있었습니다. 선생님께서도 필시 평범한 어린이를 만나 그 하나하나를 지난날과는 온통 다른 새 어린이가 되게끔 교육하고 계실 것만 같았습니다. 이래서 선생님을 찾아뵙기로 한 것이었습니다.

저는 그날 선생님의 학급에서 하루를 보내는 동안 초등학교 1학년의 마음으로 다른 어린이들과 함께 선생님의 교육을 받았습니다. '하루 순경 노릇'을 해 보면 순경의 노고를 알게 된다지만, '하루 선생 노릇'이 아닌 '하루 1학년 노릇'을 해 보았더니 공부하는 1학년의 노고를 알 만하였습니다. 순경에게도 노고만이 아니라 보람이 있듯이 초등학교 1학년생 저에게도 보람이 있었습니다. 선생님께서는 그날 종일토록 어린이 아닌 가외 학생, 저를 참으로 공들여 가르쳐 주셨습니다. 감사한 나머지, 자진해서 숙제를 하는 심정으로 이 글을 올립니다.

자진해서 제출하려는 저의 이 숙제에 제목을 붙이자면 '어린이마다를 거듭나게 하고 있는 선생님의 어린이관' 또는 '선생님의 어린이관과 거듭나기 교육'으로 하겠습니다. 저는 그날 네 시간을 어린이들과 함께 나란히 앉아서 공부를 하고 어린이들이 집에 가고 없을 때에는, 옛날 늙은 서생이 독선생 모시듯 저 혼자 몇 시간을 선생님께 배웠습니다. 이 하루의 공부를 통해서 선생님의 지극히 작은 일면이나마 꽤 깊이 이해할 수가 있었노라 자부합니다. 제가 자진해서 드리는 숙제를 웃음으로 받아 주시기 바랍니다.

선생님께서는 그날 어린이들이 학교에 와서 집으로 돌아가기까지 하나도 빠뜨리지 아니하고 개별적인 접촉을 가지셨습니다. 저는 선생님 학급의 어린이 명단을 들고 다니며 선생님이 접촉하시는 어린이마다 표를 했었지요. 4시간의 공부를 모두 마치고 책가방을 챙길 때까지 선생님과 개별적인 접촉이 없었던 어린이가 두 명 있었습니다. 그러나 그 두 어린이마저, 하나는 교실 밖 복도에서, 또 하나는 운동장에서 선생님과 이야기를 주고받았습니다. 선생님은 어린이를 접촉하실 때마다 '수복아', '혜경아' 성을 빼고 이름만 부르셨습니다. 교실에서 여러 어린이를 가르치시자니 어린이 전체를 향해서 말씀하셨지만, 그 직후에 한 어린이씩 접촉하실 적에는 앞서 하신 그 말씀이 그 어린이 하나에 하신 말씀이었음을 알았습니다.

여러 어린이가 한 선생님에게 배우자니 전체가 같은 말로 한꺼번에 대답하는 것이었지만, 그 직후에 선생님께 이름 불려 말할 적에는 앞서의 그 대답이 저 혼자 선생님께 드린 것임을 알았습니다. 선생님께서는 어린이를 하나씩 가르치셨고, 어린이들은 단독으로 선생님께 배우고 있었습니다. 말하자면 몸으로야 선생님 한 분이셨지만 마음으로는 꼭 어린이들 수효만큼 여러 선생님이 계셨던 것이지요. 몸으로야 여러 어린이들이 한 교실에 모여 있었지만 마음으로는 혼자서 선생님께 배우고 있었습니다. 겉으로야 우리말을 가르치시고 셈도 가르치셨지만 속으로는 '성호'와 '진경'이를 가르치셨습니다. 서둘러 말할 적에 더듬는 성호에게는 마음 놓고 늘어지도록 공들인 다음에 말할 기회를 주셨고, 셈 많은 '진경'이에게는 자기의 셈 능력이 지난날보다 나아진 것을 알게 해서 셈을 풀게 하셨습니다. 말하자면 국어 선생, 산수 선생이었다기보다는 '성호' 선생, '진경'이 선생이셨습니다. 사람 '성호' 하나의 선생님으로서 더듬지 않고 말하게끔 지도하셨고, 사람 '진경'이 하나의 선생님으로서 셈내지 않고 셈하게끔 인도하셨습니다. 생각하면 선생님에게는 그냥 어린이가 없었습니다. 선생님에게는 '성호'이거나 '진경'이가 있었던 것이고, 그 '성호'마저 '말더듬는 성호'였고 그 '진경'이마저 '셈 많은 진경'이었습니다. 어린이마다를 움직이고 변해 가고 있는 채로 보시는 선생님이셨기에 한 달 전에 어머니를 잃은 '순자'에게는 공부를 끝내고 운동장에 나갈 때마다 머리를 쓰다듬고 볼을 어루만져 주셨습니다. 늘 허름한 옷만 입고 다니다가 외할머니가 사다 주신 새 옷을 입고 온 '길남'이에게는 국어 시간에 그 기쁨을 말하게 하셨고요. 그냥 '순자'가 아니라 '쓸쓸해하고 있는 순자', 그냥 '길남'이가 아니라 '신바람이 나 있는 길남'이로 보신 거지요.

한걸음 더 나아가서, 과거의 역사와 함께 어린이마다를 보시는 선생님이셨습니다. '순자'에게는 한 달 전에 어머니를 잃었다는 그만의 역사가 있었고, '길남'이에게는 늘 허름한 옷만 입고 다녔다는 그만의 역사가 있었던 것이지요. 생각하면 선생님의 어린이를 보시는 마음차림은 그것만도 아니셨습니다. 자연과 사람이라는 환경과 관계를 맺고 있는 '길석'이요, '순재'였습니다. 같은 또래의 어린이들 속에서 공부하며 놀고 있는 점에서 '길석'이와 '순재'는 다를 바가 없으련만 '길석'이에게 는 같이 놀자는 친구가 하나도 없었고, '순재'에게는 10명이 넘게 있다 는 것을 알아내신 선생님이셨습니다. 무심코 어린이들 보는 앞에서 심 부름을 자주 시킨 것이, 어린이들의 '순재'에 대한 신뢰를 높였고, 그래 서 10명이 넘도록 많은 친구가 그에게 생기게 된 것을 알아내신 선생님 이셨습니다. 그러고는 일부러 '길석'이에게 심부름을 거듭 시키시어, 얼 마 후에는 그에게도 같이 놀자는 친구가 3명이나 있게 하신 선생님이셨 습니다.

3킬로나 떨어진 곳에서 학교에 다니고 있는 '경희'에게는 체조하는 시간에 나무 그늘에 앉아서 쉬게 하셨고, 우산이 없어 비 맞고 집에 돌 아가야 할 '옥분'이에게는 이웃에 사는 '복만'이 우산을 함께 쓰고 가도 록 하신 선생님이셨습니다. 선생님께서는 '길석'이와 '순재'를 다른 사람 들과의 사이에서 보셨고, '경희'와 '옥분'이를 자연과의 사이에서 보셨던 것이지요.

초등학교 1학년생이 되어 선생님께 하루를 공부한 저는 어린이를 대 하시는 선생님의 마음차림에 있어 또 다른 일면이 있다는 것을 알게 되 었습니다. 그냥 어린이가 아니라 '복남'이고, 그냥 '복남'이가 아니라 '졸 고 있는 복남'이고, 그냥 '졸고 있는 복남'이가 아니라 '단칸방 접객업의 가정이기 때문에 밤 12시나 되어야 잠자리에 들게 되는 바람에 학교에 서 졸 수밖에 없는 복남'이고, 한걸음 더 나아가서는 '1년 전에 아버지 가 돌아가시자 이렇다 할 유산도 없을뿐더러 그렇다고 특별히 배운 기술도 없어서 남매를 거느린 채 단칸방에서 술과 음식을 파는 어머니 말씀 따라 집 앞에서 서성대다가 손님이 모두 가시고 청소를 마치는 밤 12시가 되어서야 제 집에 들어와 자게 되는 '복남'이라는 어린이를 보시는 또 하나의 일면이 계셨습니다. '복남'이의 하루 학교생활 중에서 잠자는 한 시간을 마련해 주시는 선생님이셨습니다. 공부하러 학교에 온 '복남'이를 잠자라 하신 선생님을 선생답지 않게 보는 이도 있을 것입니다. 저는 도리어 '복남'이에게 최대한의 공부가 되게 하는 길을 찾아 주신 것으로 생각되었습니다. 선생님께서는 '복남'이의 공부와 잠자기를 따로 떼어 생각하시지를 않으셨습니다. 잠자기가 공부하는 데로 이어져 있음을 아시고 그를 재운 선생님이셨습니다. 선생님은 '복남'이의 '몸'을 '마음'에서 떼어 보지를 않으셨습니다.

몸이니 마음이니 하는 말은 따로 있지만 실지로 몸과 마음이 따로 노는 것은 아니라는 것을 아시고 그를 재웠던 것입니다. '몸 재우기'가 '마음 닦기(공부)'로 이어져 있음을 아시고 학교에 온 '복남'이를 재우신 선생님이셨습니다. 말하자면, 선생님께서는 '복남'이를 '하나의 전체'로 보신 것이지요. 그 이하로 잘게 나눌 수 없는 마지막 조그만 한 덩어리로 말입니다.

선생님의 어린이를 보시는 마음차림에는 또 다른 일면이 있었습니다. 어린이마다를 귀하게 여기고 계셨습니다. 선생님의 학급에는 1등이 없었고 30등이 없었고 꼴찌가 없었습니다. 몸의 키에 서열이 있듯 낱말 외우기나 덧셈 빨리 하기에는 서열이 있었습니다. 그러나 어린이 통틀어는 서열을 매기지 않으셨습니다. 어린이마다에 하늘과 땅을 합친 것만큼이나 값이 있음을 믿고 있는 선생님이셨습니다. 선생님에게는 이 세상에 없어도 그만인 어린이가 없었습니다.

그 사람이 아니고는 안 될 일이 어린이마다의 장래에 기다리고 있는데, 지금 그를 교육하는 것은 바로 그 일을 할 수 있는 사람이 되게 하기 위함이었습니다. 선생님이 어린이마다를 이렇게 보시는데, "나까짓 것 있으나 마나"라 생각하던 '복남'이가 달라지지 않을 리가 없었습니다. 제 또래를 향해서 "네까짓 것 없어도 그만"이라던 '순재'도 변해 가고 있었습니다. '진경'이도 '수복'이도 이 세상 있어야 할 '나'와 '남'으로 되어 가고 있었습니다.

자기의 값을 더 믿는 그 정도만큼 더 학교생활에 자신을 갖게 되더니 공부를 하기 싫어하던 '길석'이는 숙제를 달라고 조르게 되고, 아침 식사를 안 하고 학교에 오던 날이 많던 '경희'는 어머니가 주시는 음식을 돼지처럼 가리지 않고 먹고 오게 되고, 걸핏하면 누구에게나 욕설과 주먹으로 대하던 '길남'이는 고운 말씨에 온순해졌으며, 핑계 대어 자주 결석하던 '성호'가 두 달째 개근이며 남보다 먼저 학교에 와서 창문을 열어 공기를 바꾸게끔 되고, 며칠을 두고 보아도 남이 물어야 입을 떼던 '순자'는 공부 시간인데도 남 앞에 나서서 말하기를 자청하게 되었던 것입니다. 그런데 이 모두는 어린이를 보시는 선생님의 '마음차림'이 가져다준 것이었습니다. 그것이 어린이마다를 지난날과는 온통 다르게 사는 새 어린이가 되게 한 것이었습니다. 그것이 어린이마다를 거듭나게 했던 것입니다.

선생님, 이상으로 저는 자청해서 해 드리기로 한 숙제는 마친 것으로 하겠습니다만 보통학교 1학년 시절의 저 자신과 제 선생님에 대한 말씀을 첨가해 드릴까 합니다. 저는 「1학년만을 10년을」이라는 선생님의 글을 읽었을 때, 예상했던 대로 선생님의 어린이들 중에는 보통학교 1학년 시절의 저와 비슷한 어린이가 여러 명 있었고, 선생님께서도 그 당시의 제 선생님과 같으신 점이 무척 많았습니다. 저는 어린이를 보시는 마음차림에 있어 페스탈로치나 선생님과 비슷한, 그리하여 어린이마다를 거듭나게 한 점에서도 페스탈로치나 선생님과 비슷한, 저의 선생님 이야기를 첨가하고자 합니다. 그리고 그 선생님 덕분에 제가 어떻게 거듭나게 되었나를 말씀드리고자 합니다.

제가 보통학교에 입학했던 해의 제도는 1년을 3학기로 나누고 있었습니다. 제3학기는 겨울방학이 끝나서부터 3월 말일까지로 되어 있었는데 첫날 첫 시간에 있었던 일입니다.

저는 교실에 들어오시는 선생님과 시선이 마주쳤습니다. 거의 반사적으로 제 고개는 숙여졌습니다. 선생님의 표정을 살펴볼 겨를도 없이 꽤 오랜 시간이 흘렀다고 느꼈을 때, 인제는 딴 학생을 보고 계시겠구나 생각하고 고개를 들었습니다. 여전히 저를 보고 계신 것을 이번에는 겁에 걸려서 고개를 떨어뜨렸습니다. 아까보다 더 오랜 시간이 지났다 싶어 고개를 드니 아직도 저만 보고 계셨습니다. 외면도 못하고 될 대로 되라는 저였습니다. 급장의 구령에 맞추어 일제히 드리는 인사를 받으신 후에도 선생님의 눈은 저만을 보고 계셨습니다.

드디어 선생님의 첫 말씀이 떨어졌습니다. 일제 강점기라 일본말로 물으셨습니다. "우리 학교 운동장에는 무슨 나무가 있느냐?" 운동장 둘레에는 벚꽃나무와 포플러나무가 있었습니다. 물론 일본말로 대답하라는 물음이었지만, 그것쯤은 바보천치가 아닌 바에야 입학 후 두 주일이면 누구나 대답할 수 있는 참 쉬운 물음을 두 달도 아닌 그 4배인 여덟 달 동안 일본말을 배운 우리에게 하신 것이었습니다. 모두가 쏜살같이 손을 쭉 뻗어 들고 그 끝을 흔들면서 지명해 주기를 호소라도 하듯 아우성이었습니다. 그러나 저만은 손을 들지 못했습니다. 벚꽃과 포플러에 해당하는 일본말은 생각이 나는데 그다음에 붙여서 정답이 되게 할 일본말 생각이 나지 않아서였습니다. 여느 때 같으면 먼저 힘차게 손든 학생을 지명하기 마련이었는데 안 하시는 것이었습니다. 손 안 드는 저만 보고 계셨습니다.

설마 저야 시킬 리가 없다 싶어 손을 엉거주춤 들었습니다. 이게 웬일입니까! 제 이름을 부르시는 것이었습니다. 벚꽃에 해당하는 일본말 외마디를 힘없이 뇌까렸습니다. 선생님이 교단을 내려서 저에게로 오시는 것이 아니겠습니까! 벌주려고 오심이 틀림없었습니다. 고개를 숙이고 눈을 감고 이를 깨물고 어깨에 힘을 주었습니다. 선생님의 두 발이 제 앞에서 멈췄습니다. 두 손이 제 머리 위에 얹어졌습니다.

알밤이라도 주시는 날에는 맞을 각오가 돼 있었습니다. 체념이기도 하였습니다. 그런데 이게 웬일입니까! 얹힌 두 손은 그저 제 머리를 쓰다듬을 뿐이었습니다. 뭐라고 말씀도 하시면서 말입니다. 저는 믿어지지가 않았습니다. 지난 4월에 입학한 후, 선생님의 물음에 손들어 본 것도 3학기 첫날 그날이 처음이오, 손을 들지도 않았는데 지명을 받고는 대답을 못해서 무안을 당해 보기는 여러 번이었지만, 손들어 지명당하기도 입학 후 그날이 처음인데, 그리고 결코 온전한 대답은 못 되나마 그래도 벚꽃에 해당하는 일본말만이라도 맞혀 보기도 입학한 이래 이것이 처음인데, 때리실 줄만 알고 각오와 체념이 뒤범벅이 되어 있는 저를 선생님은 도리어 쓰다듬다니, 선생님이신데 믿어야 하지요. 저는 믿을 수가 없었습니다. 끝내 알밤은 떨어지지 않았습니다. 교단으로 되돌아가시는데 그제야 저는 고개를 들고 선생님의 뒷모습이나마 바로 볼 수가 있었습니다.

교단에 오르신 선생님은 우리를 향하셨습니다. 저를 보고 계셨습니다. 환하고 온화하신 표정이셨습니다. 그 순간입니다. 진심으로 제 머리를 쓰다듬으신 것을 저는 믿었습니다. 그런데 선생님은 그 표정 그대로이신 채, 저를 보고 계신 채로 다시 물으시는 것이었습니다. 그 밖에 무슨 나무가 있느냐고 말입니다. 저는 그 물음의 마지막을 듣지 않았습니다. 손을 번쩍 들었습니다. 쭉 뻗어 보았습니다. 남들도 그러는데 저도 손끝을 흔들어 보았습니다. 저를 시켜 달라고 소리도 내 보았습니다. 허리까지 들고 호소하는 저였습니다.

이 순간이 있은 지 40여 년의 세월이 흘렀건만, 그래서 보통학교 1학년 시절의 일은 서너 너덧 가지밖에는 기억나는 것이 없지만, 이 3학기 첫날 첫 시간의 일만은 그때 제가 쉰 숨소리까지 되살아 기억나는 느낌입니다.

그런데 이게 웬일입니까! 연거푸 지명된 것이었습니다. 저는 일어섰습니다. 차렷 자세를 제대로 갖추었습니다. 아랫배에 힘을 주는 여유도 있었습니다. "포플러 나무가 있습니다." 물론, 온전한 대답을 한 것이었습니다.

이야기는 조금 전으로 거슬러 올라갑니다만, 제 머리를 쓰다듬으시고 교단으로 가신 후 돌아서시며 저를 보고 웃음을 지으실 때, 저는 온몸에 일종의 경련을 느꼈습니다. 물론, 문자 그대로 한순간입니다. 그 순간에 오랜 기간 동안 저를 '바보'로 사로잡고 있었던 온갖 잡귀가 삼십육계를 놓았다고 할는지요. 아무튼 제 머리가, 아니 온 마음이 해방을 맞은 것이지요. 생각해 보면, 그 순간적인 경련이란, 제가 제 속의 잡귀를 몰아낼 때의 몸부림이었다고 해야 사실에 좀 더 가까울 것 같군요. 제가 제 마음속에 일으킨 혁명의 고동이었다고 보아야 할 것 같습니다. "나 같은 것 있어 봤자"라든가 "사는 날까지 잡아 잡수 하고 그냥 있어 보는 거지" 따위, 제 마음을 짓누르고 밟기까지 해 온 그 무엇, 일종의 허상虛像을 몰아낸 것이었습니다. 그러고는 제가 제 마음을 잡는 순간이었던 것이지요.

제 머리가 한꺼번에 트이는 데에는 저도 놀랐습니다. 종이 일약 주인이 된 것이었어요. 사고의 자유를 행사하는 주인 말입니다. 선생님의 물음에 대한 대답을 하고 있었을 뿐 아니라 자유인이 됐음을 선언하고 있었습니다.

그런데 그때의 우리 선생님, 저의 온전한 대답을 들으시더니 난데없이 한 반에서 교과서를 공책에 베끼느라 고개 숙이고 있던 2학년과 3학년생들을 불러 대시는 것이었습니다.

학년마다 학생 수가 얼마 안 되어 1·2·3학년이 한 교실에서 한 선생님한테 배우고 있었는데, 선생님이 다른 학년을 가르치실 때에는 으레 교과서를 베끼도록 훈련되어 있었습니다.

일제히 고개 들고 선생님을 바라보자, 이번에는 저를 손으로 가리키시며 아무개 좀 보라 하시는 것이었습니다. 2·3학년의 시선은 한꺼번에 제 얼굴에 쏟아졌습니다. 저는 그때 외면하지 않았던 것을 똑똑히 기억하고 있습니다. 그리고 그것이 난생 처음이었다는 것도 저는 믿고 있습니다. 볼 테면 보라는 듯이 얼굴을 그대로 들고 있었을 뿐만 아니라 저는 2·3학년생들을 되쏘아보기까지 했던 것입니다. 남들이 아니고 저에게 있어서만은 이 사실이 엄청난 의미를 지니고 있는 것입니다.

옆에 앉은 짝동무의 옆구리를 쥐어박거나 글씨 쓰고 있는 공책을 잡아당기곤 하던 저였습니다. 그 동무는 선생님께 이르게 되고 선생님은 저를 일으켜 세워 두셨습니다. 그때는, 선생님이 바라보라고 하신 것도 아닌데 모두가 저를 힐끔힐끔 쳐다보는 것이었습니다. 얼마간은 얌전하게 서 있다가도 그 쳐다보는 것이 속상해서 이번에는 서 있는 채로 짝동무의 머리를 건드릴라치면 교실 뒤편에 나가서 따로 서 있게 하셨습니다. 그래도 말 안 들으면 교실 밖 복도에 세우신 적도 있었습니다.

지금 저는 그 선생님을 원망해서 이 말씀을 드리고 있는 것은 아닙니다. 공부하는 선의의 제3자에게 피해를 주는데, 그를 보호하기 위해서라도 저를 따로 떼어 놓으신 것은 당연하신 처사였다고 생각합니다.

그 시간의 공부가 끝났음을 알리는 종소리가 들리고 동무들이 쏟아져 나올 때 저는 벽을 향해서 얼굴을 숨겼습니다. 남이 보기 싫었던 것입니다. 얄궂은 동무는 벽을 보고 서 있는 그 사이에까지 끼어들어 제 얼굴을 치켜 보기까지 하는 것이었습니다. 입학 후 줄곧 이런 저였습니다.

그런 제가 이번에는 고개를 든 채, 보라는 듯 그들을 되쏘아보기까지 한 것이었습니다. 저는 저를 처음으로 찾은 것이었습니다. 허상 아닌 실상을 잡은 것이지요. 본래의 나로 돌아온 것이었습니다. 사람이면 누구에게나 주어진 존재 이유를 저는 이제야 찾아 지닌 것이었습니다. 이제는 "나 같은 것 있어 봤자"가 아니라 "나도 있을 만하다"이었고, 이제는 "사는 날까지 잡아 잡수 하고 그냥 있어 보는 거지"가 아니라 "나도 나의 주인이 되어 나를 살아 보련다"이었던 것입니다. 남들의 시선을 난생 처음으로 외면하지 않고 되쏘아보기까지 한 저의 마음속 밑바닥에는 새로운 삶에 대한 의욕이 용솟음치고 있었던 것입니다. 거듭나고 있었던 것입니다. 보통학교 1학년 3학기 첫날 첫 시간의 나머지 이야기는 잊었습니다. 거듭나기 시작한 제가 그 시각 이후 하루를 어떻게 살았는지만 말씀드리렵니다.

두 손바닥을 펴고 들여다보았습니다. 바지를 움켜쥐었습니다. "놓지 말라" 명령을 내렸습니다. 제가 저에게 내린 명령이니 '자율'이었습니다. 저는 그날 짝동무를 괴롭히지 않았습니다. 자율을 해서 벌 받지 않고 공부를 모두 마쳤습니다. 집으로 달려갔습니다. 길은 좋지만 돌아간대서 신작로로 가지 않고 논두렁 지름길로 달려갔던 것입니다. 공부 끝나면 누구나 집에 가기 마련인 것을 무엇이 대단해서 하는 이야기냐 하실는지도 모르겠습니다. 남들이야 그렇기로 저에게만은 이 또한 중대한 변화임에 틀림없습니다.

아버지 손목을 잡고 학교에 간 입학식 날과 그다음 날을 빼놓고는 학교 공부가 끝났다고 곧장 집으로 간 적이 없었으니까요. 한동네에 살고 있는 5학년 학생이 공부 끝내고 나올 때까지는 운동장 구석에서 기다려야만 했습니다. 그의 책보를 받아 들고 뒤를 따라야만 했습니다. 불응할 때 가해질 폭행의 공포 앞에 떨며 살아온 저였습니다. 강요당한 종살이였습니다. 그런데 저는 그날 제 공부가 끝나는 대로 집으로 간 것이었습니다. 종살이를 거부하고 자유인임을 행동으로 실천한 것이었습니다.

"바지 자락 쥐어 잡고 놓지 말라"는 명령을 저 자신에게 내린 것도 작은 변화가 아니었지만 학교 공부가 끝나는 대로 집으로 달려간 것은 더욱 큰 변화라 생각됩니다. 집이 저만큼 보일 때 어머니를 불러 댔습니다. 마당에서 나오셔서 맞아 주시는 어머니에게, 오늘 선생님께 칭찬 들었노라고 말씀드렸습니다. 어머니는 물론 좋아하셨습니다. 그러나 그 참뜻은 모르셨습니다. 종살이하고 돌아왔을 때에도 천연덕스럽게 그런 거짓말을 해 왔던 저였으니까요. 오늘은 정말로 칭찬을 들었노라고도 해 보았지만 어머니는 그냥 웃으실 뿐 그 이상의 반응이 없었습니다. 주시는 점심을 먹었습니다. 책보를 끌렀습니다. 왜 오늘은 점심 마치기가 무섭게 나가지 않느냐고야 묻지 않으셨지만 점심상을 물리자마자 책보를 끄르는 뜻을 모르시는 것 같았습니다. 자청해서 숙제를 하고자 함이었습니다.

'책을 10번 읽고 10번 베껴라.' 그전에 선생님이 주시던 숙제를 본뜬 것이었습니다. 그러나 읽으려니 알아야지요! 어머니께서는 한글도 모르셨는데 일본말을 아실 리가 없었습니다. 그러나 베끼는 거야 몰라도 할 수 있었습니다. 그러면 되니까요. 10번을 베끼자니 보통 일이 아니었습니다. 해가 짧은 겨울의 저녁식사인지라 오후 5시도 채 안 되었을 것입니다만 저녁상이 들어왔을 때에도 책상도 없이 방바닥에 엎드려 자진 숙제를 하고 있었으니까, 생각하면 뜻을 알고 쓰는 것도 한두 시간이면 진력이 나는 법인데 뜻도 모르는 채 너덧 시간을 베끼기란 예삿일이 아닙니다. 얼마나 그 동기가 강했으면 그렇게까지 저를 몰아댔을까 싶습니다. 아무튼 그 이전에 없었던 저의 모습인 데에는 틀림이 없었습니다. 아주 딴 사람이 되어 가고 있었던 것입니다.

저녁식사를 어머니와 함께하는 동안 저는 어머니를 졸라 대는 것이었습니다. 어머니가 한동네 6학년 학생 어머니에게 부탁을 해서, 그 어머니가 그 아들에게 부탁하여, 그 6학년생이 나를 가르쳐 주게끔, 저는 간곡한 부탁을 드렸습니다. 식사를 마치고 저는 책을 들고 어머니 따라 그 6학년생의 집으로 갔었습니다. 저의 부탁은 받아들여지고 저는 책을 폈습니다. 6학년생이 읽어 줍니다. 어느 줄 어느 글자를 읽는 건지는 몰랐지만 제 귀는 온 힘을 다 내고 있었습니다. 다섯 번쯤 읽어 주었을 때입니다. 제가 한번 읽어 보겠다고 했습니다. 고개를 숙여 책을 보고 읽었지만 귀로 들은 것을 외워 보고 있었습니다. 맞았다는 것이었습니다. 다시 읽었습니다. 읽은 것이 아니라 외운 것이었지만 틀리지 않았다는 것이었습니다. 저는 신이 나서 다시 외웠습니다. 이번에도 잘 읽었다기에 저는 일어섰습니다. 고맙다고 인사라도 하는 날에는 외운 것 잊을까 보아 그 집을 그냥 나왔습니다. 걸어오면서 되풀이 외웠습니다. 집에 와서도 외웠습니다. 시계가 없었으니 몇 시에 잤는지는 모릅니다. 밤이 이슥하도록 그 몇 마디의 글을 되풀이 외우는 것이었습니다. 하룻밤을 자고 일어나면 잊어버릴까 보아 몹시 걱정이 되었습니다. 자기는 잤습니다. 눈뜨자마자 외워 보았습니다. 외워졌습니다. 맞았는지 틀렸는지 말해 줄 사람은 없어도 제 귀, 제 입술, 제 혀에 아직도 남아 있는 어젯밤의 흔적을 더듬어 보니 아침에 외운 것이 어젯밤의 그것이었습니다.

저는 아침밥을 졸랐습니다. 먹자마자 학교에 곧장 갔습니다. 어제까지의 폭군, 5학년생의 집 앞에 가서 개처럼 주인 나오기를 기다리지는 않았습니다. 제 교실 제 자리에 앉았습니다. 이윽고 선생님이 들어오시는 것이었습니다.

이번에는 마주치는 선생님의 시선을 피하지 않았습니다. 선생님도 어제처럼 저만을 보고 계시지는 않았습니다. 1학년 앞에 서셨습니다. 선생님의 첫마디는 으레 "누구 읽을 사람?"이었습니다. 오늘도 누구의 '누' 소리만 들리면, 맨 먼저 손을 들기로 하였습니다. 생각하면 어떻게 해서 외워 온 책인데, 꼭 제가 읽고 싶었습니다. 과연 누구의 '누' 소리가 들렸습니다. 얼마나 기민하게 손을 들었던지 선생님은 저를 보고 놀라셨습니다. 절더러 읽어 보라는 것이었습니다. 책은 두 팔로 펴서 들었지만 글자는 보나 마나이었습니다. 외워 둔 것이었지 글자를 하나하나 배운 것이 아니었기 때문입니다. 한숨으로 내려 외웠습니다. 그러고는 선생님의 표정을 살피었습니다. 아주 잘 읽어서 놀랐다는 표정이셨습니다. 이번에는 옆자리 짝동무를 보았습니다. 입을 벌리고 감탄해하는 표정이었습니다. 사방을 둘러보았지만 모두가 그럴 줄 미처 몰랐다는 표정들이었습니다. 보통학교 1학년 3학기 첫날 첫 시간에 거듭나기 시작한 저는 그 시작 이후 하루를 이렇게 보냈습니다.

이 이후에 있었던 일은 잊었습니다. 생각은 나지 않자만 옛날의 저로 돌아간 적은 없었습니다. 낡은 저와는 이날 이 시각에 영원히 작별한 것이었습니다. 낡은 저는 그날 그 시각에 죽어버린 것이었습니다. 이름과 겉은 같지만 속은 새로운 사람이 되어 가지고 오늘에 이르고 있는 것입니다.

선생님, 이제 저는 선생님께 자진해서 바치는 이 숙제를 마감할까 합니다. 어린이마다를 거듭나게 하고 있는 것은 선생님의 '어린이관'이었습니다. 선생님의 교육 방법이라야 여느 선생님과도 같이 어린이를 사랑하고 보살펴 주는 것에 지나지 않았습니다. 기상천외의 어렵고 까다로운 방법은 없었습니다. '어린이를 보시는 마음차림'에 있어 선생님은 우리 모두가 숭상하는 페스탈로치를 방불케 하셨습니다.

그는 만난 어린이마다를 지난날과는 온통 다르게 사는 새 어린이로 인도했대서 교육을 사랑하는 모든 이의 숭상을 받고 있습니다. 그런데 선생님은 지금 우리 어린이들을 거듭나도록 인도하고 계셨습니다. 교육을 공부하고 있는 저에게 있어서는 선생님 학급에서의 하루가 더없이 귀중한 것을 많이 배우는 기회가 되었습니다. 감사한 나머지 드리는 글월입니다. 웃으며 받아 주시기 바랍니다.

단 한 번만의 이 세상을
교사로 살자고 작정하신 선생님

선생님, 서로 모르는 사이에 이 같은 서신을 드리자니 좀 쑥스럽습니다.

선생님의 「초년 선생」이라는 글을 읽은 사람입니다. 마음으로야 달려가고 싶었지만 이 글로 대신하렵니다. 선생님의 말씀마따나 저도 단 한 번만의 이 세상을 선생으로 살아왔습니다. 선생님의 글을 읽고 있노라니 가슴이 뭉클해짐을 느꼈습니다. 저의 초년 시절도 생각이 났습니다. 세상에 별사람도 다 있다 마시고 너그러운 마음으로 제 편지를 받아 주시기 바랍니다.

선생님은, 학교에 부임하셨을 적에 받으신 정신적 충격을, 읽는 이로 하여금 눈앞에 보는 듯 소상히 밝히고 계셨습니다. 교장선생님이 앞에 나오셔서 다른 교사들과 함께 선생님을 맞으셨다지요. 학교 용원을 겸하고 있는 농부의 초가집에서 정성껏 차린 점심으로 환영연을 받으셨다지요. 교실에서 처음 만난 학생들, 어려워는 하면서도 그렇게도 기쁜 표정이었고요. 오후 다섯 시가 되니 동네 이장이 학교에 와서 하숙집으로 안내하기에 따라갔더니 양철집 건넌방인데 한동네 어른들이 와서 반가워했다고요. 그런데 선생님은 이 모두에 충격을 받으셨다는 것이었습니다. 선생님의 글을 읽은 저도 감명을 받았습니다.

선생님의 「초년 선생」이라는 글을 보면 참으로 분골쇄신의 한 해였는데, 이런 분위기 속에서 새 학교에 부임하고서야 신바람이 나서라도 교재 준비 더 하고 학생 사랑 더 하셨을 것입니다.

선생님은 글 속에는 나타나 있지를 않아서 알 길이 없습니다. 다만, 누군가 주동이 된 이가 있어서 낯선 신임 교사에 대한 그와 같은 환대가 실현되었을 것입니다. 교장이나 교감 선생님이 그랬을 만도 하지요. 그들의 직책은, 교사들로 하여금 자기의 정력을 다 쏟아 학생들을 가르치게 하는 것이니까요. 선생님은 그 후로 있는 정성을 학생에게 다 바치셨습니다. 학교 동네의 이장님이 주동이 되셨을 만도 합니다.

자기 동네 어린이들의 선생님이십니다. 하늘땅을 다 준대도 못 바꿀 자기들 어린이인데 자기들이 못하는 교육을 한대서 선생님께 보내고 있는 것이지요. 딸을 보아 사위 위한다지만 자기의 어린이를 보아서도 학교 선생님을 위해야지요. 저의 '선생 초년'이 생각납니다. 말씀드리기도 부끄럽습니다. 대학의 교육학과 3학년 학생이면서 시간강사로서 중학생에게 감히 국어와 영어를 가르쳤습니다. 해방 직후이어서 선생이 워낙 부족하던 때이라, 있을 수 없는 일이 있었던 것이지요. 그건 하여간에 저도 부임하던 날 밤은 정중하고도 따뜻한 환영 때문에 대학 강의 받는 시간을 빼놓고는 모든 시간을 그 학생들에게 바쳤습니다. 그러면서

억울한 줄도 모르고 한 해를 보냈었지요.

선생님과 저는 같은 초년생이면서 가르친 학과목도 같았지만 가르친 학생들은 달랐습니다. 선생님의 경우는 시골에 세워진 중학교의 학생들이지만 저의 경우엔 서울 시내에 있었던 특수한 중학교였습니다. 천주교 신부님이 될 학생들만을 가르치는 학교였습니다. 우선 국어를 가르치던 말씀부터 드려 보겠습니다. 저 자신, 국어 실력이 딸리는 데다 교육 기술도 미숙해서였겠지만, 아무튼 학생들이 재미없어하는 것이 분명했습니다. 가르쳐 보면 누구나 아는 일이지만, 제가 준비해 가는 10분의 1만이라도 학생들이 공부해 오면 좋겠는데, 숙제가 있어야 그것만 공부해 오는 것이었습니다. 선생님의 경우에는 그렇게 활기찬 국어 시간이었다고요. 세계 명작보다도 우리의 현대문학을 먼저 읽어 보게 하신 것이 주효를 가져온 것같이 느껴집니다. 아직은 중학생이니까 다른 나라의 옛적을 배경으로 한 것보다야 지금의 우리 것에 더 많은 관심이 있겠지요. 그러나 선생님의 국어 시간이 지난 한 해 내내를 두고 활기차 있었던 큰 원인은 선생님 자신이 글 쓰는 생활을 하고 계셨던 사실 속에 있는 것으로 생각됩니다.

자기가 글을 쓰고 있는 선생님은 학생더러 글을 쓰라는 말이 필요 없는 거지요. 학생들로 하여금 자기가 지은 글을 지은 날짜와 함께 모아 두었다가 두 달마다 비교해 보게끔 하신 일이야말로 활기찬 국어 공부가 된 가장 큰 이유일는지도 모르지요. 똑같은 문제로 시험을 쳐서 그 점수로 경쟁을 시키면 점수 좋은 학생들은 더욱 열심히 하게 되지만, 나머지 학생들은 그 바람에 도리어 국어 그 자체를 싫어하게 되는 수도 있겠습니다. 그러나 선생님네 학생들의 경우, 모두가 국어 시간 오기를 기다렸다는 사실은, 시험 쳐서 상호 비교하지 않고 학생 각자로 하여금 지난날의 자기 자료와 지금을 비교케 했기 때문이라고 생각됩니다.

경쟁에 이기려고 하는 공부는 경쟁이 없어지면 하지 않기 마련이지만, 자기의 과거와 비교해서 나아졌대서 더 나아지려고 하는 공부는 시키는 이가 없어도 스스로 하게 되는 것입니다. 그래서 선생님네 학생들은 한 해 내내 국어 시간을 활기차게 공부했나 봅니다.

初년 국어 선생인 저의 경우에는 학년 말을 한 달 앞두고서야 활기를 찾게 되었었지요. 하도 오래된 일이라서 지금 상기하려야 알쏭달쏭합니다. 국어 교과서에 유치진 지음이었던가, 「김대건」이라는 희곡이 있었습니다. 좀 전에 말씀드렸던 대로 그 학생들은 장차 천주교 신부님이 되려고 학교에 다니고 있었습니다. 그래서인지 한국 최초의 신부님 '김대건'이니 그 희곡으로 실지 연극을 해 보자는 것이었습니다. 큰일을 만났던 건 저였습니다. 연극에 대해서 조금이라도 아는 게 있어야 지도를 하지요. 한 학교에 계셨던 40대의 교사님께 우선 저를 가르쳐 주시도록 부탁드렸지요. 저는 그 선생님의 지도를 받고 저에게서 배우자니 오죽이나 했겠습니까.

물론, 학교 행사로서의 연극 공연이 아니라, 국어 시간만의 학습극을 해 보자는 것이었지만 아무리 그렇기로, 학생들은 물론 선생인 저마저 난생 처음 해 보는 연극이었으니까요. 그 결과는 보나 마나였던 것이지요. 연극에는 무대 뒤에서 하는 일도 많아서 학급 전원이 참가하게 되었습니다. 그로부터 학생들은 전혀 딴 사람처럼 활기 있게 움직이는 것이었어요. 제가 서투른 것을 알면 학생들은 더욱 열성을 내니, 학생들의 일이란 알다가도 모를 일이었습니다. 원래 공연할 예정은 아니었으니까 리허설이랄 것도 없지만, 저를 지도해 주신 선배 선생님을 모시고 처음부터 끝까지 한 번 해 보았습니다. 그 선생님이 크게 놀라시는 것이었어요. 그런데 사실은 저도 놀랐고 학생들 자신들도 놀란 것이 틀림이 없었습니다.

공연을 하자는 것이었어요. 선무당이 사람 잡는다는 격으로 무식한 교사가 학교 망신시킬까 보아, 아니 실패할 경우 학생들이 받을 정신적 타격이 두려워서 저는 공연을 반대했었지요. 그런데 이번에는 학생들이 교장신부님에게까지 떼를 쓰면서 공연을 허락해 달라는 것이었어요. 그리하여 처음은 교내 학생들 앞에서, 두 번째는 가까운 천주교회의 신자들 앞에서 공연을 했습니다.

그로부터 거의 30년이 되던 어느 날 그 당시의 학생들을 만난 일이 있었습니다. 국어 선생이었던 저에게서 기억나는 것은 그 연극뿐이라는 것이었습니다. 한 해 내내 가르친 것은 하나도 생각이 나지 않고 마지막 한 달 동안의 서투른 연극 지도만 생각이 난다는 것이었지요. 지금 생각하면, 그 마지막 한 달 동안이야말로 제 속을, 제 마음을 모두 학생에게 준 기간이었으니까, 그리고 학생들과 인간적으로 동고동락한 기간도 그 한 달 동안이었으니까, 한 해의 국어 교육 중 그 한 달만 기억나는 것이 도리어 당연한 일이기도 합니다.

저는, 30년 후에까지 기억나는 것만이 그 당시에 배워진 것이라고는 생각하지 않지만, 따라서 지금 기억은 나지 않지만 그 당시에 배워져서 그 이후 오늘에 이르는 그들의 삶에 보탬이 된 것도 있었겠지만, 제가 그 한 해 동안에 그들에게 가르친 그러한 지식보다는 그들 학생이 마지막 한 달 동안에 선생이었던 저와 더불어 배운 '사람됨', '사람다움'이야말로 30년 후에까지 기억할 만큼 그들의 삶에 있어 값진 것이었으리라고 생각하는 것입니다.

학생들이 등교한 후에 폭우가 쏟아지고 냇물이 갑작스럽게 붇기 시작하여 학생들이 하교할 무렵에는 위험 수위에까지 이르렀을 때, 내 건너에 집이 있는 학생들 다섯 명과 더불어 선생님의 하숙방에서 하룻밤을 지내신 이야기는 마치도 산전수전 다 겪은 노교육자의 수필처럼 느껴졌습니다. 선생님은 교원생활의 재미를 그야말로 만끽하면서도 인생을 관조하고 계셨습니다. 아직도 바보스럽지만, 그들 학생의 마음 밑바닥에 꿈틀거리고 있는 '진리에의 동경'을 보셨습니다.

그날 밤, 선생님은 행복하였다고 하셨지만 더욱 행복했던 것은 그 다섯 명의 학생이었습니다. 그날 밤 선생님은 그저 재미있게 놀았다고 하셨지만 학생들은 엄청난 것을 배웠다고 저는 생각합니다. 그러기에 그날 밤 이후로 그 학생들은 저희 '부모 대하기'가 달라졌고, 없었던 친구를 사귀게 되었고, 두려움 없이 검은 것을 검다 하게 되었고, 무엇보다도 공부를 열심히 하게 된 것이었습니다. 그리고 나머지 한 학생은 선생님께 자기만의 비밀을 털어놓았습니다. 이 어찌 엄청난 교육이 아니겠습니까? 그 다섯 명의 학생에게 이 세상을 달리 살게 하셨습니다.

예부터 선생의 즐거움은 우수한 제자를 만나 가르치는 데 있다고 전해집니다. 변변치 않게 보이는 학생을 만나 가르치는 데에도 교사의 즐거움이 있다는 것을 선생님께서는 지금부터 이다음의 교사들에게 전해 주셔야겠습니다.

2학년 학생에게 영어를 가르치신 지 한 달이 되던 날, 교장선생님을 찾아뵙고 1학년 교과서를 다시 가르치는 일과 학생들이 이해하는 속도에 맞추어서 교과서를 진행시켜 가는 일을 허가해 주시도록 청하셨다는 이야기는 참으로 통쾌하기 그지없었습니다. 그런데 선생님이 조심해 가면서 그 이유를 자세하게 설명하고 있는 것이 지루하기나 하다는 듯, 선생님의 말씀이 끝나자마자 교장선생님께서는 좋다고 하셨다지요. 학생을 가르치라는 선생이지 교과서만 떼라는 선생은 아니니까, 이유가 그렇다면 해 보라셨다지요. 교장선생님도 통쾌하신 분이셨습니다. 이래서 선생님은, 나머지 한 해 동안의 영어를 학생의 정도에 맞추어 조금씩 천천히 가르치신 결과, 첫째 모든 학생들이 영어 공부를 좋아하게 되었고, 둘째 학생 각자의 학년 말 영어 실력이 학년 초에 비해 월등하게 나아졌다고요. 저는, 선생님이 하신 일을 놓고 서슴지 않고 한국 영어 교육의 혁명이라고까지 말하렵니다.

'어렵게', '많이' 그리고 '빨리' 가르치는 것이 한국 영어 교육의 전통이지요. 그리하여 모든 중고등학교 학생들이 가장 많은 시간을 들여 이 영어를 배우고 있으련만 3년간의 중학교는 고사하고 3년을 더 배워 고등학교를 나오고도 간단한 영어 편지 하나를 못 쓰는 것이 통례가 되어 있는 것입니다.

그간의 한국 영어 교육을 가장 좋게 보아 준대도 학생이 열 명 있으면 그중 한 명만 가르쳐 온 것이라 말할 수밖에 없는 것입니다. 그러니까 나머지 아홉 명의 학생은 하나를 위해서 들러리를 서 주었던 셈이지요. 이는 안 될 말입니다. 교과마다에 학년 수준과 분량과 진도를 정해 놓고 그에 미치지 못하는 학생은 그의 탓으로 돌리던 일제 강점기는 사라지고 없는데, 우리 교육법의 정신은, 선생님네 학교의 교장선생님 말씀대로, 교과서를 떼는 선생이 아니라 학생을 가르치는 선생이 되라는 것인데, 그 법이 제정 공포된 지 30년이 가까운 오늘에서야, 선생님의 교실에서 그 정신에 일치하는 영어 교육을 보게 된 것입니다.

앞서도 말씀드린 바와 같이 저는 해방 직후에, 그러니까 미국 군정하에서 중학교 2학년에게 영어를 가르쳤습니다. 저의 경우는 제2학기를 한 일주일 앞두고 교장신부님을 찾아뵙고는 영어로 된 천주교 교리를 교재로 쓰게 해 달라는 부탁을 드린 바 있었습니다. 저는 그 책의 정도와 분량이 학생들에게 알맞을 뿐만 아니라 그 내용이 장차 신부가 되려는 학생들의 관심을 적중시키고 있노라 믿었던 것입니다. 학생들이 배우기를 싫어하고 가르치는 것을 못 알아듣는 줄 알면서도 교과서의 페이지를 넘겨야만 하는 교사라면 세상에 못할 짓이 교원 노릇이었습니다.

제1학기의 저는 바로 그런 교원이었습니다. 그러나 제2학기의 저는 그들의 영어 실력을 길러 준, 행복한 교원이었습니다. 얄팍하고도 쉬운 영어책이나마 학급 공동으로 번역을 끝냈으니까요. 인쇄야 못했지만 학생

전원이 똑같은 원고지로 나누어 적어서 한 권의 책으로 제본한 뒤에 한 학생이 저에게 가져왔습니다. 표지를 보니 '1947년도 제2학년생 함께 우리말로 옮김'이라 적혀 있었습니다. 저는 학생들 얼굴을 훑어보았습니다. 참으로 감개가 무량해 보이더군요. 그 번역서는 원서와 함께 학교 도서실에 꽂히게 되었습니다.

하루의 일과를 다 마치시고, 사사로운 볼일로 군청소재지에까지 가셨던 노릇이 그날 밤 막차를 놓치시는 바람에 다음 날 새벽 네 시간 동안을 마라톤으로 달려서 학교의 첫 시간을 대어 오시고는 도리어 학생들이 말리는 바람에 수업을 안 하고 교실에서 앉아서 쉬셨다는 말씀도 재미있게 읽었습니다. 그 학생들이 공부가 하기 싫어서 선생님더러 쉬시라 한 것은 물론 아니지요. 선생님의 그 무거운 책임의식을 저희들 학생들은 일생 동안을 안 잊고 배워 지니겠으니 선생님께서는 부디 마음을 놓으시라는 뜻이었다고 저는 생각합니다. 영어 공부를 놓고도 한 시간의 영어 수업에서 배우는 것 몇 곱을 저희들 스스로가 기필코 공부하겠사오니 선생님께서는 부디 건강을 해치지 마십사는 뜻이었다고 저는 생각합니다.

선생님의 하숙집을 알고 있는 학생 하나가 그 집에 다녀오기를 자청하면서, 선생님이 학교에 와 계심을 알리고 선생님의 아침진지와 땀에 젖은 옷을 갈아입으실 것을 가져오겠다고 한 이야기에 이르러서는 '선생님의 학생 만세'라도 부르고 싶은 심정입니다. 아니, '선생님의 교육 만세'를 불러드려야겠군요. 인심은 천심이라는 말이 있습니다만 학생의 마음이 하늘의 마음이 아니겠습니까? 선생님도 염려 말라 하시면서 그 학생의 청을 사양은 하셨지만, 그런 학생들 앞에 계셨으니 시장하지도 않으셨겠고, 땀에 젖은 옷쯤이야 금방 말랐을 것입니다.

初년생 교원이었던 저의 이야기올시다. 서울 청량리 밖의 망우리 아랫동네에 기거하고 있었습니다. 일요일 밤 10시 현재로 무릎 위에까지 쌓인 눈을 보았습니다. 다음 날 아침의 교통 두절이 걱정이 되었습니다. 월요일 첫 시간 대어 가려면 새벽에 떠나도 될지 말지어서 일찍 잠을 청했습니다. 날이 훤하게 새었기에 놀랐습니다. 시계를 보니 새벽 2시였습니다. 날이 샌 것이 아니라 쌓인 눈 때문이었습니다. 밖에 나가 보니 눈은 허리에 닿았습니다. 그냥 떠났습니다. 학교는 용산구 원효로 4가에 있는데 아쩔하고 아득함을 느꼈습니다. 청량리, 동대문, 을지로, 서울역, 남영동을 돌았을 때까지 눈 속을 헤치고 가는 것은 저뿐이었습니다. 학교에 들어서니 첫 시간을 시작한 지 15분이나 지났습니다.

저는 교장신부님에게로 갔습니다. 밖에서 오는 선생님은 아무도 못 오려니 알고 학교 안에 기거하고 있는 신부님만으로 교내 기숙사생들만을 대상으로 모든 수업을 진행하기로 해서 이미 가르치기 시작했다는 말씀이었습니다. 저는 제 시간을 달라고 했습니다. 그렇다면 지금 가르치고 있는 신부님더러 나오라 해야겠기에 그 교실에 같이 가 보자는 교장신부님이었습니다. 수업 중인 교실에 함께 들어갔습니다. 그때 첫 시간의 남은 시간이래야 겨우 10분도 못 되었습니다. 교장신부님과 가르치고 계셨던 신부님, 그리고 늦게 와서나마 가르치러 들어간 저, 셋이서 함께 나머지 10분을 보냈습니다. 저는 난로 옆에 서서 땀에 젖고 눈에 젖은 옷을 말렸습니다. 물에 빠졌다 나온 쥐처럼 보였겠지만 웃는 학생은 하나도 없었습니다.

며칠 후, 교장신부님이 부르신다기에 가 뵈었더니 학교 안에 용원이 살고 있는 초가집이 하나 있는데, 그분에게 옮겨 갈 곳을 마련해 주겠으니 저더러 그 집으로 이사 오라 하시더군요. 그러고는 한마디를 더 보태셨어요.

"선생님의 집 걱정을 하는 학생들 등쌀에 교장인 내가 우선 급한 대로 이런 결정을 내렸습니다."

선생님, 서로 모르는 사이여서 처음에는 쑥스러운 마음으로 쓰기 시작한 이 서신이 지금은 100년 지기知己에게나 쓰는 것처럼 친숙함을 느낍니다

혹 실례가 된 일이 있었다면 그래서 저지른 것으로 생각하시고 관대한 마음으로 받아 주시기 바랍니다. 단 한 번만의 이 세상을 남의 아들딸을 가르치는 교원으로 보내기로 작정하신 선생님께, 먼저 교원 되어 같은 길을 가고 있는 제가 진심으로 축하를 드립니다.

자가용을 타고 와서 꽃 사 가지고
교문을 들어선 숙녀 어린이

선생님, 교장으로서의 고충도 들려주었고 학교 현장도 숨긴 것 없이 보여 주었으니 제 생각 모두를 적어 보내라는 선생님의 분부를 이제야 받들게 되었습니다. 무엇 하나 도움이 되는 말씀을 드리지 못하게 될까 보아 더욱이 걱정입니다만 제 생각은 이게 고작이라는 것만은 믿어 주시기 바랍니다.

선생님네 학교에서 온 종일 보내고자 학교 앞에서 버스를 내렸을 때입니다. 버스의 앞뒤로 30미터쯤 되는 거리에서는 선생님네 학교 어린이들 4명이 자가용에서 내리고 있었습니다. 초등학교 학생인데, 비틀면 열리는 문을 두고도 운전사가 먼저 내려서 열어 주기를 기다렸다가 내리는 것이었습니다. 저는 내리는 모습도 보았습니다. 두 무릎을 붙이고 몸만 사뿐히, 단아하기가 벌써 서양의 숙녀를 닮고 있었습니다. 운전사가 책가방을 공손히 챙겨서 들고 있건만 여유를 두었다가 받아 들고는, 그 운전사야 어련히 잘 가랴는 듯, 돌아보지도 않고 학교를 향해 발걸음을 옮기는 것이었습니다. 차가 떠난 그 자리에는 벌써 다른 자가용이 와 있었고, 이번에는 서양의 신사를 닮은 꼬마가 내리고, 저는 이 어린이와 함께 교문을 향해서 걷고 있었습니다. 그런데 앞서 가던 숙녀는 꽃가게 앞에서 발걸음을 멈추더니 꽃을 고르는 것이었습니다. 많이 사 본 솜씨였습니다. 가게 아줌마, 이 어린이의 손가락질에 따라 부지런히 가져다줄라치면 향기가 시원치 않다, 빛깔이 바랬다, 퇴짜를 놓기를 여러 번이었습니다. 백합꽃을 들고는 의젓하게 고개를 끄덕이더니 더 손질할 데며 싸는 방식이며를 일러 주는 것이 꼭 숙녀를 보는 것 같았습니다.

저 자신이 이렇게 느꼈을라고, 이 광경을 구경하던 다른 사람들도 있었습니다. 같은 나이의 남녀 어린이들인데 딴 학교에 등교하다가 걸음을 멈춘 것이었습니다. 그 부러워하는 시선들, 말이 없이 그저 보고만 있었습니다. 이윽고, 그 꼬마 숙녀는 손질하고 예쁘게 싼 백합꽃을 받아 들었습니다. 얼마냐고 묻기는 했지만 "비싸다, 깎자"는 물론 없었습니다. 호주머니에서 꺼내 든 돈은 500원짜리였습니다. 꽃값은 460원이었으니까 40원을 챙기는 가게 아줌마였는데 빙그레 웃으며 돌아서서 가는 꼬마 숙녀였습니다. 이것을 지켜본 공립학교 어린이들, 그저 서로 '어머머', 그 밖의 말이 없었습니다.

선생님, 부유한 가정의 어린이들만을 가르치려고 세운 사립 초등학교가 아닌데, 보통으로 사는 또는 가난하게 사는 가정에서는 그 자녀를 보내지 않아서 걱정이라는 선생님이셨습니다. 그래서 선생님은 사회 사업을 공부한 사람을 내세워 무료로 가르칠 가난한 가정의 어린이를 유치까지 해 보았지만 성공하지 못하셨다고요. 이럴 바에는 가난한 집의 어린이들만으로 또 하나의 초등학교를 세울 수밖에 없다고까지 생각하신 선생님이셨습니다. 이제는 제 생각을 말씀드리지요. 제 생각 같아서는 사회 각층의 자녀들로 선생님네 학생들을 구성하려고 서두르시기 전에 지금의 부유층 일변도의 학생들을 그냥 둔 채로도, 선생님네 학교의 교육 정신과 교육 실천을 지금의 학부모에게 이해시키고, 그들로 하여금 학교와 같은 방향에서 가정교육에 임하도록 하는 것이 급선무가 아닌가 합니다. 조금 전에 말씀드린 바 있는, 자가용 타고 와서 꽃 사 가지고 학교에 들어선 그 여자 어린이의 부모만을 보아도 학교와는 아주 딴판의 방향에서 그 어린 따님을 교육하고 있는 것이 분명합니다. 잘 아시다시피, 우리 학생들은 학교에서만 배우고 있는 것이 아닙니다. 가정도 학교이고 부모도 교사입니다. 저는 하루 종일을 선생님네 학교에서 어린이들과 살면서 교사들의 교육 정신과 교육 실천을 체험했습니다만, 자가용 타고 학교에 오라고도, 꽃 사 가지고 들어오라고도 하실 교사는 없었습니다.

바로 그날 1학년 교실에서였습니다. 걸어서 통학하는 데 따르는 모든 문제점을 한 시간 내내 토론하고 있었습니다. 그에 관련된 지식과 기능과 태도 등 1학년에 알맞게 철저히 가르치고 계셨습니다. 3학년 교실에서는 직업에 관한 공부를 하고 있었습니다. 어째서 귀천이 없는가를 알기 쉽게 풀이하시는 선생님이셨습니다. 집집마다의 변소를 퍼내는 청소부를 예로 들어 말씀하실 때 어린이들은 고개를 끄덕였습니다. 자기

집 자가용 운전사를 봉건시대의 무슨 하인이나 되는 것처럼 대하다니, 그 교사로서는 생각조차 못할 끔찍한 일임에 틀림이 없었습니다. 학교 앞에서 꽃을 사면서, 잊어버리고 거스름돈을 안 받은 것이 아니라, 엄격한 의미에서는 서양식 팁도 아닌, 돈 있대서 베푸는 자선치고는 값싼, 교만과 허영의 뒤범벅으로 40원을 받지 않고 학교에 들어선 그 학생의 5학년 교실에서는 공산주의가 어째서 나쁜가를 가르치고 있었습니다. 부자라면 덮어놓고 미워하고 죽인대서도 나쁘다는 것이었고, 민주주의는 그런 짓 안 하고도 고루 잘살게 한대서 좋다는 것이었습니다. 세습제도의 철폐와 세금제도의 강화도 그 방안의 일부라는 것이었습니다. 그 교사가 그 학생의 꽃 사기 행동을 용인할 리 없었습니다. 저는 들었습니다. 그 학생의 깜찍한 거짓말 변명을, 자기 집 앞뜰에 엄마가 가꾼 백합꽃인데, 하도 많이 피었다고 주셔서 가져왔노라는 이야기였습니다.

저는 짐작합니다. 그 학생의 어머니는 자기로 미루어 꽃을 받으면 좋아할 교사라 생각하고, 딸에게 돈 주어 사 가게 하고는 혹시나 사실대로 말하면 마음 상할까 염려되어 그런 거짓말을 딸에게 시킨 것이라고. 어린이에게는 어머니도 교사입니다. 아니, 어릴수록 어머니야말로 교사입니다, 한 어린이를 두 교사가 가르치고 있는 셈이지요. 가정의 어머니와 학교의 교사가 서로 다른 방향으로 한 어린이를 가르칠 때 어린이에게는 두 겹의 인격이 형성될 것은 뻔한 일인 것입니다. 더 말할 나위도 없이 학생을 가르치라는 학교 교사입니다. 그 학생을 바로 가르치자니 선생님네 학교의 교육 정신과 교육 실천을 학부모님들께 이해시켜야 한다고 저는 생각합니다. 어린이마다에 두 겹의 인격이 형성되지 않게끔 말입니다.

학교의 교육 정신과 교육 실천을 학부모에게 이해시키기란 어린이들을 가르치는 일 못지않게 어려운 일이기는 합니다만, 만약에 이 일을 성취하게 되면 그 정도에 따라 선생님의 소원대로 가난한 집에서도 그 자녀를 선생님네 학교에 보내고 싶어 하리라 저는 생각합니다. 부모가 가난하다는 이유로 어린이가 기를 펴지 못하고 학교에 다녀야 할 이유가 없어질 터이니까요. 아무리 무식한 부모라 할지라도 자기의 자녀가 기를 펴지 못하고 학교생활을 하면서 훌륭한 사람이 되어 가리라고는 생각하지 않을 것입니다. 학교에 다니고도 마음이 편해야 공부가 된다는 것쯤은 교육학자가 아니고라도 누구나 알 수 있는 사실입니다.

그런데 지금의 학생들 가정마다가 학교에서와 똑같은 성질과 방향의 교육을 하게 된다면, 부모의 빈부가 어린이들 사회에는 무관한 것이 되어 버릴 터이니 기를 펴고 못 펴고가 없어지는 것이지요. 마치 부잣집 어린이가 섞여 있는 지금의 공립학교처럼 되는 것이지요. 공립학교에 부잣집 어린이가 섞여 있다는 이유로 자녀를 보내지 않겠다는 학부모가 있다는 말을 저는 아직 들어보지 못했습니다. 가정교육의 성질과 방향이 학교 교육과 일치함으로써 어린이가 언제 어디서나 하나의 통합된 인격으로 자라나게만 되면 부잣집 자녀만으로도 선생님네 학교가 지금의 우리 사회에 존재해야 할 이유는 뚜렷하다는 것이 저의 생각입니다. 부잣집 자녀에 따르는 인성 발달상의 장단점에 도리어 집중적으로 대처해 나갈 수 있기 때문입니다.

저는 그날 선생님네 학교에서 그런 일면을 벌써 보았습니다. 6학년 반에서는 선생님도 어린이도 옷이 젖을 만큼 땀을 흘리면서 운동장의 한 모퉁이를 파헤치고 무와 배추를 심고 있었습니다. 잘되든 못되든 자기들이 그 무로 깍두기를, 그 배추로 김치를 담가 먹어 보겠다고 벼르고 있었습니다. 근로의 신성함과 즐거움을 체험하고 있는 모습이었습니다. 5학년 반에서는 학교 건너편 언덕 위, 판잣집 동네의 생활 실태를 토론하고 있었습니다. 그들의 생활 향상을 위해서는 현재 시청이 돕고 있는 일만으로는 부족하다는 그들이었습니다. 복지 사회의 기본 개념을 배우고 있는 모습이었습니다. 4학년 반에서는 수출 증대와 국민생활과의 관계를 공부하면서 기업의 사회적 책임에 관한 초보를 익히고 있었습니다.

저는 선생님네 학교의 이러한 학습 현장을 지켜보면서 문득 미국의 한 부유한 고장의 학교에서 있었던 일을 회상했습니다. 선생님네 학교는 가까운 곳에 가난한 사람들이 살고 있는데도 그 자녀들이 오지 않고 있지만, 그 고장에는 학구 전체가 부자들만 살고 있었습니다. 우리는 교사의 대우가 중앙 정부에 의해서 전국적으로 정해지지만 미국은 지방학구에 따라 다르기 마련이었습니다. 그래서 그 고장의 교사들은 다른 곳보다 월등하게 많은 보수를 받았습니다. 그만큼 유능한 교사를 확보했던 것이지요. 학생이 부잣집 자녀만으로 구성되어 있었기 때문에 그 특성과 장단점에 대처하는 교육을 했습니다. 문제는 학생에게 사회적 지성이 함양되면서부터 일어났습니다. 아버지의 하시는 일, 어머니가 사시는 방식 등을 비판적으로 보게 된 것이지요. 옳고 잘하시는 일도 많지만 그렇지 않은 일도 있다는 것이었습니다. 드디어 학부모들은 교육위원회로 하여금 교육감을 해임하게끔 압력을 넣기 시작했습니다. 교육감은 옳은 교육 뒷받침했는데 해임당할 이유가 없다는 것이었습니다. 재판을 하게 되고 교육감이 승소는 했으나 1년분 봉급인가 더 받고 교육감 직을 사퇴했다는 이야기입니다.

선생님, 이 경우는 부잣집 자녀이면서 학교의 교육을 받고는 자기 부모들의 일에까지 관여하려 한 데서 빚어진 사건입니다. 제가 앞서 선생님께 권고한 것은 먼저 학교의 교육 정신과 교육 실천에 대한 학부모의 동의를 얻어내는 일이었고, 그러고도 교육된 학생이 어른 되기를 기다려 부모보다 나은 사회적 책임의 실천자가 되게 하자는 것입니다.

미국의 부자 고장의 학교 이야기를 하다 보니 유럽에 있었던 학교 생각이 납니다. 정확한 연대도 나라 이름도 생각이 나지 않습니다만, 의무교육제도가 실시되기 이전의 유럽이었습니다. 중류 이하의 가정에서는 앞을 다투어 자녀를 학교에 보내는데 유독 귀족층에서만은 그것을 수치스러운 일로 여겨 고급의 가정교사를 고용해서 집에서 자녀를 가르치게 하는 것이었습니다. 밖의 사회는 달마다 해마다 민주화되어 가고 있는데, 이 귀족층의 자녀들은 집 안에만 들어앉아 고용인 가정교사로부터 더욱 귀족적인 교육만 받았습니다. 이때에 한 종교단체가 이 귀족 자녀들만을 위해서 학교를 세운 일이 있었습니다. 귀족 자녀의 장단점에 대처해 가면서 새 사회가 요청하는 지도자적 자질을 함양하기 위해서였지요. 이렇게 해서 일부러 귀족 자녀만을 모아서 옳은 교육을 한 학교도 있었을라고요.

선생님네 학교야 찾아온 부잣집 자녀인데, 어떤 종류의 교육을 어떻게 하느냐가 문제일 뿐이라고 생각합니다. 옳은 교육 하고도 허사가 되지 않게 하기 위해서, 학생의 또 하나의 더 중요한 학교인 가정의 교육적 협력을 얻어내는 일만 하면 된다는 것이 제 생각의 모두입니다.

선생님, 자가용 타고 와서 꽃 사 가지고 교문을 들어서던 5학년 여자 어린이의 이야기로 시작한 제 글월이었으니 끝을 맺음도 그 어린이의 이야기로 하겠습니다. 칭찬할 일이 아닌 것을 꺼내 놓고 보니 마음에 걸리는 데다가 선생님께 거짓말한 것까지 말씀드리게 되어 제 마음은 더욱 안된 느낌입니다. 행여나 선생님께서는 담임선생님을 통해서 그날 백합꽃을 들고 온 어린이가 누구였는지 알아보실까 보아 적이 걱정이 되는군요. 더군다나 그 어린이를 부르셔서 거짓말을 자백받지는 않으시겠지요. 더더군다나 그 어머니에게 나무라는 말씀이야 안 하시겠지요. 실례 막심한 말씀이오나 제가 정중하게 드리는 부탁을 받아 주셔서 그 일만은 본인과 어머니에게 없었던 일로 해 주시기 바랍니다.

사실은 제 자신이 그 어린이의 깜찍스러운 거짓말을 들었을 적에, 저도 학교 선생인데, 제가 꽃 가게에서 사는 것을 보았노라 말하고 바른대로 선생님께 말씀드리게 하려고도 했었습니다. 그러나 그때 그러지 아니한 이유가 저에게는 있었습니다. 그 어린이는 선생님네 학교에서 5년째 '정직'을 배워 왔지만, 제 집에서 받아 온 11년째의 또 다른 교육이 있는 것입니다. 그날의 꽃 사기와 거짓말하기는 바로 이 11년째 받아온 가정교육의 소산이었던 것입니다. 5년째의 학교에서 정직하라는데 어기고 한 거짓말이었던 것이 아니라, 11년째의 학교인 가정에서 가르친

대로 고지식하게 순종한 것뿐이었습니다. 이래서 저는 그 거짓말을 듣고도 못 들은 것으로 한 것입니다.

선생님, 그 어머니가 당신의 용무로 학교에 찾아오시는 날을 기다리셨다가 그 어머니의 자녀 교육관을 바로잡아 주시지요. 앞서의 말씀대로 학교의 교육 정신과 교육 실천에 찬동을 얻어 주시지요. 그래서 가정에서 가르친 대로 순종한 노릇이 학교에서 가르친 바와 일치하는 날이 오게 해 주시기 바랍니다.

저는 지금 이 당돌한 건의를 드리면서 6·25동란기의 천막 학교에서 있었던 일을 회상하고 있습니다. 저는 그날에도 저와 함께 교문을 들어선 4학년 남자 어린이를 관찰하고 있었습니다. 한 어린이의 하루 학교 생활을 계속해서 관찰하고 있었습니다. 학교가 시작되기 약 20분 전의 일입니다. 책에 손가락을 꽂은 채 들고 온 책을 다 읽었습니다. 자기의 천막 교실 구석에 차려 놓은 학급도서를 뒤지는 것이었습니다. 읽을 만한 책이 없다는 표정이더니 이웃 천막 교실로 가는 것이었습니다. 3학년의 학급문고를 뒤지더니 한 권을 뽑아 들고 선 채로 읽다가 가까운 곳의 빈 의자에 앉았습니다. 당번의 항의를 받고는 다시 꽂아 놓았습니다. 그 당번이 주전자에 물을 채우러 나간 새 다시 그 책을 뽑아 들었습니다. 교실 내에 학생은 많았지만 아무도 자기를 쳐다보지 않음을 알고는 교실 문 가까이 가서 앉더니 그 책을 바닥에 떨어뜨리는 것이었지요. 운동화를 벗고 허리를 굽혀 다시 신는 척할 때였습니다. 그 책을 양복저고리 속으로 넣는 것이었습니다. 허리를 펴고는 의젓한 자세로 그 천막을 나가는 것을 보았을 때, 저는 그 목덜미를 잡고 도둑놈을 잡았다 외치며 저고리 안에 숨긴 그 책을 뺏어 낼까 했었습니다. 그러나 그 순간 저는 조금 전까지 보아 둔 그 학생의 독서열이 생각났습니다. 그리고 그 책을 못 읽게 한 당번이 생각났습니다. 분명한 도둑질이기는 하지만 읽고 나면 도로 제자리에 갖다 꽂을는지도 모르는 일이었습니다. 그래서 저는 그 어린이의 목덜미에 손을 대지 않았습니다.

제 천막 교실로 가서 제 자리에 앉은 그 어린이는 또 신발을 벗고 신느라 허리를 굽히고 그때 책을 꺼내더니 일사불란 그 책만 읽는 것이었습니다. 첫째 시간이 되어 국어를 공부하는데도 그 책만 읽더니, 둘째 시간 산수 공부를 마칠 때에는 마지막 장을 읽고 그 책을 닫는 것이었습니다. 쉬는 시간에 그 책을 들고 가서 도로 갖다 꽂는 데에는 달려가서 안아 주고 싶을 만큼 고마웠습니다. 그러나 같은 수법으로 다른 책을 훔쳐 오는 데에는 어찌할 바를 몰랐습니다. 하루의 공부를 마치고 가방을 챙길 때에 그 책도 가방에 들어가고 그 학생은 교문을 나섰습니다.

교장선생님의 허락으로 하루를 그 학교에서 보낸 저는 교장실에 들렀습니다. 이 엄청난 큰일을 보고드렸습니다. 처음에는 저를 믿지 않으려 하셨습니다. 나중에는 당장에 그 학생과 어머니를 부르려 하셨습니다. 나쁜 짓 가운데 가장 나쁜 짓이 도둑질인데, 그러고도 지능적인 도둑질인데 어찌 그냥 둘 수 있느냐는 것이었습니다. 그때의 저의 건의는 두 번째로 훔쳐 낸 책도 제 손으로 가져다 꽂을 것으로 믿어 보자는 것이었습니다. 어린이 본인은 물론 어머니에게도 이 일은 없었던 것으로 하자는 것이었습니다. 그리고 학교에 자주 오는 어머니시라니 오실 때를 기다려서 책을 좋아하는 아들에게 한 아름의 책을 안겨 주라 권고하자는 것이었습니다. 그러고는 시간이 있는 대로 학교와 일치하는 가정의 교육을 토론하자는 것이었습니다.

그로부터 10년이 지난 어느 날 저는 그 교장선생님을 뵈었습니다. 저는 잊고 있는 그 학생의 이름을 대시면서 중학교, 고등학교를 내리 모범생으로 마치더니 대학생활도 훌륭하게 하고 있노라는 말씀이셨습니다.

선생님, 자가용 타고 와서 꽃 사 가지고 담임선생님께 드리면서 거짓말했던 그 5학년 여자 어린이도, 4학년 시절에 도둑질했던 이 대학생처럼 앞날이 잘 풀려 나가기를 기원하면서 이만 줄이겠습니다.

편지 7

머리 나쁜 학생의 교육에서도
낙을 찾으신 선생님

선생님, 이제야 선생님네 학교의 견학 소감을 말씀드리게 되었습니다. 제가 떠나온 후에도 학생들 모두가 행복하게 배움을 계속하고 있으리라 믿습니다. 어느 사회의 옛 선생인들 머리 좋은 학생을 만나 가르치는 것을 낙으로 삼지 않았겠습니까만, 지금의 선생치고는 우리만큼, 예외적으로 머리가 나빠서 더디게 배우는 학생을 기피하는 사회도 없지 않나 생각됩니다. 그런데 귀교의 선생님들은 머리 나쁜 학생을 만나 가르치는 것을 낙으로 삼고 있는 점에서 그야말로 예외적이셨습니다. 젖먹이 아기도 자기와 함께 있는 것을 낙으로 여기지 않는 어른들 속에서는 그의 성장이 일그러지기 마련인데, 아무리 머리가 나쁘기로 여섯 살이 지나고서야 자기를 가르치는 것을 낙으로 삼고 있는 선생님들 속에서인데 신나게 배우지 않을 수가 없었습니다. 선생님네 학교를 견학하고 가장 감명 깊었던 것은 바로 이 점이었습니다. 머리 나쁜 학생들 속에 파묻혀 회로애락을 나누며 그들을 가르치는 일을 낙으로 삼고 있는 선생님들의 교직관이었습니다.

　나이는 열세 살이고 학교는 7년째 다니고 있기에 중학부로 부르고는 있지만, 읽기 교재는 보통 머리의 초등학교 2학년 아동 수준의 것을 가르칠 수밖에 없는데도, 그뿐만 아니라 보통 머리의 아동이라면 한 시간이면 거뜬히 가르칠 수 있는 것을 하루는 고사하고 열흘이 걸려도 미흡함을 느낄 수밖에 없는데도 어느 선생님 한 분 짜증 내시는 것을 못 보았습니다. 저 자신의 관찰이 피상적인가 보아 선생님들과 이야기를 주고받고도 해 보았습니다. 속으로는 머리 좋은 학생을 가르치고 있는 다른 학교의 동료들이 부러운데 겉으로만 웃는 표정을 짓고 있는 것이 아니셨습니다. 머리 좋은 학생이야 꼭 선생이 잘 가르쳐서 잘 자라는 것은 아니지만, 경우에 따라서는 선생 없이도 공부를 잘해 가기도 하지만, 그래서 열심히 가르치고도 꼭 그 때문에 잘된 것이라는 확신이 가지 않아 마음속 깊은 희열까지는 맛보지 못하는데, 머리 나쁜 학생을 가르치기란 그렇지가 않다는 것이었습니다.

　한두 해도 아니고 5년간은 꼬박 학교에 다녔는데도 제 이름 석 자 쓰기는 고사하고 남이 알아듣도록 말로도 못하는 학생이었는데, 그를 데려다가 가르친 지 만 1년 반이 되는 오늘, 이름과 주소를 말하고 쓰는 것은 물론 목마를 때 '물', 배고플 때 '밥', 대소변 마려울 때 '변소', 배 아플 때 '배 아프다'까지 말하고 쓰게 되었다면서 좋아하시는 선생님이셨습니다. 그것도 보통 좋아하시는 것이 아니었습니다. 그 선생님의 교육을 받아 그리된 그 학생이 그렇게 좋아하는 거라면 이해가 갈 수 있지만 선생님이 그러시는 데에는 이해가 가지 않을 정도로 좋아하시는 것이었습니다. 그 선생님은 1년 반의 교원 노릇에서 맛보신 희열인데, 남들은 15년, 아니 30년을 교원 노릇 하고도 자기 것으로 하기가 어려운 그 정도로 순수하고 깊은 희열이라 생각되었습니다.

우리 누구나 아들딸을 낳아서 기르고 있지만, 때가 되어 이 세상을 하직하기 이전에 부모 없이 살아갈 능력을 자녀에서 찾지 못하는 경우, 그 부모 그 자녀는 불행이라는 말도 부족한 것이지요, 그런데 그 선생님은 단 1년 반 만에, 부모는 10년, 다른 교원들은 5년을 걸리고도 길러 주지 못한 능력, 그중에서도 먹고 싸고 그래서 생존하는 능력과, 말하고 써서 남과 사이 맺고 그래서 사람 구실하는 능력을 길러 주셨으니, 이제 저는 그 선생님이 왜 그리도 좋아하셨는지 알 만합니다. 머리 나쁜 학생을 만나 가르치는 일도 교원의 낙으로 삼을 만한 것임을 저는 그 선생님을 보아 실감 있게 느낄 수가 있었습니다.

생각하면, 우리 사회는 사람이면 누구나, 따라서 머리 나쁜 어린이도, 생존할 권리를, 그러자니 그 수단을 배워 지닐 권리를 지니고 있다는 것을 인정하고 있습니다. 그래서 우리나라는 모든 남녀 어린이를, 따라서 머리 나쁜 어린이도, 교육할 책임을 지고 있습니다. 우리 조상은 그런 권리를 인정하지 않았었건만 우리는 인정했고, 우리 옛 나라는 그러한 책임을 지지 않았었건만 지금의 우리나라는 그러한 책임을 지고 있습니다. 그래서 우리는 이웃 사회와 나라들의 멸시를 받지 않고 있으며, 후손들에게도 떳떳합니다. 그런데 아직도 남아 있는 것이 그 권리의 인정과 그 책임의 이행에 있어서의 차등입니다. 학습의 권리를 인정은 하면서도 머리 나쁜 어린이는 뒤로 돌리고 있는 것입니다. 교육에 책임을 지고는 있으면서도 머리 좋은 어린이를 앞으로 내세우고 있는 것입니다. 이른바 '우선순위'라는 것으로 권리의 실질적 제한과 책임의 실질적 천연이 아직도 없어지지 않고 있는 것입니다.

그런데 저는 바로 이 제한된 권리의 회복과 천연된 책임의 이행에 앞장서고 있는 분들을 선생님네 학교에서 본 것입니다. 그뿐만 아니라 앞장서신 그분들을 힘껏 밀어 주고 있는 우리 사회와 나라의 새롭고도 착한 결의도 실감 나게 확인할 수가 있었습니다. 저는 선생님네 학교의 견학을 통해서 머리 나쁜 학생의 교육에서도 낙을 찾는 현대적 교사들이 속속 선생님들의 뒤를 따를 것을 믿을 수 있게 되었습니다. 머리 좋은 학생들의 교육에 차등이 없는 행정적 지원과 사회적 후원도 힘차게 계속될 것도 확신을 가지게 되었습니다. 그래서 머리 나쁜 학생도 학습의 권리를 누리고 있고, 나라의 교육 책임을 이행받고 있는 이 사실만으로 이웃 사회와 나라의 존경을 받아 가며 후손들에게 자랑스러운 정신적 유산을 물려주게 될 것을 믿게 되었습니다. 인류의 역사는 일진일퇴와 명암 교차를 거듭하면서도 결국에는 진리를 따라 전개된다는 것을 믿고 있는 저입니다. 선생님네 학교를 보고는 우리의 교육도 진리의 편에 서서 역사하고 있음을 저는 실감 나게 느꼈습니다.

선생님네 학교를 견학하고 놀랄 만큼 깊은 감명을 받은 것은 절반 이상의 어린이들이 자기의 실상實像을 스스로가 용인하고 있다는 사실이었습니다. 남이면 여섯 살 전후해서 거뜬히 해낼 셈을 자기는 열 살이 되고도 한참 만에야 겨우 해내는 자기인 줄을 알면서도 미워하지 않고, 남이면 12년간 교육을 받고 다시 4년을 더 배웠건만 '정직' 하나를 살지 못하는 것을, 자기는 살아생전에 속여 본 일이 없어 '정직'을 배울 필요조차가 없는 자기인 줄을 알면서도 뽐내지 않았습니다. 그것은 마치 농구 경기의 참관을 유달리 좋아하면서도 1미터 60센티미터밖에 안 되는 자기의 키를 미워하지 않고, 한 시간을 계속해야만 연주가 끝날 모든 악보를 깡그리 암송하여 교향악단을 지휘할 수 있으면서도 뽐내지 않는 사람과도 같았습니다. 사실을 사실대로 인정할 뿐, 거기에 인간으로서의 우열을 결부시키지 않는 것이었습니다.

남이 가진 것 나는 없대서 슬퍼하지도 아니하고, 남이 없는 것 나는 가졌대서 우쭐하지도 않는 학생들이었습니다. 나는 남과 다를 뿐, 도리어 그래서 남이 대신 못할 사람이 될 수 있는 '나'라는 것을 믿고 있는 학생들이었습니다. 교실마다 빠뜨리지 아니하고 방문하였지만 낯선 사람을 보고도 부끄러워하는 학생이 없었습니다. 공부하고 있는 그들을 계제가 되어서 도와주려는데 마다하는 학생이 없었습니다. 도와주고 돌아서려는데 옷자락을 잡고 자기 모르는 것을 묻기까지 하는 학생도 있었습니다. 교실에서 머리를 쓰다듬어 준 것을 기억했다가 몇 시간 후 학교를 나오는 저를 어디서 보았는지 달려와서 잘 가라는 인사를 한 학생도 있었습니다. 학생들이 자신들을 어떻게 보았으면 자기 선생님은 물론 낯선 사람까지, 외면하고 찌푸리고, 아니면 바라보되 마음에 찬 또는 부러운 듯한 표정들이 그렇게도 없었겠습니까? 학생들이 자신들을 어떻게 보았으면 동급생들끼리는 물론 상하급생들과 눈 흘기고 욕설하고 싸움질하는 학생들이 그렇게도 없었겠습니까? 학생들이 자신들을 어떻게 보았으면 시끄럽게 떠들어 대고 아무 데나 침 뱉고 학교 물건 마구 쓰는 학생들이 그렇게도 없었겠습니까? 이 모두는 학생들이 자기의 실상을 스스로 받아들이되 그 값을 인정하고 있는 증거입니다. 자기의 존재 이유를 알고 이 세상살이를 긍정하고 있는 증거입니다. 행복만이 기다리고 있는 자기의 앞날이 아니라는 것도, 그렇다고 불행만이 있는 것도 아닌 자기를 내놓고 살아 볼 만은 한 앞날로 보고 있는 증거입니다.

저는 학생들이 이리 된 것이 우연이라고는 생각하지 않습니다. 선생님들이 이 학생들을 어떻게 보고 있느냐와 매우 깊은 관계가 있다고 생각합니다.

머리 나쁜 사람 곧 못난 사람으로 보지 않는 선생님 아래에서만, 키가 큰 사람 곧 잘난 사람이 아니고, 피부가 검은 사람 곧 못난 사람이 아니라고 믿는 선생님 아래에서만, 사람이 서로 다를 뿐 그것만으로 사람으로서의 우열이 정해지는 것은 아니라고 믿는 선생님 아래에서만, 서로 다른 만큼 더욱 다른 사람이 되어져서 남이 대신 못할 사람이 되어야만 훌륭한 사람이라고 믿는 선생님 아래에서만 앞서와 같이 자신을 보는 학생, 앞서와 같이 행동하는 학생이 될 수가 있는 것으로 생각합니다. 한걸음 더 들어가서 생각하면 선생님들의 이러한 학생관은 선생님들의 자아관을 포함한 인간관에 뿌리박고 있음은 물론입니다. 저는 앞서 머리 좋은 학생들만을 찾아 헤매다시피 된 교육계의 풍토를 개탄한 바 있습니다만, 그리고 머리 나쁜 학생의 교육에서도 교원으로서의 낙을 찾으신 선생님네 학교를 찬양한 바 있습니다만, 학생들의 자랑스러운 성장은 선생님들의 자랑스러운 인간관에 말미암은 바 크다고 생각됩니다. 그런데 선생님, 저는 이 자랑스러운 인간관이 두 가지의 행정적 뒷받침을 받아 결실되고 있음을 알았습니다. 하나는 지원제 교사 임용이요, 다른 하나는 전문적 과정의 이수를 위한 교원의 야간 대학원 진학의 권장이었습니다. 지원제 교사 임용은 머리 나쁜 학생의 교육에 이미 높은 가치를 인정하는 분들이 교단에 서게 하는 데 도움을 주었고, 대학원 과정의 이수는 그러한 인간관을 더한층 깊게 하고 높이는 데 도움을 주었습니다.

선생님도 아시다시피 다른 학교의 교사들은 인사이동이라는 행정명령으로 원하지 않는 곳의 학교라 할지라도 교원 노릇을 할 수밖에 없는데, 선생님네 교사의 경우에는 본인 의사에 반한 타교에의 전출이 없었습니다. 선생님도 아시다시피 다른 학교의 교사들은 야간에 대학원을 다니면서도 교장의 눈치를 보는 경우가 많은데, 선생님네 교사들은 오히려 권장을 받고 있었습니다. 저는 선생님네 학교에서의 실험을 거울삼아, 이제 다른 학교에도 이 두 가지 행정적 후원 조치를 점차 확대해 나가야 옳다고 생각합니다. 교사 본인이 원해서 그 학교에 가게 되고, 간 뒤에도 계속해서 전문 교육을 받게끔 말입니다. 그래서 옳고 착한 교육의 기초가 되는 교사의 인간관과 교직관을 바로잡고, 나아가서는 올바른 학생관의 정립으로 마침내는 학생들의 올바른 성장의 바탕이 되는 학생 스스로의 자아관과 인생관을 바로잡아 주게끔 말입니다.

선생님네 학교에서 크게 배운 또 하나는 철저한 개별 교육 속에서도 공동 학습을 잘 조화시키고 있었던 점이었습니다. 개별 교육의 철저로 말한다면, 환자마다를 진찰하고, 따라서 치료 또한 환자마다가 다르듯이, 학생마다 이해를 따로 하고 따라서 교육 방안 또한 학생마다가 달랐습니다. 엄밀히 말해서 선생님네 학교의 교육과정은 학생 수효만큼, 무려 200여 개나 있었습니다. 모든 선생님은, 환자의 치료는 그를 진찰한 의사만이 하듯, 학생의 개별적 이해를 바탕으로 따로따로 교육과정을 구성하고 계셨습니다. 병원장이 의사가 하는 환자의 치료에는 간섭하지 않듯, 교장선생님은 교사가 하는 학생의 개개인 교육과정 구성에는 간섭하지 않으셨습니다. 한마디로 여러모로 병원을 닮은 선생님네 학교였습니다.

그런데 병원에는 없는 것이 있었습니다. 여러 학생을 집단적으로 교육하는 일이 그것입니다. 병원을 닮은 점에서는 다른 학교들과 온통 다른 선생님네 학교였지만, 여러 학생을 집단적으로 교육하는 일에 있어서도 다른 학교들과는 매우 달랐습니다. 집단적 놀이 곧 공부였습니다. 그 공부 곧 생활이었습니다. 그 생활 곧 진로지도였습니다. 한마디로 크고 작고 간에 집단적으로 놀이를 시키는 중에 개별적으로는 기를 수 없는 오만 가지 능력을 모두 길러내고 있었습니다. 남들과 어울려 사는 법을 가르쳐 주고 있었습니다. 기성 사회에 맞추어 순응하는 법만이 아니었습니다. 기성 사회를 뜯어고치어 사람에게 맞추는 힘도 기르고 있었습니다. 놀이와 일이 분리되어 있어서 놀이는 즐겁대서 하고 싶어 하고, 일은 힘들대서 하기 싫어하는 기성 사회인들인데 선생님네 학생들에게는 놀이가 곧 일이어서 일이 즐겁대서 하고 싶어 하는 것이었습니다. 다른 학교의 학생들이라고 공부가 즐겁대서 하고 싶어 하고, 일요일이면 학교를 쉰대서 싫어하는 학생이 아주야 없겠습니까만, 선생님네 학생들은 정작 공부가 즐겁대서 하고 싶어 하고, 일요일인데도 어머니를 졸라 함께 선생님 계신 곳을 찾고 있었습니다. 일과 놀이의 일치, 이것이 장차의 사회에 주는 뜻은 작은 것이 아니라고 생각합니다. 다른 학교 학생들 모두가 선생님네 학생들처럼 공부는 즐거운 것으로 체험하기를 거듭하는 날에는 장차 그들이 세울 사회가 지금보다야 훨씬 인간화된 것으로 고쳐지리라 생각되었습니다.

제가 이번에 선생님네 학교를 견학하고 놀란 또 하나의 사실은 학생들 대부분이 가난한 집의 자녀들이라는 것이었습니다. 하루 이틀이나 한두 달이 아니라 한 학기 동안을, 머리가 정상적인 학생들 속에 끼어서 학교를 다녀 보게 한 다음 교사의 권고와 학부모의 찬동으로 선생님네 학교로 전학해 오게 한 것은 어느 모로나 온당하기 그지없는 처사라고 생각됩니다만, 그 결과가 가난한 집의 자녀들로 학생들의 주류를 이루게 된 것은 어딘지 모르게 석연하지 못한 점이었습니다. 첫째로는 이전에 다니던 학교에서의 교사와 학부모 간의 협의 과정에 잘못이 있었거나, 둘째로는 선천적이든 또는 후천적인 병으로이든, 머리가 나쁜 학생들만이 아니라, 잘못 교육한 까닭으로 성장이 일그러진 학생들까지 전학시켜서가 아닌가 생각되는 것입니다. 만약에 선생님네 학교로 오게 하는 협의 과정에서 잘사는 집의 머리 나쁜 학생을 제외하지 않았거나, 머리가 나빠서가 아니라 교육이 잘못되어 성장이 뒤처진 학생을 전학에 포함시키지 않았다면 선생님네 학생들이 가난한 집의 자녀로 주류를 이루게까지는 안 되었을 것으로 생각되는 것입니다.

제가 이 문제를 제기하는 까닭은 보통교육의 영역에 속하는 고등학교까지의 교육에 있어서는 한 학교의 학생들이 출신 가정의 사회적 계층으로 보아 어느 한 층만으로 구성되어 있을 적에는 그 학교의 학생교육에 적지 않은 지장을 초래한다는 것을 믿기 때문입니다. 사회가 각층으로 구성되어 있는데, 학생들도 각층의 가정으로 구성되어 있어야만 서로가 서로의 처지를 이해하게 되어 장차 살기 좋은 사회를 건설할 인간적 기반을 잘 배워 지닐 수가 있는 것입니다. 사립 초등학교의 학생들이 잘사는 집의 자녀들로만 구성될 경우 그 학생들의 교육을 위해서 좋지 않은 것과 마찬가지로, 선생님네 학생들 속에도 잘사는 집의 자녀가 밖의 사회에서처럼 뒤섞여 있어야 학생들 서로가 더욱 올바로 자라날 수가 있는 것입니다. 저는 앞서도 명백히 한 바와 같이 선생님네 학교는 머리 나쁜 학생들에게 알맞게 좋은 교육을 실시하고 있노라 믿는 까닭에, 무슨 방법을 강구해서라도, 다른 초등학교들이 잘사는 집의 머리 나쁜 학생을 전학 권고에서 제외하거나, 머리가 나빠서가 아니라 가정의 가난 등 이유로 교육을 잘못해서 성장이 일그러진 학생을 전학 권고에 포함시키거나 하는 따위의 짓을 엄중히 방지해야 할 것으로 생각합니다.

끝으로 하나만 더 제의할 것이 있습니다. 그것은 선생님네 학교의 이름을 바꾸는 일입니다. 지금의 우리 교육법의 정신에 따라, 학생의 학습 능력에 맞추어서 가르치는 수준과 속도를 정하고 있는 선생님네 학교야말로 정식 초등학교 및 중학교의 칭호를 누려야 옳다고 생각합니다. 교육의 방식을 고쳐야 할 것은, 일제 강점기의 선발 교육의 낡은 관념에 사로잡힌 채 가르치는 수준과 속도를 미리 정해 놓고 이를 따라오는 학생들만을 상대로 가르치고 있는 대부분의 다른 학교들이라고 생각합니다. 이름이 문제이거나 정규 학교의 법적 지위가 특수학교보다 높대서도 아닙니다. 우리의 자랑스러운 교육법 정신이 선생님네 학교에서처럼 다른 대부분의 학교에서도 실현되기를 바라는 마음에서입니다. 정규 학교의 이름으로는 학급당 학생 수, 교과서의 사용 등 여러 가지 제한을 받게 된대서 '각종 학교'의 이름을 사용하는 것이라면 그러한 제한을 두고 있는 관계 법규의 개정을 서둘러 실현하는 것이 옳다고 생각합니다. 선생님네 학교의 이름을 바꾸어 정규 학교로 고쳐야만, 다른 정규 학교들이 선생님네 학교가 모처럼 개척해 놓으신 교육법 정신대로의 교육 방식에 합세하기가 쉬워질 것입니다. 우리나라의 다른 지역에서 머리 나쁜 학생들만을 추려서 따로 이 학교를 세우려 할 경우 선생님네 학교가 더없이 좋은 본이 되리라는 것은 의심의 여지가 없습니다.

그러나 선생님네 학교의 존재 이유는 그에 그치는 것이 아닙니다. 머리 좋고 가정 좋은 학생들을 본위로만 해서 가르치고 있는, 그래서 나머지 학생들은 그야말로 건성으로 학교를 왕래하다시피 하고 있는, 대부분의 다른 학교들에게 선생님네 학교의 교육 정신과 방식이 적용되어야 할 것입니다. 생각하면, 대부분의 다른 학교들은 머리 좋고 가정 좋은 학생들조차 알맞게 교육하고 있는 것도 아닙니다. 사실은 선생님네 학교의 교육 정신과 방식은 이들의 교육에야말로 적용되어야 합니다. 저는 선생님네 학교가 정규 초등학교 및 중학교의 이름으로, 대부분의 다른 학교들에게 교육 정신과 방식에 있어 그 본이 되어야 한다고 믿고 있습니다.

선생님, 제가 떠나온 후에도 학생들 모두가 행복하게 배움을 계속하고 있으리라 믿습니다. 그리고 선생님들 모두가 그들과의 만남을 낙으로 삼아 교육을 계속하고 계시리라 믿습니다. 저 역시 선생님들과 학생들이 함께 남기시는 발자취를 따라가며 공부를 계속할 것입니다.

삶의 행복을 꿈꾸는 교육은
어디에서 오는가? 미래 100년을 향한 새로운 교육

혁신교육을
실천하는
교사들의 필독서

▶ 교육혁명을 앞당기는 배움책 이야기
혁신교육의 철학과 잉걸진 미래를 만나다!

핀란드 교육혁명
한국교육연구네트워크 총서 01 | 320쪽 | 값 15,000원

일제고사를 넘어서
한국교육연구네트워크 총서 02 | 284쪽 | 값 13,000원

새로운 사회를 여는 교육혁명
한국교육연구네트워크 총서 03 | 380쪽 | 값 17,000원

교장제도 혁명
한국교육연구네트워크 총서 04 | 268쪽 | 값 14,000원

새로운 사회를 여는 교육자치 혁명
한국교육연구네트워크 총서 05 | 312쪽 | 값 15,000원

혁신학교에 대한 교육학적 성찰
한국교육연구네트워크 총서 06 | 308쪽 | 값 15,000원

혁신학교
성열관·이순철 지음 | 224쪽 | 값 12,000원

행복한 혁신학교 만들기
초등교육과정연구모임 지음 | 264쪽 | 값 13,000원

서울형 혁신학교 이야기
이부영 지음 | 320쪽 | 값 15,000원

혁신교육, 철학을 만나다
브렌트 데이비스·데니스 수마라 지음
현인철·서용선 옮김 | 304쪽 | 값 15,000원

혁신교육 존 듀이에게 묻다
서용선 지음 | 292쪽 | 값 14,000원

다시 읽는 조선 교육사
이만규 지음 | 750쪽 | 값 33,000원

프레이리와 교육
한국교육연구네트워크 번역 총서 01
존 엘리아스 지음 | 한국교육연구네트워크 옮김
276쪽 | 값 14,000원

교육은 사회를 바꿀 수 있을까?
한국교육연구네트워크 번역 총서 02
마이클 애플 지음 | 강희룡·김선우·박원순·이형빈 옮김
352쪽 | 값 16,000원

**비판적 페다고지는
세상을 변화시킬 수 있는가?**
한국교육연구네트워크 번역 총서 03
Seewha Cho 지음 | 심성보·조시화 옮김 | 280쪽 | 값 14,000원

미래교육의 열쇠, 창의적 문화교육
심광현·노명우·강정석 지음 | 368쪽 | 값 16,000원

대한민국 교사, 어떻게 가르칠 것인가?
윤성관 지음 | 320쪽 | 값 15,000원

아이들을 어떻게 가르칠 것인가
사토 마나부 지음 | 박찬영 옮김 | 232쪽 | 값 13,000원

아이들의 배움은 어떻게 깊어지는가
이시이 준지 지음 | 방지현·이창희 옮김
200쪽 | 값 11,000원

북유럽 교육 기행
정애경 외 14인 지음 | 288쪽 | 값 14,000원

모두를 위한 국제이해교육
한국국제이해교육학회 지음 | 364쪽 | 값 16,000원

경쟁을 넘어 발달 교육으로
현광일 지음 | 288쪽 | 값 14,000원

독일 교육, 왜 강한가?
박성희 지음 | 324쪽 | 값 15,000원

대한민국 교육혁명
교육혁명공동행동 연구위원회 지음 | 152쪽 | 값 15,000원

▶ 비고츠키 선집 시리즈
발달과 협력의 교육학 어떻게 읽을 것인가?

 생각과 말
레프 세묘노비치 비고츠키 지음
배희철·김용호·D. 켈로그 옮김 | 690쪽 | 값 33,000원

 성장과 분화
L.S. 비고츠키 지음 | 비고츠키연구회 옮김
308쪽 | 값 15,000원

 도구와 기호
비고츠키·루리야 지음 | 비고츠키연구회 옮김
336쪽 | 값 16,000원

 관계의 교육학, 비고츠키
진보교육연구소 비고츠키교육학실천연구모임 지음
300쪽 | 값 15,000원

 어린이 자기행동숙달의 역사와 발달 I
L.S. 비고츠키 지음 | 비고츠키연구회 옮김
564쪽 | 값 28,000원

 비고츠키 생각과 말 쉽게 읽기
진보교육연구소 비고츠키교육학실천연구모임 지음
316쪽 | 값 15,000원

 어린이 자기행동숙달의 역사와 발달 II
L.S. 비고츠키 지음 | 비고츠키연구회 옮김
552쪽 | 값 28,000원

 비고츠키와 인지 발달의 비밀
A.R. 루리야 지음 | 배희철 옮김 | 280쪽 | 값 15,000원

 어린이의 상상과 창조
L.S. 비고츠키 지음 | 비고츠키연구회 옮김
280쪽 | 값 15,000원

▶ 평화샘 프로젝트 매뉴얼 시리즈
학교 폭력에 대한 근본적인 예방과 대책을 찾는다

 학교 폭력 어떻게 만들어지는가
문재현 외 지음 | 300쪽 | 값 14,000원

 아이들을 살리는 동네
문재현·신동명·김수동 지음 | 204쪽 | 값 10,000원

 학교 폭력, 멈춰!
문재현 외 지음 | 348쪽 | 값 15,000원

 평화! 행복한 학교의 시작
문재현 외 지음 | 252쪽 | 값 12,000원

 왕따, 이렇게 해결할 수 있다
문재현 외 지음 | 236쪽 | 값 12,000원

 마을에 배움의 길이 있다
문재현 지음 | 208쪽 | 값 10,000원

▶ 창의적인 협력수업을 지향하는 삶이 있는 국어 교실
우리말 글을 배우며 세상을 배운다

 중학교 국어 수업 어떻게 할 것인가?
김미경 지음 | 332쪽 | 값 15,000원

 이야기 꽃 1
박용성 엮어 지음 | 276쪽 | 값 9,800원

 토론의 숲에서 나를 만나다
명혜정 엮음 | 312쪽 | 값 15,000원

 이야기 꽃 2
박용성 엮어 지음 | 294쪽 | 값 13,000원

▶ 교과서 밖에서 만나는 역사 교실
상식이 통하는 살아 있는 역사를 만나다

 전봉준과 동학농민혁명
조광환 지음 | 336쪽 | 값 15,000원

 남도의 기억을 걷다
노성태 지음 | 344쪽 | 값 14,000원

 응답하라 한국사 1
김은석 지음 | 356쪽 | 값 15,000원

 응답하라 한국사 2
김은석 지음 | 368쪽 | 값 15,000원

 즐거운 국사수업 32강
김남선 지음 | 280쪽 | 값 11,000원

 즐거운 세계사 수업
김은석 지음 | 328쪽 | 값 13,000원

 강화도의 기억을 걷다
최보길 지음 | 276쪽 | 값 14,000원

 광주의 기억을 걷다
노성태 지음 | 348쪽 | 값 15,000원

 교과서 밖에서 배우는 역사 공부
정은교 지음 | 292쪽 | 값 14,000원

 팔만대장경도 모르면 빨래판이다
전병철 지음 | 360쪽 | 값 16,000원

 빨래판도 잘 보면 팔만대장경이다
전병철 지음 | 360쪽 | 값 16,000원

 김창환 교수의 DMZ 지리 이야기
김창환 지음 | 264쪽 | 값 15,000원

 영화는 역사다
강성률 지음 | 288쪽 | 값 13,000원

 친일 영화의 해부학
강성률 지음 | 264쪽 | 값 15,000원

 한국 고대사의 비밀
김은석 지음 | 304쪽 | 값 13,000원

▶ 살림터 참교육 문예 시리즈
영혼이 있는 삶을 가르치는 온 선생님을 만나다!

 꽃보다 귀한 우리 아이는
조재도 지음 | 244쪽 | 값 12,000원

 성깔 있는 나무들
최은숙 지음 | 244쪽 | 값 12,000원

 아이들에게 세상을 배웠네
명혜정 지음 | 240쪽 | 값 12,000원

 선생님이 먼저 때렸는데요
강병철 지음 | 248쪽 | 값 12,000원

 서울 여자, 시골 선생님 되다
조경선 지음 | 252쪽 | 값 12,000원

 행복한 창의 교육
최창의 지음 | 328쪽 | 값 15,000원

▶ 4·16, 질문이 있는 교실 마주이야기
통합수업으로 혁신교육과정을 재구성하다!

통하는 공부
김태호·김형우·이경석·심우근·허진만 지음
324쪽 | 값 15,000원

주제통합수업, 아이들을 수업의 주인공으로!
이윤미 외 지음 | 392쪽 | 값 17,000원

내일 수업 어떻게 하지?
아이함께 지음 | 300쪽 | 값 15,000원

수업과 교육의 지평을 확장하는 수업 비평
윤양수 지음 | 316쪽 | 값 15,000원

생각하는 도덕 수업
정종삼 지음 | 328쪽 | 값 15,000원

교사, 선생이 되다
김태은 외 지음 | 260쪽 | 값 13,000원

인간 회복의 교육
성래운 지음 | 260쪽 | 값 13,000원

▶ 더불어 사는 정의로운 세상을 여는 인문사회과학
사람의 존엄과 평등의 가치를 배운다

밥상혁명
강양구·강이현 지음 | 298쪽 | 값 13,800원

좌우지간 인권이다
안경환 지음 | 288쪽 | 값 13,000원

도덕 교과서 무엇이 문제인가?
김대용 지음 | 272쪽 | 값 14,000원

민주시민교육
심성보 지음 | 544쪽 | 값 25,000원

자율주의와 진보교육
조엘 스프링 지음 | 심성보 옮김 | 320쪽 | 값 15,000원

민주시민을 위한 도덕교육
심성보 지음 | 496쪽 | 값 25,000원

민주화 이후의 공동체 교육
심성보 지음 | 392쪽 | 값 15,000원

교과서 밖에서 배우는 인문학 공부
정은교 지음 | 276쪽 | 값 13,000원

갈등을 넘어 협력 사회로
이창언·오수길·유문종·신윤관 지음 | 280쪽 | 값 15,000원
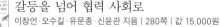

오래된 미래교육
정재걸 지음 | 392쪽 | 값 18,000원

동양사상과 마음교육
정재걸 외 지음 | 356쪽 | 값 16,000원

대한민국 의료혁명
전국보건의료산업노동조합 엮음 | 548쪽 | 값 25,000원

교과서 밖에서 배우는 철학 공부
정은교 지음 | 280쪽 | 값 14,000원

교과서 밖에서 배우는 고전 공부
정은교 지음 | 288쪽 | 값 14,000원
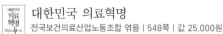

▶ 남북이 하나 되는 두물머리 평화교육
분단 극복을 위한 치열한 배움과 실천을 만나다!

10년 후 통일
정동영·지승호 지음 | 328쪽 | 값 15,000원

선생님, 통일이 뭐예요?
정경호 지음 | 252쪽 | 값 13,000원

▶ 출간 예정

근간 **교사의 전문성은 어떻게 만들어지는가**
국제교원노조연맹 보고서 | 김석규 옮김

근간 **분단시대의 통일교육**
성래운 지음

근간 **수업의 정치**
윤양수 외 지음

근간 **함께 만들어 가는 강명초 이야기**
이부영외 지음

근간 **교육의 기적**
장수명 외 옮김

근간 **수업 고수들, 수업과 교육과정 재구성을 말하다**
통통 담쟁이 교실수업연구회 지음

근간 **교과서 너머, 교육과정 마주하기**
이윤미 외 지음

근간 **체육 교사, 수업을 말하다**
전용진 지음

근간 **조선족 근현대 교육사**
정미랑 지음

근간 **어린이와 시 읽기**
오인태 지음

참된 삶과 교육에 관한
생각 줍기